教师教学能力发展丛书

学生日志欣赏与解析
朋辈教师同学习共成长

主　编　张丽萍　高立中　王勇鑫　李　炎
副主编　张君梦　杨　震　张　鹏　靳昌伦
编　委　何　琪　王　嫣　钟光辉　路雅静　耿晓敏
李　安　樊峰伟　齐艳霞　王志鹏　刘志强
张　艳　程　霄　张金磊　茅远哲　翟苗苗

丛 书 主 编　邓明立
丛书副主编　赵夫辰 刘毅玮
编委会成员：（按姓氏笔画排名）
于　健　邓明立　王西强　王勇鑫　王　泽　田　菁
宁艳艳　刘毅玮　刘　静　齐雅蕊　张云晶　李晨英
李贵田　赵夫辰　高立中　程　飞

河北大学出版社

图书在版编目（C I P）数据

学生日志欣赏与解析 : 朋辈教师同学习共成长 / 张丽萍等主编. -- 保定 : 河北大学出版社，2016.9
ISBN 978-7-5666-1012-6

Ⅰ. ①学… Ⅱ. ①张… Ⅲ. ①班级一学校管理 Ⅳ. ①G424.21

中国版本图书馆CIP数据核字(2016)第100454号

责任编辑：梁志林
装帧设计：赵　谦
责任印制：靳云飞

出版：河北大学出版社（保定市五四东路180号）
经销：全国新华书店
印制：保定市北方胶印有限公司
开本：184mm×260mm　1/16
字数：280千字
印张：15
版次：2016年9月第1版
印次：2016年9月第1次印刷
书号：ISBN 978-7-5666-1012-6
定价：30.00元

目　录

第二乐章　顶岗中期之碎与泪

第三乐章　顶岗末期之甜与醉

致奋斗中的你们

曾经，我们抱着“怀天下，求真知”的梦想走进了师大，现在马上就要前往实习学校，踏上梦寐已求的三尺讲台，去拉开自己绚丽多姿教师生涯的华美序幕。如果说师范生四年的大学时光是一幅美丽的画卷，那么顶岗实习支教将是这幅画卷中画龙点睛的一笔。

“××学校的实习生在这里集合。”“小王，你的行李箱上没贴标签。”“来几个男生一起把行李搬到车上。”…… 随着驻县管理教师的安排，成为教师的梦想也即将起航。坐在大巴车上的你们心中一定是五味陈杂的，有对新环境、新学生的好奇；有对三尺讲台的盼望；有对离家、离校的不舍，更多的可能是对自己工作的担忧：担忧自己不能快速适应新环境，担忧自己处理不好与孩子们的关系，担心自己不能克服讲课时的紧张情绪。怀着这样的忐忑，你们走在了花开的路上。抵达实习学校之后你们多了一个光荣的称号“老师”。在这里有太多太多的第一次，第一次讲课、第一次与学生谈话、第一次听课、第一次与学生交谈、第一次监考，等等，这些课堂上和与学生交流过程中多种多样的第一次构成了顶岗实习支教初期的紊淆生活。愉快地享受成为教师的喜悦的同时也因各种难题而惴恐。当遇到难题时，千万不要退缩，险峰之后的风景会更加秀丽。

随着时间的推移，慢慢地你们适应了生活环境，熟悉了那些调皮又可爱的孩子们，也可以娴熟的开展各项工作，不断成长的你们褪去了刚开始的稚嫩，俨然是一名真正的人民教师。但是各种繁碎的事件接踵而至：“无法无天”的学生把你的课堂变得千奇百怪；顶岗实习支教学校、驻县教师安排的种种任务让生活冗忙不堪，如何把握与学生之间的“近”与“远”更让你们一筹莫展。当你擦擦额头上的汗甚至抹抹眼角的泪时，脑海中是否闪过放弃的念头，内心里是否萌生退却的想法。但是，当看到孩子们明亮的眼神与纯真的微笑时，当被称为“老师”时，这些念头将会被改变，因为心中会响起一个声音“为了孩子们，这一切的一切都是值得的。”

时光如水，岁月如梭。快乐的日子总是那么快，你们还在沉醉于教学工作，还在享受于三尺讲台，还在沉浸于充实的日子，离别的日子也悄然走近。当能力提高已经能够驾驭课堂的你刚想要认真执教时，却发现已经快期末考试了；当经历了顶岗实习支教生活的酸甜苦辣的你想要享受这里淳朴的风气时，却发现这里将要成为回忆了；当用爱浇灌师生关系的你想要和你的“孩子们”多待几天时，却发现离别的钟声马上就要敲响。离开实习学校的那一刻，孩子们奔跑相送的身影让自己的心都碎了，但是你们只能故作无谓头也不回地进车，到了车里，所有的不舍都化成了悲伤的泪水，任由其在脸上流淌。大巴车慢慢驶向远方，渐渐地离顶岗实习支教学校越来越远，但是心却永远留在了那里。

顶岗实习支教虽然只有短短的几个月却是学生角色到教师角色的华丽蜕变，更是自己职业生涯的优美序曲。在这里你们挥洒汗水，提升能力；在这里你们苦中作乐，享受生活；在这里你们奉献爱心，收获真情。整个实习过程中你们并不孤单，因为有你的师兄师姐和你同学习、共成长。任何结束都是开始，走过了顶岗支教的岁月我们还会面对更广阔的人生，亲爱的朋友们请不要忘记我们最初的梦想，更不要忘记最纯真的顶岗岁月。

第一乐章
顶岗初期之愉与惴

盼望着，盼望着顶岗实习支教终于到来了，收拾好行李，整理好心情，你们踏上了教师生涯的路程。初到实习学校你们是愉快的，学校的一切是那么新鲜。初次见面的学生、陌生的生活环境、神秘的三尺讲台、荣耀的教师称号无一不吸引着你们的好奇心。同时你们心里也是惴惴不安的，不知道第一次讲课的紧张该如何克服，不知道第一次与学生交谈该采取怎样的方式，不知道面对紊淆的生活该如何应对，不知道该与学生建立怎样的师生关系。请不要迷茫，这些都是顶岗实习过程中的正常现象。相信学长的经验可以让你们化惴恐为自得。

第一篇 我的上岗未雨绸缪

《礼记·中庸》中说“凡事预则立，不预则废。”刚到实习学校前几天的主要任务是准备上岗。实习生们千万不要小看这段准备时间，利用这段时间正好可以熟悉实习学校，熟悉岗友，熟悉将来所教学生和班级，熟悉教学模式。更重要的是，可以利用这段时间调节好心态，因为在顶岗实习支教过程中会有各种各样的困难，积极的心态、最良好的面貌是攻克实习中困难的至上法宝。

1. 新起点，新挑战

邯郸市肥乡县某中学　杨晓安

【新手顶岗心路】

经过了一天的奔波，终于来到了目的地。开完会以后，我们怀着各种各样的心情，踏上了前往实习学校的旅途。疲劳、担心、离家的难过……这一刻全都浮出来了，像是打翻了五味瓶一样，心里怪不好受的。路还在一直往前，没有要停的意思。我在脑海中勾勒着实习学校的轮廓，不知道是什么样子。刚来的时候听老师说，这里环境很苦，还得需要我们自己做饭，心中不免有些担心。毕竟在家里的时候没有做过一次饭，来到这儿不知道该怎么面对随后的挑战。

路，在往前延伸着。看着周围的山和树，呼吸着周围的空气，一瞬间觉得心里的阴霾不在了。我也是从农村来的孩子，看到这儿的一幕幕似乎回到了家乡，那种熟悉的味道回来了。虽然实质上不一样，但是心里的某个地方似乎一下子找到了归属。在这里，不仅空气新鲜，环境也不错。

到了学校，看见孩子们正在做课间操。看着他们认真的样子，那种专属孩子们的天真、纯朴、可爱，突然回想起了自己的童年。那个时候，好怀念啊！和他们在一起，似乎又回到了那个时候，自己也年轻了。

顶岗，苦是在所难免的，但是我觉得孩子们会用他们的成绩来回报我们，就用我们的努力为孩子们的记忆填上新的色彩。

总体说这儿的环境很好，比起城市里的喧闹、嘈杂，这里多了一份安静、祥和，更接近自然。我觉得我喜欢上了这个自然的地方，既来之则安之！新的起点，新的挑战，努力加油吧！给自己信心，努力做好自己的工作，我们来过这里，就要留下曾经来过的痕迹！

【学长拨雾指路】

人生记忆里最深刻之事，莫过于“第一次”。顶岗实习是我们第一次以教师身份走进课堂，第一次站在三尺讲台，第一次面对几十张稚嫩的面孔，第一次受有经验教师的指导，这些都让我们紧张期待。像小杨老师一样对新生活充满憧憬和想象，是我们刚到实习学校时正常的心理。当我们面临这样、那样的问题时，应该像小杨老师一样用一颗平和的心去面对。相信小杨老师一定能脚踏实地的工作，用真心对待学生，一定会渲染出浓墨重彩的实习生活！

我们的紧张期待很多时候是我们不了解身边人，不了解新环境。那么，我们应该在实习之前做哪些准备呢？

（1）了解同行岗友。顶岗实习中，我们会和不同专业的同学一起奔赴同一个地方，开始一段新的旅程。这段旅程丰富多彩却也会遇到很多问题，岗友便是和我们共同分享，共同承担的亲人。因此，在实习开始之前，我们应该多与岗友沟通，充分了解大家的性格和习惯，培养感情，共同为顶岗实习努力！

（2）了解实习学校。在实习开始之前，我们需要对所实习的学校进行一定的了解，包括学校的教学理念、师资概况、教学设施、学生概括等。全面了解新环境，充满期待和信心的投入新环境！

（3）了解学科教师。顶岗实习中我们的角色由学生转变为教师，作为初次登上讲台的我们来说，实践经验匮乏，但实习学校的学科教师有丰富的从教经验，会为我们提供很大帮助。因此，了解学科教师的特点和风格，有利于我们更好地学习教师的经验，进一步提高教学技能。

（4）了解所带学生。顶岗实习对我们是一个极大的考验，因为我们面对的不再是理论知识，而是一群真实存在、各有特点的学生；我们的课堂不再仅仅关注教学，还需要关注学生的表现；我们与学生的关系不能仅仅是师生关系，还要是朋友关系。我们的实习更多的是围绕我们的学生，因此在真正授课之前，我们要对将要接触的学生进行了解。可以通过询问班主任、任课教师等方式进行了解，也可以通过课下与学生沟通聊天等方式了解学生，在与学生相处过程中真正理解学生，与学生建立良好的师生关系。

2. 梦起航

沧州市吴桥某中学　李晓敏

【新手顶岗新路】

13号清早，经过一早上的忙碌和准备，怀着一颗激动的心，在我们导员董老师的“护送”下，我们登上了开往实习学校的汽车，成了河北师范大学第13期顶岗实习中第一批奔赴前线的人。早在小学六年级的时候，老师问我们：“你们长大之后要做什么啊?”大多数学生的答案是科学家、工程师等等。当老师问到我的时候，我毫不犹豫地说：“我要当老师。”其他学生都笑我：“当老师多没前途啊。”但是我就是觉得做老师特别好。从此教师梦在我的心里生根，发芽。然而，在许多年后的今天，我的教师梦就要起航了！

在车上，我忐忑万分，有太多的担心和忧虑，担心自己不能快速适应这儿的环境，担心自己不能管住这些调皮的孩子，担心自己的试讲会因为太紧张而砸了锅，担心自己不能做好角色的转变，担心自己不能处理好师生关系……

经过七个小时的车程，我们终于到达了目的地。在礼堂经过简单的培训之后，我们领了各自的军大衣，被所在实习学校的专车接走了。经过80分钟崎岖颠簸的山路，我们终于来到了实习学校。顶岗之前，我就跟导员说把我分到了一个条件艰苦的地方，果然如我所料。这里有一座教学楼是1997年建成的，剩下的就是很旧的房子。看到这儿的学生们住的房子因为漏雨而在房顶上压满塑料布，我就感到心疼。来到这里后，水就一直停着，今天从食堂拎了桶水，洗了洗头发，被大家认为是奢侈的行为。正是这样艰苦的条件才能锻炼我的意志，我要好好加油，争取让自己变成一个优秀的人。

既然知道自己是受到命运的恩宠和优待的，我自当是感念不已，却又无以为报，唯有全力以赴。于是，教书育人不再是我的工作，更是我的使命。履行这样的使命是快乐的，是心甘情愿的，我没有被谁驱使，我只是要把点燃激情产生的能量都释放出去。

【学长拨雾指路】

实习生活拉开帷幕，我们的梦想的航帆也就由此起航。梦想，是儿时的憧憬，也是幼时的崇拜，我们每天都在为梦想而努力的路上。相信每位实习生心中都有一个教师梦，因为共同的梦想，我们忘却了路途颠簸的艰辛来到实习地，认真学习岗前培训中的教师技能。因为共同的梦想，我们把教师的工作当成了一种伟大的使命，把全身精力投入到教学中。

到了实习学校之后，我们面临着挑战，面临着机遇。那么接下来如何适应实习生活呢，我有几点建议：

（1）我们也许会发现，现实的教学与自己想象的教学有所差别，在学校里学习的教学理论在现在的教学中似乎有些不管用，还需要向有经验的教师学习，才能熟练地驾驭整个课堂。最主要的是提升自己的教学技能，从多听其他教师的课、及时进行课后反思、积极探索多样有效的教学方法等方面提升教学技能。

（2）在管理学生方面，要使学生做到：亲其师，信其道。首先应该让学生亲近你，其根本在于上好自己所教学课的每一节课，也就是在教法和学法上多下功夫。让学生觉得你就像是一个导游，引导他们在知识的海洋里遨游，他们是在享受知识探索所带来的乐趣。其次，说到做到，认真对待每一件事。

“在同种液体中，排开水越多，浮力越大”在刚进入教师职业，需要解决的问题越来越多，阻力就越来越大，当你完全融进教师这个职业中，你会发现你在其中游刃有余，阻力会越来越少。实习是我们人生的一场历练，是我们在空中跃出一条完美曲线的蓄势、沉潜。当一切准备就绪之时，机遇就开始垂青你，梦想就在对岸等待你。

3. 母校，儿子回来了

张家口蔚县某中学　李凯旋

【新手顶岗心路】

现在是晚上 9：30，我坐在屋子里静静地发呆，回忆着一天的事情。我将要成为一名伟大的人民教师了，我将今天总结为“新师报到”。

在漫长的等待中，终于迎来了期待已久的 23 号。老师通知我们 8：00 离开学校一起去蔚县。早晨很早就醒了，不知是过分的紧张，还是太多的好奇，我开始想象着站在讲台上的自己。黑框眼镜，扎着马尾，一身正装……讲台下的学生，看我的时候会不会觉得我头顶有一个闪闪发光的光环？校车准时将我们 19 个实习老师接上，开往美丽的张家口。一路上车子稳稳地开着，我们 19 个人安安静静地坐着。坐在我旁边的数学专业的同学，也是我的校友，现在又一起参加顶岗。这种缘分，前世的五百次回眸也不止吧?

“××中学的教师来这边!”对，就是这句地地道道的方言一喊出来，我们就知道目的地到了。学校派了两辆车来接我们，校领导和一位体育老师一同与我们打招呼，我们在其他同学羡慕的眼光中被接走了。接我们的老师都很健谈，车上的笑声从未间断。我们被安排到一个饭店吃饭，学校的校长和副校长的到来让我们有种受宠若惊的感觉。饭罢，我们一起去了实习的中学。学校的条件相当不错，我们两个人一间大宿舍，那种喜悦心情简直无法言表。沙发、柜子、宽敞的床位。

其实，下午的时候学校要开运动会，但是吃完饭就四点了，然后收拾屋子。老师觉得我们太累了，就让我们早早休息了。我们与各位老师道谢之后接着收拾。收拾完后我和舍友坐在明亮的宿舍内，各自静静地坐着，调整好心态，以一个教师的身份迎接我们的教师生涯。目前，我的头等大事就是教姿教态的锤炼。

这里是我的母校，当时是您给予我知识。现在的我虽然不是十分优秀，但是我会尽我的全力来回报您!

晚安，妈妈；晚安，自己；晚安，母校!

【学长拨雾指路】

感恩，是一个优秀的人最基本的素质，懂得感恩，才会走得更远。小李老师心存感恩之心，来到了母校，将自己的热情投入到工作中，一定会得到广大师生的掌声。我们要时刻谨记帮助我们的人，竭尽全力做一个感恩的人。

在接下来的实习中，实习生应该把专业技能与感恩之心兼顾。像小李老师说的那样，从教姿教态练起，为成为一名合格的人民教师而努力。我们可以从以下几个方面练习教姿教态：

(1) 身体动作可分为站姿、位移与手势三个部分。

①教师的站立姿态要做到端庄，挺拔，精神饱满。

②位移指教师在课堂上站立位置的变化，位移要注意以下几点：

教师不要总是站在讲台上，要适当地走到学生当中，在心理上接近学生。

教师不要走到教室太后部进行讲解和演示，否则会使前面的学生看不到教师的演示。

位移的速度不徐不急，不要过于频繁和急速地走动。

③手势的运用可以提高教学效率，增强语言表达效果。

(2) 面部表情是教态的一个重要组成部分，教师在教学中的表情大致可分为两类：一是常规性表情，亲切的微笑是常规表情的基本形式；二是变化性表情，这类表情应做到生动、逼真，与教学内容的情感一致。眼神是面部表情中最重要的部分，是内心情感最真实的流露。教学中教师应该多与学生进行目光接触，多用亲切的、鼓励的、信任的目光注视学生。

（3）体态语的第三个要素是声音的变化，它包括音质、音量、音调、语速、节奏的调控。

（4）教室里的教师是学生注目的焦点，教师的外表修饰对学生的情绪有着潜在的影响。

马卡连科说过："首先是教师品格的陶冶，行为的教育，然后才是专门知识和技能的训练，"对于专业的知识和技能，每个人经过专业的训练都能达到很好的境界，但是教师自身的品格和行为不是一蹴而就的，必须经过长期的锻炼和磨炼。实习就是一个很好的机会，希望你能抓住机会，迎接跳龙门前的暴风雨。

4. 突如其来

邯郸市鸡泽县某中学　张阳阳

【新手顶岗心路】

今天，对我来说是有意义的一天，因为今天是我顶岗的第一天。虽然搬行李胳膊累的都写不成字了，但是我还是决定在今天用笔记下这一天的所见所闻。宿舍没有板凳桌椅，因此是在床上，把本子放在腿上，再加上有些发抖的手，注定了今天的日志写出来字体会相当难看。

今天醒的早，或许是心情太激动了，毕竟我这次要去顶岗，我将以老师的身份出现在中学校园里，而不再是学生。我不知道，以老师的视野重新回到中学是否会有不一样的感觉。于是，早上六点多，我就带着满心的期待早早地收拾好行李，等待大巴的到来。等待的过程特别漫长，比我晚拿下行李的人一波一波地走了。我更加期待，我所要去的鸡泽三中，只有三个人的小团队即将面临什么样的环境。我们终于等来了大巴，行李上车后，我坐着一辆不是很大的大巴出发了。一路上，各种想法涌上心头。我究竟要去一所怎样的学校，那里会有怎样的学生。突然，岗友李欢接到了一个电话，我从她的声音中听出了意外，她抓住了我的手，意在让我集中注意力听清她说话的内容，随着几声"行，好的"。电话结束了。我想到的是可能我们三个人有人要调走，结果，她告诉我鸡泽三中那个顶岗点取消了，我们三个人有一个要去鸡泽一中，另两个要去毛遂中学。我很意外，根本没有想到会发生这样的事情。到了实习学校，我的第一印象是这个中学的外观还不错，校园建设很好，而且在县城，十一放假回家也很方便。接着，我就去食堂吃饭了。饭间，她俩以及老师决定让刘老师去鸡泽一中，我们三个之间的悬念就解开了。吃完饭，所有人往上搬行李，有的行李很沉，搬完之后，一身的汗。行李搬上来之后，我们又去帮其他岗友搬行李上楼，车刚开到门口就堵住了，原来刚好赶上八年级孩子开学，家长们拿着行李往学校里走。看到那些父母们帮孩子搬行李时的那种期待和无怨无悔，这充分说明了那些父母把希望都寄托在孩子身上。此刻，我觉着自己责任重大，而且有些焦虑。我担心，万一我教不好孩子们，不管学校和家长有没有发现，我自己会很对不起我的良心。这种焦虑的情感随着学校的一个小会的进行而有所缓解。他们说原则上会直接让我们上课，这是对我们的信任，他们坚定的话让我们温暖不少。

晚上，我们宿舍三个人去吃晚饭，结果好像错过了饭点。在一位老师的帮助下，我们进入了教工餐厅吃饭，阿姨们热情地给我们准备吃的。而我今天因为怕在路上误事，所以滴水未进，感觉自己快要渴死了。在经历了一天的缺水之后，终于可以开始大口大口地喝米汤了。结果，我们吃了一顿免费的晚餐。尽管实习学校看起来高大上，但是超市里的东西每次刷卡超不过 6 元钱。在校园里见到学生时，不禁想起自己青涩的模样，感慨不已。今天，真的好“丰富”。

【学长拨雾指路】

实习生活往往是跌宕起伏的，不知道下一秒会发生什么事情。教学可以学好，学生管理可以总结经验。但是，在千变万化的生活中，如何处理突发事件，这才是真正的考验。刚迈进实习的大门，小张老师所在的实习小组就遇到了取消实习学校的坏消息，但是他们没有慌张，而是镇定对待，值得表扬。

在顶岗道路上，会遇到很多突发事件，当我们面临突发事件时，可以采取以下方法：

（1）及时。一旦出现特殊情况，教师要迅速反应，快速地进行处理，千万不要让突发事件影响到正常的教学进度。

（2）理智。课堂上发生的突发事件很出人意料，扰人心烦，但教师面对课堂上的突发事件切忌急躁、冲动、感情用事，必须做到沉着冷静、正确判断，感情要克制，行动要果断，处理要谨慎。

（3）照顾全局。新手实习生一定要注意，在处理突发事件时千万不要把课堂变成教师和某一位学生解决问题的场所，一定要顾及全体学生。尽量用班委的力量，如若需要教师离开教室，一定要请其他任课老师来代为看管课堂。

（4）有教育性。课堂中的突发事件往往对课堂教学造成消极的影响，教师在处理时，要切忌“以牙还牙”“以毒攻毒”，或把全班学生当作“替罪羊”，大吼大叫。而应以真诚的爱心去感化学生，真切、自然地去肯定学生的长处和闪光点，从而使学生自觉地改正错误，化消极因素为积极因素，达到教育全体学生的目的。

谁不希望自己通往梦想彼岸的是一条通路，但是谁又能保证在前面不会出现断路。其实断路并不可怕，因为路断开了还可以接通。可怕的是急于求成，投机取巧。因为这样一不小心就会导致短路，结果是赔了夫人又折兵。教师的技能不是一蹴而就的，要不断努力，朝着自己目标前进，向着自己梦想前行。

5. 初来乍到一头雾

承德市兴隆县某中学　杨宵

【新手顶岗心路】

怀着一颗激动的心情，8 月 13 号早晨，我们踏上了实习之路。还记得为了这次实习，曾经有多么忐忑、多么激动！我们假期也不敢懈怠，10 号早晨就到了石家庄，希望能早点把应该准备的东西备齐。永远也不会忘记那几天流下的汗水，把一件件衣服变成了名副其实的“汗衫”；永远也不会忘记我们抬着沉甸甸的行李，把手弄肿、不能回弯，但我们依旧幸福地笑着；永远也不会忘记我们互相关照的那份真挚的友谊、那份苦中作乐的勇气！七八个小时的车程之后，我们终于到了实习的地方。在那里，我们不会忘记心中那份即将在这里开始自己教师生涯的渴望、对这片热土的期待、老师们的谆谆教诲以及朋友间不忍离别的那份眷恋！结束了这第一个培训，我们心中不免有些惴惴不安，因为我们肩上有无比荣耀的责任。但同时，我们更加增强了信心，因为我们相信，在我们的一同努力下，一定会吹响嘹亮的号角，让实习工作顺利进行！

紧接着，我们就被所在学校的负责人带走了，高校长亲自带队将我们带到实习学校。进入学校，首先映入眼帘的是七年级学生军训的场景。当然，同学们也好奇地看着我们。进宿舍，条件确实不太好，上下铺的床，墙上已经掉皮了，看来，实习生活肯定非常艰苦！

刚来到学校，一切都是新鲜的，一起实习的小伙伴要共同相处半年，大家一定会愉快相处吗？对实习学校还不太熟悉，它有什么特点呢？学校会给我们指派怎样的指导老师呢？和老师见面说些什么呢？我们会遇到怎样的学生？会和他们碰撞出什么样的火花呢？这些都让我们满怀憧憬，却又不免紧张。

实习的路，任重道远，但我们依旧会以一颗平常心迎接所有的挑战，团结互助、积极工作！祝愿所有同学在顶岗之行中克服困难、一切顺利！

【学长拨雾指路】

实习的路，任重道远，需要我们付出更多的努力！“使用任何机械省力但不省功”。无论是教师还是学长，提供给实习生、新教师的一些方法都可以说是一种“捷径”，为我们成长减少了很多无用功。但是，我们还要付出相同的心血和努力，去换我们“脱胎换骨”的那一天。我们更多的是期望我们的小杨老师能够带着憧憬、愉快地融入新环境，通过岗前的“用功”，换来上岗后的“省力”！苦，是我们成长的动力。勾践，卧薪尝胆，最终三千越甲可吞吴。因为他懂得磨炼自己的心智，没有忘掉自己的人生方向，这样就可以让自己更优秀，飞得更高。小杨老师没有因为实习学校的艰苦环境就放弃、退缩，反而是发现了这里的安静、祥和，喜欢上了实习学校。因为他知道，实习就是我们的磨炼期，不怕环境苦，怕的是以后的生活苦，自己努力了为的是我们美好的明天，我相信你一定能成功。

很多实习生所在的学校条件像小杨老师条件比较艰苦，面对这样的处境，如何更好地完成工作，我推荐几个方法：

（1）拥有坚定信念。时刻告诉自己，来顶岗实习就是过来锻炼能力的，而不是享福的。只有在艰苦的环境里才能锻炼自己的各方面能力，能够来到这样的环境是我们的幸运，因为我们定将比其他实习生收获的更多。经常提醒自己，吃的苦中苦方为人上人。

（2）开展多彩课余活动。面对艰苦的实习环境我们不应该被打倒，而是要学会苦中作乐。实习生可以利用实习学校的各种条件开展一些丰富多彩的课外活动。比如篮球比赛、朗诵比赛、主题班会、课间操比赛等等，或者在农村的实习生在保证安全的情况下可以下田地体验生活，山区的可以上山郊游等等。我相信，这是城市的实习生不可能拥有的宝贵经历。

（3）建立良好师生关系。虽然农村学生文化课程度不佳，教起课来可能比较费力，但是他们却拥有单纯、质朴的心，以及较强的实践能力。所以我们要珍惜和孩子们在一起的日子，认真去关爱他们，给他们哥哥姐姐一般的呵护，并且认真发掘他们的闪光点。我相信，他们纯真的笑脸会让你忘记所有的艰苦。

比热容越大的物质，吸收热量后温度升高越小；好学不倦的人，懂得的知识越多，态度越是谦卑。做人首先要谦虚，在不断地学习中提升自己。每天前进一小步，效率高一点，日积月累就会和别人产生差距。当你达到别人望尘莫及的地步，也就是你成为专家之时。

6. 初识新面孔

保定市高碑店某中学 田云

【新手顶岗心路】

青春的活力是属于孩子们的，他们享受着整个世界的友善和关爱。

一张张天真稚嫩的面孔，一个个满是期待的眼神，一声声急切而童真的询问，穿梭在校园里的每个角落。他们的小小身影随处可见，他们正是初一新生。

今天是他们入学报到的日子，也是我们最忙碌的一天。这一天我们不仅迎接了一个明媚的早晨，更负担着迎接新生的重任。我们早早做好了准备，满怀期待地等待他们的到来。

新生陆续地踏进了大门，看着一个个家长带着孩子来报到，孩子们急切地在名单上找着自己的名字，我仿佛看到了几年前的自己。我很怀念那时候的我，却不得不踏上新的征程。看到陌生的校园，还要离开自己的父母，内心充满了恐惧与不舍。天气渐渐热起来了，在核对报到名单时发现，我们还需要去安排这些学生。我把名单交给各自的班主任，让他们带着孩子回到班级。我迎接的是初一六班的学生，进入教室，班主任简单对学校进行了介绍，然后让学生进行自我介绍。每一个孩子站起来，都会引起其他同学的注意，每个人都是那么渴望了解其他的同学。虽然简简单单的几句话，却说出了自己内心真实的想法。也许是第一次面对如此多的学生来介绍自己，他们有些紧张，但他们克服了心中的恐惧，勇敢地表达了出来。一字一句地说着自己的姓名、家庭、爱好等。我了解到，他们的爱好十分广泛，每个领域都有，我们慢慢地都由陌生转为熟悉，新的希望承载在每个人的身上。

孩子是人类纯洁而天真的花朵，他们提出的一个问题都可能让你笑一整天，他们的某一个举动可能会让你瞬间感动，他们带来的永远是世间最真实的东西。经过几天的见习班主任工作，我进一步体会到“书到用时方恨少，事非经过不知难。”这句话说得非常有道理，复杂的学生情况，我根本无法兼顾每一个学生，我只能把握大局，逐步深入。我和学生们都在一起适应着新的生活，不断地调整和完善自己。作为一个老师最重要的就是上课了，我以后一定要上好每一节课。

真的难忘记，迎接新生的那美好的场景，因为在那一刻，我遇见了最真实的自己。

【学长拨雾指路】

教师这个职业与其他职业有许多不同，教师可以感受到桃李天下的幸福感，可以和纯真可爱的学生们毫无顾忌地交谈，远离尔虞我诈，这也许是咱们选择教师职业的原因之一。小田老师非常热爱自己的学生，也热爱教育事业。通过和孩子们的交谈他找到了最纯真的自己。

我一直很信奉的一句话："每个学生上的每堂课都是他人生中的唯一一堂课"。就像小田老师说的，作为老师最重要的就是上好课了。那么，如何准备每一堂课呢？我推荐几个方法：

（1）课前准备。课前准备不足，会导致诸多不良后果。课前教师除了需要准备有关学科的教学方法等，更重要的是对教材的把握，对课的设计，这是课前准备的核心工作。

（2）养成"问课"的习惯。作为教师，"问课"是一种最基本的专业成长方式。通过"问课"，我们可以在课堂教学过程中（尤其是教学细节）抓住教学成功与教训的痕迹，感受预案设计的变化，捕捉瞬间闪现的生成因素，从而探讨、发现自我教学规律。

（3）面带微笑进教室。教师每天面对的是一个个向往未来的学生，其一言一行对学生都是潜移默化的教育。面对学生，老师的一个微笑能够使他们感受到老师那颗温暖的心。老师带着微笑进课堂，能给学生一种强大的亲和力，而这种亲和力一定使老师魅力倍增，也必将给学生带来巨大的学习兴趣和动力。毫无疑问，教学质量将可能因微笑而得到提高。

（4）走下讲台，到学生中去。只有我们教师走下讲台、走进学生中去，了解学生的各个方面，我们才有与学生相处的基础，我们才能构建新型的师生关系，促进我们的教学质量的提高。走下讲台，到学生中去，不仅是身体下来，心灵也要跟着下来，与学生一起交流、一起活动、一起学习，学生才会在快乐中成长、进步。

（5）巧用幽默魅力。"教育家最主要的，也是第一位的助手是幽默——斯维特洛夫。"幽默是一个好教师优秀的品质之一。教师的幽默，主要是指教师能用寓意深刻而又诙谐有趣的语言进行的教学。

"一对相互作用力是同时存在的，具有依存性。"教师和学生是相互依存的，应该是教学相长的。教师和学生在课堂上唱得应该是"双簧戏"，相互依存，相互促进。一味地强调"学生为主体"，就会忽视教师的作用，一味强调"教师主导"，就会回归传统课堂的"满堂灌"。学生是可爱的，老师必须融入学生，才能让自己受学生爱戴，增长教学能力。

7.“幻想”“忐忑”

邢台市沙河某中学　耿震国

【新手顶岗心路】

阳光静好，似乎心情也美丽了起来，近两天来的累也一起烟消云散了。

上班的第二天，我们的岗位仍然没有落实，心里有些害怕。

我们没有岗位，没有任务，没有办公室。我们只有在一间教室里暂时办公，默默等待。

在我们支队的十二个人中，有四个人已经站上讲台。每每听到她们在宿舍谈论自己的经历，有自豪，有烦恼，有快乐，这些不禁都让我们羡慕。坐在教室里时我会想：我的那些学生会是什么样的？我有没有勇气站上讲台？他们如果调皮，我该怎么应对？我怎样才能把他们教好，让他们爱上化学呢？一个个问题不断地在我的脑海里闪过，有的有答案，有的没有答案。忽然感觉特别着急，又有点忐忑，该怎么样对待形形色色的学生呢？虽然不知道具体该怎么办，但是思考的过程至少让我深刻地明白我的责任。我告诉自己要学会勇敢，学会独立，充实自己。只有强大自己，才可以把未来的学生带好。至少当我离开时，可以自豪地把他们交付给另外一位老师。

作为一名教师，当自己站上这个岗位时，才懂得这个岗位的责任有多大，是多么值得尊敬，“灵魂的工程师”这个称号当之无愧。

我告诉自己：“我一定要做好自己！相信未来的我，将会感谢现在努力拼搏的自己。”

【学长拨雾指路】

教师要有奉献精神和拼搏精神，从各个方面提升自己，升华自己，最终使自己“脱胎换骨”。我看到了小耿老师为梦想而努力，为责任而奋斗的志向。这不是纸上谈兵，需要长期坚持，朝着梦想挂帆前行，我也相信小耿老师在不断地思考过程中会逐渐的进步，最后成为一名合格的老师。

那么针对小耿老师提出的如何面对行色各异的学生呢，我提出几条建议：

（1）保持良好心态，以一颗平常心对待学生。活泼好动是学生的天性，不要看到有调皮现象，就怒发冲冠，不要把学生看成是军营中绝对服从的士兵。

（2）为人师表，提高自身素质。青年老师更因控制自己的情绪，避免做出失去理智的行为。

（3）教师通过多种灵活的教学方法把学生吸引到课堂中来。只要每个学生都喜欢你的课，都被你的课所吸引，他们也就无暇做其他小动作，自然而然的专心听你授课。

（4）循循善诱，因材施教。对学生采取宽容的态度，帮助他们客观地分析自己，耐心细致地做思想工作，了解他们的心理状态。摒弃高压手段，避免学生“口服心不服”的。

苏霍姆林斯基曾经说过：“从我手里经过的学生成千上万，奇怪的是，留给我印象最深的并不是无可挑剔的模范生，而是别具特点，与众不同的孩子。”面对众多面孔，每个学生都有自己的个性，这更要求我们要因材施教。我们不要奢望每个学生千篇一律，有个性是好事，看你如何教育，这也希望你在今后的教学中多多思索，因材施教。

8. 走在花开的路上

承德市承德县某中学　李爽

【新手顶岗心路】

立秋刚过，空气清冽，杂花生树，群莺乱飞，迎着习习微风，盯着暖暖阳光，我们开始了期待已久的顶岗之旅。

听了太多次师哥师姐们关于顶岗实习的介绍，看了太多张师哥师姐们顶岗实习的照片，做了太多次顶岗实习的心理准备，想了太多次自己顶岗实习的种种情境。终于，开学初，我们踏上了顶岗征程。

春风桃李花开日，秋雨梧桐叶落时。转眼间，我们就以实习教师的身份来到了这里，一个小学和初中的混合学校，一个拥有杜郎口教学模式的学校。

面对教育局和学校的迎接我们有过感激，面对带队老师的精心安排我们有过感动，面对刚认识的舍友的无私帮助我们有过无以言语的感谢，面对全新的教学模式我们也有过害怕，面对繁杂琐碎的顶岗实习工作我们十分茫然。不过想起父母和朋友的期待我们又变得无比自信和坚强。

萤火虫之可贵，在于那盏挂在尾后的灯，而教师的可敬，则在于总给别人提明前行的方向。

不经意间在拐角处得那一句“老师好”让我久久不能忘怀，因为它提醒了我，我已不再是一名大学生，而是肩负着育人使命的人民教师。我知道，从学生转变为老师需要付出很多的努力，但我相信，我可以做到，我们都可以做到。

面对新的教学模式，我想以后，多听听当地老师的课，做好听课记录。上课时仔细注意学生的反应，思考怎样才能适应新的教学模式，达到良好的教学效果。同时也应该结合自己，结合我们大学生的实情，把我们的特色和杜郎口教学模式充分结合，走出一条属于自己的路。

面对明天，面对未来，我们充满期待，期待见到给予我们引领和帮助的指导老师，期待看到学生们那一双双求知若渴的眼神，期待揭开杜郎口教学模式的神秘面纱，也期待通过我们的努力为师大顶岗工程增光添彩，更期待为家乡的基础教育事业做出自己的贡献。

【学长拨雾指路】

作为新教师，我们年轻、有朝气、充满活力。小李老师能在进入实习学校之前就认识到教师职业的奉献精神是难能可贵的，我想这或许和他心中长久以来的教师梦是分不开的。

可能很多实习生所在的实习学校都会实行杜郎口教学模式，但是我们可能对这种模式不太熟悉，为了更好地和杜郎口教学模式融合，我们可以采取以下措施：

(1) 要转变观念。我们几乎都了解杜郎口中学的课堂教学模式的教学理念，换言之，我们都在为使这一理念转化为课堂教学实践努力着。然而效果却不尽根本在于部分老师学习新理念不深入，或者理解不深刻，自以为知道就是理解、理解就是掌握。从而造成学生传统的知识观存其大脑中占据统治地位。诸多的“这不敢”、“那害怕”其实就是不敢打破传统观念。要改革就要不怕失败，不能缩手缩脚。

(2) 不能照抄照搬，不搞形式主义。毕竟校与校之间存在着诸多不同，实习生应该根据本校、本班的特点，因校因班制宜地找到最佳的结合点与突破口，合理嫁接，在教学改革上就会有所突破。因为“学生是学习的主体”的精髓和原则是不变的，教学规律是相通的。须注意的是，在运用教学方法及模式时，要结合学校、班级的实际情况，适合自身发展的方法才是最好的。

(3) 加强业务学习。在杜郎口模式中无论是备课还是上课、无论是自习还是作业批改，都是技巧性较强的。课前预习要分清课程的重点、难点，还要把引导的内容和过程设计一下，即使课前预设动态生成结果有一定出入也要认真设计好，因为课前预设是上好课的第一步。这就对老师的工作提出了更高的要求，只有不断地完善自我，提高业务水平，才能更好地驾驭课堂。

三尺讲台，三寸舌，三寸笔，三千桃李；十年树木，十载风，十载雨，十万栋梁。这是教师职业的真实写照，也是对教师工作的高度评价。今天作为实习教师，我们满怀豪情，肩负责任。我相信，每一位顶岗实习生都想通过几个月的实习生活看到不一样的自己，看到成长的自己。

9. 风雨兼程亦无悔

保定市定兴县某中学　李美琳

【新手顶岗心路】

离顶岗的日子越来越近了，心中既有期待又有害怕。激动，是因为我就要头顶教师的光环，去“饰演”一个实习教师的角色；害怕，则是因为不知道前方的路会怎样，在那里是否会实现我的梦想。

选择这条路的曲折过程仍然记忆犹新，刚入大学时听到大三上半年会有顶岗，心中就充满期待。终于到了选择的时刻，在面临选择顶岗实习还是教育实习时，不顾爸爸的反对，我毅然选择顶岗。更重要的是参加完学长们的交流会，得知他们在顶岗生活中体会到的满满的温暖，更坚定了我顶岗的决心。我向爸爸保证，半年的顶岗生活一定会让爸爸看到一个不一样的自己。不希望在爸爸面前说出的豪言壮志会在半年后成为泡影，所以不管怎样，我一定会坚持到底！

这是一个美丽的地方，同时也是我梦想起飞的地方！当老师告知我们这是一个拥有55位同学的大家庭时，我就提前感受到了这份温暖！在群里看到大家互帮互助，使我对即将到来的生活又多了一份的期待。希望我们能够在这片土地播种知识的同时，也能够收获友谊的温暖。我期待着！

“最初的梦想紧握在手上，想要去的地方怎么能够在半路就返航。最初的梦想绝对会到达，实现了真的渴望才能够算到过了天堂。”我会用我的信念和努力去实践我的梦想，让这份坚持能真的驶到想去的地方！顶岗，Come on！

【学长拨雾指路】

很多实习生都像小李老师一样，带着对教师职业的欣然期盼来到了实习学校，有对初为人师的欢愉，也有对未知问题的困惑。教师职业生涯是漫长而艰巨的，最初的豪言壮语是需要我们用心感悟，通过不断努力实现的。

顶岗初期，我们可能会遇到各种各样的问题，那么，我们如何成为一名优秀实习生呢？

（1）师德方面。“无德不成师，德高才为范”德是教师的灵魂，是教师的生命。作为一名教师不仅要有渊博知识、精湛技艺，更重要的是要有高尚的品德。身为实习生，要以教师的标准严格要求自己，时刻注意自己的一言一行对学生的影响。师德的修养不是一蹴而就，更不能纸上谈兵，要善于学习、用心修炼、坚持不懈、持之以恒。

（2）教学方面。教好书是教师专业成长的第一步。我们要在教学过程中逐步培养学生的学习兴趣，从目标制定、教法选择以及新课导入等多个环节都要精心准备。尤其是初到实习学校的前几节课，最为重要。如果有精力，甚至可以把要讲的内容写下来细细斟酌其中的每一句话。

（3）工作态度方面。勤能补拙。勤奋是为师者的法宝，新教师更要勤奋学习、自觉修养、脚踏实地、奋发图强，认真对待教师职业。

水无形无色无味，然而就因其无形才可以无孔不入地滋润你干渴的心田，因其无色才可以了无痕迹地洗净你眼中的迷尘，因其无味才会不知不觉渗透你原本苍白的灵魂。师心如水，如水这般真、善、美。

第二篇　我的第一次

从站在讲台上那一刻起，教师生涯就正式拉开了帷幕。各种各样的第一次也随之而来，第一次上课、第一次批改作业、第一次处理学生问题、第一次听课与被听课、第一次监考等等，在这之中有兴奋、有紧张、有激动、有惶恐。正是因为这些多姿多彩的第一次，才让实习初期更加色彩斑斓。我们要凭借初生牛犊不怕虎的闯劲去勇敢面对各种第一次，让这些第一次成为自己今后教师道路上最珍贵的“初乳”。

1. 第一次上课

邯郸市曲周县某中学　李金英

【新手顶岗心路】

因为我要开始我人生中的第一节课。所以，早晨早早就起了床，今天实习小伙伴们也将要上自己人生中的第一节课。大家相互诉说着自己的心情，真是百感交集，既兴奋，又紧张。兴奋是因为要上第一节课了，自己真正地成为一名教师。紧张是因为上第一节课了，不知道该给学生说点啥呢？这种感觉实习前已经想过，不知道会遇到什么样的情况，更不知道自己会有什么样的心情。

时间总是过得那么快，转眼间上课的时间就到了。我很紧张，想着各种办法放松。待准备好后，我就鼓足勇气去了上课的教室。因为之前上过自习，所以孩子们还是认识我的，站上讲台，我突然发现，上课和看自习是两回事。全班 90 多双眼睛都在看着我，真的好紧张。首先我用英语简单介绍了我自己，然后强调了英语课的纪律和学生应注意的问题，学生们听课倒是很认真。说完后我让学生来自我介绍，和预想的一样，果然没有人主动举手回答，幸亏我准备了名单来点名。然而让我失望的是点的第一个人竟然不站起来。问她原因时，她的回答是“不好意思”。用尽了各种鼓励的办法都无济于事，还好同桌勇敢大方地回答了我的问题。尽管我说用英语介绍自己但他们还是不好意思用英语。自我介绍环节结束以后，我就开始讲课了。一切都有序地进行中，学生也都跟着节奏走，很快这节课就结束了。这节课还算成功，我的课堂目标也基本完成了，而且学生也在认真听讲。当然也有不足，比如，如何安排更合理的课堂活动来调动课堂气氛，让学生克服胆怯的毛病，真正大声说英语？还有，如何把自己的语言组织得更吸引人，能够让学生体会到英语的魅力？这一切需要自己在以后的日子里加油改进，认真总结经验教训，向有经验的优秀教师学习，争取早日成为一名优秀的英语教师。

我的感受是五味杂陈的，紧张化为了动力，苦恼化为了欣喜，上课的感觉完全和我想象的不一样。它不是那么容易，但是也不是那么束手无策，我应该用我自己的思维解决教学的问题，不断学习，成为一个处理教学问题游刃有余的老师。

【学长拨雾指路】

一出戏，要演好序幕；一部乐章，要奏好序曲；“良好的开始是成功的一半”，顶岗实习生新接手一个班，刚刚参与教育工作，第一次和学生近距离接触，非常关键。上好第一堂课对于新教师今后教学工作的开展意义重大。

兴奋、激动、紧张、惶恐、期待等等都是顶岗实习生第一次踏上三尺讲台时的正常心理反应。李老师可以在第一节课上发挥自己的特长，开展了让学生自我介绍的小活动，不仅锻炼了学生的语言表达能力，同时也使课堂氛围更加活跃，便显示出了一定的组织管理能力，她也想方设法鼓励自信心不足的学生勇敢的进行自我介绍，虽然收效甚微，却在无形之中鼓舞着学生的积极性。李老师把紧张变动力，化苦恼为惊喜，成就了自己人生的第一课。

看到了小李老师的第一节课，我想起了我的第一次。与小李老师一样，尽管在上课之前做足了准备，但仍旧逃脱不了紧张、惶恐。当我站在讲台上时，就感觉手心冒汗、两腿发抖、脑子空白，就连学生们集体喊的“老师好”都吓了我一跳。那一节课我讲了一些什么，学生们是什么反应我都不记得了，只记得一下课自己就像解脱了一样，跑回了办公室。当时真的觉得很沮丧，幸好有指导老师和岗友的帮助，我才克服了紧张心理。现在甚至在几百人面前讲话，也可以基本淡定从容。

正像李老师说的那样，作为一名老师，语言组织能力尤为重要，初登讲台的顶岗实习生可以从以下几方面锻炼语言组织能力。

（1）做精，做足备课工作。实习生在上课之前要充分考虑授课过程中的细节，把自己上课要说的话都写下来。精心设计每一处的教学语言，仔细斟酌，反复推敲，尽量做到每一句话都能精确、简练的表达出自己的意思。

（2）注意语言的条理性与逻辑性。实习生在备课时应对本节课要讲的内容进行深度剖析，理清知识内在条理，把握知识内在逻辑。在上课时要遵循知识的内在逻辑性，抓住知识的本质有顺序地讲解，使知识环环相扣，引学生步步深入，千万不要东一句、西一句。

（3）提升内在底蕴和修养。只有腹中有沟壑，口中才能有莲花。若实习生已经能基本达成上述第一点、第二点目标，还应该在平常生活中多看书、多写作、多评论，提升语言修养和自身思想性。对事物有独特的见解，对学生的不足需要明察秋毫、熟稔于心，能不失时机地给学生以教育与指导。

2. 第一次“被听课”

石家庄市栾城县某中学　张振雅

【新手顶岗心路】

今天，我的指导老师要来听课，说实话，不紧张那是不可能的。怎么能不“害怕”呢？平时面对的是孩子，今天第一次是当着老师的面讲课，而且事先老师也没有通知。当听到老师要听课后，我的第一反应就是蒙了，然后开始紧张。

站在讲台上，头上一直在冒汗。虽然有两个一起顶岗的小伙伴在后面加油、打气，但我依旧很紧张，手心一直在出汗。我觉得我在讲课的过程中声音都是颤抖的，努力讲完一节课，长出一口气，回到办公室听取老师的指导。走进办公室的时候，其实我是十分不安和害怕的，因为我知道自己讲的并不是很好，有很多不足的地方。但是总不可以一讲完就跑吧，我还是鼓起勇气，走进办公室。

刘老师见我过来，和蔼地看着我微笑地说：“不错，挺好的，讲得比较到位，板书比较有条理，态度和善，与学生接触比较好……”老师首先指出了我的优点，我知道这是老师对我的鼓励，我很开心。老师的鼓励让我有了信心，但我也深知自己还有许多不足，接下来刘老师也对我提出了建议，指出了不足。

（1）在知识点的讲解上不够严谨，有错误，以后应注意。

（2）知识点安排有些混乱，应该安排好讲解的顺序。

（3）有的知识点讲解的过于粗糙，应该详略得当。

（4）与学生互动缺失，应该多提问学生问题，体现学生是主体。

我感觉老师总结的十分到位，作为一名老师，这些是我的不足，也是我要改正的地方。我很感谢老师及时纠正了我的错误，帮我找到了自己的不足。这些批评和建议对我在完善自己的教学时，有很大的帮助。在老师说完之后我自己对自己的教学进行了反思：

（1）严谨在教学中是非常重要的，一定要详略得当。

（2）应合理安排教学环节，重难点突出。

（3）多和学生进行互动，及时了解他们的学习状态。

现在，随着实习地推进，自己的教学水平越来越高，也越来越爱回忆这段“风雨”时光了。

【学长拨雾指路】

小张老师虽然在上课时很紧张，但是还是克服了紧张心理，勇敢地讲完了要讲的课程，并且抱着谦虚的态度向指导老师请教，发现了自己的不足，找到了自己的进步空间，并且在不断地进步。我要为你的心态点赞！

听评课是新手教师快速提升教学能力的重要方法，也是普通教师向专家型教师迈进的有效途径。顶岗实习生在实习时也有很多机会参加听评课活动，在听评课时实习生可以采取以下三个步骤：

（1）课前要有一定的准备工作。俗话说，留心天下皆学问。实习生要想在听课过程中真正学习点东西，就要做点准备工作。打算听谁的课，应该事先问问他教什么内容，把课本找来预习一下，看看教材写得是什么，是怎样写的，有没有难点、疑点；同时自己设想一下，假如让我教这节课，准备怎样教，以便听课时有个对比。如果听课不做准备，匆忙走进教室，懵懂地听，不理解教者的教学意图，不熟悉教材，就不会有较大的收获。

教师去参加教研活动听公开课也要做准备。由于大多数教师平时埋头教学工作，对某些教学理论，学术研究知之甚少，因此去听水平较高一点的公开课会有一些不适应。这就需要在参加教研活动之前，千方百计去了解与钻研与之相关的学术理论，或向人求教，或重温自己所积累的资料。这样能拓宽视野，缩短差距，收获就会更大一些。

（2）听课中要认真观察和记录。实习生听课要高度集中注意力，全身心的投入，还要有虚怀若谷的态度。教师在课堂上不仅要听，还要看，要仔细捕捉讲课者的语言和表情，记下他每个教学环节和教学方法。

要一边听，一边思考。既要看教，又要看学，二者兼顾。看教者对教材的钻研，重点的处理，难点的突破，教法的设计。看学生的学，要看学生的课堂表现，整体参与状况，以及学习的习惯等等。总而言之，要看教师主导作用和学生主体地位有机结合。有时教师听课也不一定非要面面俱到地注视课堂上的每个方面。根据授课者的特点和听课者的目的，可以适当有所侧重。一般说来，对熟悉班级情况的教师，可着重对学生学习习惯地培养做跟踪式动态分析；对于一般的公开课或研究课，可着重看其目标的达成度；对于名家的课，宜着重领略其教学艺术及其学术思想在课堂的体现。听课应详尽记录课堂的教学过程，更应记下自己的主观感受和零星评析。

（3）听课后要思考和整理。俗话说，思之，思之，鬼神通之。教师听完课后不能一听了之，应对课堂实况过几遍“电影”，反复琢磨。或翻翻听课记录，或与执教者交谈，或将几节“互相牵连”的课作番比较，或写一篇“听课一得”，或干脆将他人执教的内容拿到自己班上试试等。

新教师刚入职，教育教学方面的经验不足，很多方面有待提高被有经验的老教师听课是我们成长的必经之路。新教师通过听课与被听课的方式，可以学到很多东西，了解老教师的教学思想，学习他们的教学方法，然后融合自身的特点和个性，结合学生实际，发展成自己独特的教学方法和模式。实习生要善于利用实习学校的良好资源积极参与听评课活动，不断反思、总结、提高，争取早日成为引领学校教学水准的专家型教师。

3. 第一次面对“问题”学生

保定市易县某中学　宋昱莹

【新手顶岗心路】

我在实习学校所带班级班容量很大。我还记得第一次走进班里的时候，学生对我充满了好奇。在我做自我介绍的时候，可能是学生觉得我年纪小，最后一排的男生就问我多大了。他的提问也引起其他同学的好奇心，班里就有点乱。后来，我在班里问：“谁愿意当我的课代表?”本来班里有些人想举手的，但是那个男生突然喊了一句：“没有人!”我对他说：“那就是你了。”我的课代表就这样定了。开始，我让他当课代表，他还不太愿意。于是，我就单独给他做思想工作。我对他说：“你可以帮我批改作业，总结学习重点。”他告诉我自己什么都不会。我便从最基础的教他，让他找一些课本上的概念，在上课之前确定答案，在课上我找他回答问题。这样一来，本来他不太确定的问题，渐渐地也敢回答了。

后来，他开始在课上问一些与课程相关的但是又奇奇怪怪的问题。我见他们兴趣浓厚，我便告诉他们，一些与学习无关的事情等到课下交流。月考的时候，我的课代表考了 78 分，在班里属于中上游水平。但我发现他还是有一些缺点没有改正，比如说上自习的时候不学习，经常和同学说话，不交作业，自己总是发呆。后来，他单独找到了我说："老师，我就是不爱写作业，但是我一定学得会，考试也一定能及格。"事实果然如他所说。在与他相处的过程中，我发现其实他很喜欢管理别人。于是我便让他在自习的时候管理秩序。本来他们班挺乱的，但是他一管，班里就会很安静。但是最大的问题是，他管不住自己。

现在实习已经过去一段时间了，看着他进步，作为老师，我感到很开心。虽然他还是有一些小毛病，但是我相信。在我的督促和他自己的努力下，他会变得更好。我的课代表，我期待你的进步哦！

【学长拨雾指路】

小宋老师遇到的问题是教学中经常发生的，具有普遍性。作为新教师，他的处理方法方式比较得当，比如：做思想工作——从最基础的教他——找他回答问题——表扬鼓励他——他主动学习。他就这样一步步使一个不学习的学生有了学习兴趣，提高了学科成绩，并能有效的管理班级纪律。这些做法都是正确的，显示了青年教师的教学机智。我对这位教师的做法给予赞扬和肯定。

在面对突如其来的发问，"你多大了？"在选课代表时，一声"没有人"的回答时，教师要冷静，更要机智，因为这两句话都具有一定的挑战意味。教师当时可以机智而委婉的避开锋芒，事后在特定的时间和地点，找学生进行个别谈话，肯定他的"率真"，指出他的问题所在。但不要过于批评和指责，当时他可能真的没有恶意。

对于这个"问题学生"，我们还可以有以下对策：

（1）教师因势利导，找这个男生多沟通，谈话，充分肯定他的进步，以及已经取得的成绩。人都是需要得到肯定的，学生更是如此。当得到肯定时他心里很高兴，此时教师真诚地指出：如果你能在自我约束上进步，那么我们班就更好了，你更优秀了，老师就更光荣了。语气要低缓，态度要真诚，让学生感觉到教师是在真心地帮助他成长。这样，学生是会欣然接受意见，并改正自己的不良习惯的。

（2）多给这个"问题学生"锻炼成长的机会，在学校班级活动中让他出头露面。经历多了，见识多了，自信心提高了。这个过程也是他自我历练和改变的过程。

（3）多与家长沟通，形成合力，共同改变"问题学生"

我相信，这个男生在经过教师的帮扶、支持之后，肯定能向更好、更完善的方向前行。我们期待着他的成功，期待着宋老师的笑脸！

4. 第一次处理学生受伤事件

邢台市威县某中学　李荣荣

【新手顶岗心路】

今天有一件很惊险的事。我们二班的刘同学的手被水杯划伤了，学校医务室说需要缝合，但是他们那里无法进行。同学们着急地找到了我，我便急急忙忙地跑到教室。之后给范老师打了电话进行询问和请教，我便带着他到外边的药店进行缝合。

在老百姓药房，医生给他进行了缝合，看着他那流血不断的手指，我既紧张又害怕，我紧紧地抓住他的衣领，使劲地躲避着不去看他的伤口。但是我还是看着医生给他打了麻醉剂，并且缝合伤口。我尽力地帮他转移注意力，当时我的心里真的特别紧张。不过还好，我坚持了下来。后来范老师过来了，我们也正好缝合完伤口。之后，范老师让我先回学校了。回到学校，我稳定好自己的心情，就把那个玻璃杯给扔了。之后我们班同学又说，班里的前门玻璃坏了、松了。我看了看，很危险。但我们又无法摘下来，所以只能将门打开，并且不让同学们在那里打闹。也许是因为前两天的那件事吧，我很害怕同学们不注意安全，再会出什么大事。因为我无法 24 小时看着他们，所以只能一遍又一遍地叮嘱他们。

不过回来之后，班里的同学对他的关心还是很让我欣慰的。我心里暖暖的，为学生们开心，也为自己开心。我为能有这样懂事的学生们感到骄傲。今天的事真是对我的一次锻炼，让我明白了如何更好地处理学生的突发状况，让我明白如何更好地做一名班主任，如何更好地照顾我的这群弟弟妹妹。今天的事情让我明白，我是同学们在学校里的依赖，是他们可以寻求帮助的人。很开心同学们有了事可以找我，我一定好好努力，好好锻炼自己的能力，期盼有一天能真正成为他们的依靠。作为一名班主任，我发现我身上的责任真是十分重大，我绝对不能掉以轻心，一定要负起责任来，变得更加值得同学们信任。

【学长拨雾指路】

学生受伤后，小李老师没有表现得很慌张，而是先与有经验的教师进行沟通，然后亲自带着学生处理伤口。虽然自己很害怕，但是怕学生更害怕，所以镇定地看着医生为学生缝合伤口，并通过各种方式来转移学生注意力，展现出一位教师的勇敢和负责，为小李老师鼓掌！

作为实习教师，在学校里可能会遇到学生意外受伤情况，那我们应该怎么处理呢？

(1) 赶到事故现场，迅速及时询问、了解学生伤情，并迅速将学生送到学校医务室，由专职校医进行处理；如果学生受伤情况严重，则应该第一时间拨打急救电话，并协助医护人员将学生送往医院。

(2) 及时向学校领导报告情况，从多方面调查事故发生的起因和经过，在最短时间内，将事故情况形成书面材料向校领导报告。同时通知学生家长到场，并做好受伤学生及其监护人的安抚工作。到医院进行探望和家访，主动向家长介绍事故发生的原因，听取家长对受伤学生的学业、后续治疗等方面的意见。

(3) 要对全班同学说明情况，嘱咐学生从各方面照顾受伤学生，让学生相互关心照顾。就事件发生的原因对学生进行提醒和警示，保证其他学生安全。

丘吉尔说："高尚、伟大的代价就是责任。"做一名教师，爱心是前提，但是责任是使命。作为教师，我们一定要拥有强烈的责任心。一旦具有了强烈的责任心，就有了取之不尽，用之不竭的资源。它能使教学过程中的不利因素化为有利因素，让学生真正感受到一种积极向上、敞开心扉的教育氛围，促进学生刻苦努力，奋进求学。

5. 第一次与学生交谈

石家庄市元氏县某中学　刘常敬

【新手顶岗心路】

九月中旬，我第一次正式走进班里。带着对学生的期许，我面带微笑，怀揣着一颗忐忑不安的心，站在讲台上，与学生们对视。我的目光与每一位同学接触，从他们身上，我看到了青春的影子。唯有最后一排身穿绿色 T 恤的男生，我从他的目光中发现了异常。与他目光相对，我有一种强烈的不安。果不其然，他在我的课上和别的同学打闹、聊天，对于我的管教，他没有一丝收敛之意。这种情况的出现令我感到一些失落。课后我便向班主任询问了他的情况，从班主任口中得知，这名同学就喜欢和老师作对，上课爱说话、打闹。老师想通过任命他为纪律委员的方式解决他上课说话打闹的问题。任命后，在以后的几天里，他果然安静了许多。但是我在课上却发现，虽然他不影响其他人的学习，但他自己也没有集中精力去学习，而是一直盯着窗外看。这令我心急如焚，我想让他好好学习，可我却无能为力。在我实习期间，班里遇到这种状况，我感到很伤心。

今天我正在备课时，他被班主任带到办公室，班主任让他反思。这一周我对他置之不理，当看到他站在办公室我却有一点不知所措了。他主动来到我身边，问我能不能借手机给他。我突然感到很羞愧，因为我从未真正了解过他。刚开学一周，学校的电话卡并未发放，我借给他之后，也留意他打电话的内容。我发现他正在和父母承认错误，希望父母不要接他回家。我想我要尝试和他交流一下，说不定可以打开他内心的大门，帮助他重新找到学习的动力。不过我还从来没有和学生谈过话，有点紧张。

他告诉我，被叫到办公室是因为他抽烟被班主任发现了。他告诉我他知道抽烟不对，但是他是因为内心苦闷才抽烟的。作为实习老师，不得不说我对学生的了解不多，这样的事情我也很难受。我希望我的学生能好好学习，能成为一个快乐的人。我今后一定不能因为学生扰乱纪律就对他不管不顾，我要多和学生交流，启发他们，帮助他们。

【学长拨雾指路】

这个世界并不是缺少美，而是缺少发现美的眼睛。作为家长和老师，在长期的中国特色教育实践中练就了一双对孩子的缺点和问题能明察秋毫、一眼望尽的透视法眼。由于我们要求高、心太急，看到的往往是孩子的缺点和问题。久而久之，我们常常以偏概全。虽然小刘老师开始的时候对该学生不管不顾，但是在面对认真改错的学生时，他能够发现自己的缺点，甚至感觉到羞愧，说明其内心深处是爱学生的。为了能够转变该学生，小刘老师和他深入谈话，增进了解，扭转了该学生的心态。这是值得我们学习的。

谈话是了解学生心理增进师生感情的有效措施，很多实习生都会用这种方式解决学生问题，但是有的实习生因为缺乏经验，常常不能收到应有的谈话效果，在谈话时我们应该注意以下几点：

（1）要有充分的准备。在谈话之前，应该对学生的基本情况进行了解。充分思考本次谈话的目的，围绕目的设置几个话题。最好可以提前想到自己的问题学生会怎么样回答，学生回答后自己又应该如何应对，以免出现学生把自己问住的情况。

（2）少用说教式，多平等交流。谈话的目的在于和学生交流，发现学生内心的真实想法，扭转学生的错误观念，而不是让学生生硬地接受自己的想法。所以实习生在与学生谈话时，第一，要注意语气尽量平和，不打击，不挖苦，不训斥，这样才能让学生向你敞开心扉。只有这样，作为教师，才能真正了解到真实情况，否则只是浪费师生的时间与精力。第二，老师要做好听众，让学生陈述事情的前因后果。一方面能使学生的某些负面情绪得到宣泄，另一方面也可以教师静下心来思考处理问题的方法。同时学生也会认为教师是友善的，和蔼可亲的，从而能避免引起不必要的抵触情绪甚至师生冲突。

（3）设置合适的场地，保护学生的自尊。每个学生都是一个独立的个体，有着自己的自尊，我们为人师者有责任保护学生的自尊。办公室是教师办公的场所，有其他教师办公，不宜作为谈话的场所。一则影响其他教师办公，更重要的是学生并不愿意在那儿与你进行沟通。教师可以选择在校园里的绿荫、操场等场所，我想，这些室外的谈话场所，学生应该比较容易接受。如果实在要在办公室谈，应该挑选没有其他老师在办公室的时间谈话。

赞科夫说："当教师把每一个学生都理解为他是一个具有个人特点的、具有自己的志向、自己的智慧和性格结构的人的时候，这样的理解才能有助于教师去热爱儿童和尊重儿童。"陶行知先生也曾语重心长地说："你的教鞭下有瓦特，你的冷眼中有牛顿，你的讥笑中有爱迪生。"作为老师，我们不能只抓成绩，不根据自己的喜好挑选学生，不要把学生锁闭在无人的孤岛，不要让一朵娇艳的花过早承受风吹雨打，不要让一棵年轻的心过早蒙上自卑的阴影……生活本来就是丰富多彩的，生活本来就是幸福的组合。热情起来、关心起来、体贴起来，学生就会成为你精心打造的玉石。

6. 第一次批改作业

邯郸市鸡泽县某中学　张阳阳

【新手顶岗心路】

今天第一次批改作业，由于这个学校给孩子们订的课时练还是不错的，因此我没有让孩子们再用作业本写作业，就直接让他们在课时练上写。而且，由于我教的班有些多，一个班有 80 个人，交一次作业确实挺麻烦，尤其是孩子们看起来长得那么小，小小的课代表恐怕都抱不动那么多作业。

这次是前三课都讲完了，要来一次单元复习，正好第一单元 AB 卷也都可以做完了。于是，我布置下作业，让孩子们把课时练和考评的卷子都交上来，我要批改作业，这是第一次的。

为了批改作业，我提前买好了订书器。因为考评卷子很容易散开，对于这个年纪的孩子来说，他们很有可能会弄丢几张卷子。于是，给每个孩子批改作业之前，我都会把之前的卷子给他们订好了，我不知道这样做是不是恰当，但是我觉得订好的卷子使用起来会方便很多。

当课代表把孩子们的作业抱到我办公室的时候，我很惊讶，因为有 80 份左右，比我想象中要多好多。刚好我下午和晚上都没课，我就在办公室安静地批改作业。先是在课时练批上一个“好”，要是写的比较好的学生，我会加上一个好。我真的喜欢为孩子们批改作业然后再给他们订好。办公室里的老师好像都没有买订书器，只有我自己买了。一个班 80 个人，一共 5 个班，我一共也才订 400 份左右作业。也许真的喜欢一件事，就不会觉得辛苦了。订的时候我就真的好开心，可能是因为我太喜欢孩子了，真的想把他们当成自己的孩子一样去疼爱。虽然在年龄上来说我不是很合适，充其量是他们的姐姐，而且我也确实没做过母亲，不过我是真的很喜欢他们。

我心里很清楚，我能陪伴他们的时间是极其有限的。他们也许以为我会是他们整个初中生涯的历史老师，但是我不忍心告诉他们我只是一个实习老师。我知道实习的时间只有几个月而已，但是我在这最美的年华遇见他们，真想就此停住，我越来越喜欢他们，他们也越来越喜欢我了。我不知道，有一天，我会哭成什么样，可我所能做的就只有精心备课，精心讲课。有时候真想把我知道的全都告诉他们。我会很珍惜这接下来的日子。

【学长拨雾指路】

真正的教育工作是建立在爱的基础上的，小张老师很好地做到了这一点：“尤其是孩子们看起来那么小，小小的课代表抱作业应该都抱不动。”“我不知道，有一天，我会哭成什么样，可我所能做的就只有精心备课，精心讲课。”这每一句话都体现出了小张老师对教育事业的热爱，对孩子们真切的喜爱。小张老师怕孩子们粗心把卷子弄丢，特意买了订书器为每一位孩子装订好试卷，看起来是件小事，可是把每一位孩子的试卷都装订好确实不易。但是小张老师并不感觉累，而是充满着快乐与满足。我们有理由相信，对教育，对孩子都充满爱的小张老师一定会在实习岗位上做出很好的成绩！

批改作业是教师必不可少的工作，是我们与学生沟通的一种方式，但是很多实习生总是会把批改作业当作教学任务，不能好好利用。我们在批改作业时要注意以下几个方面：

（1）改变批改符号。差号可能会让学生觉得冷漠，因此，我们在批改作业时，对于学生的错误之处用相对温和的问号表示。学生拿到作业本时，就不会因为做错了题而丧失了学习的信念。

（2）不急于划分等级。多数学生很难将作业做得很好，但是，每个学生都希望获得成功。如果学生总是得到失败的教训的话，就会丧失兴趣。因此，我们可以对学生的作业进行多次批改，即学生第一次交上来的作业，教师不急于划分等级，而是将作业发下去，让学生修改，修改以后，教师再进行批改完善。苏霍姆斯基说：“教师在批改学生作业时，任何时候都不要急于给学生打不及格的分数，请记住，成功的欢乐是一种巨大的情绪力量。”

（3）从“批改”走向“对话”，架起师生心灵的桥梁。每一位学生都渴望得到老师特别的关注，因此，评语便是体现教师关注，表达鼓励的很好的方式。评语要多变，针对学生问题进行点评，体现教师关怀，而不是简单的“阅”，同时还可以在评语中用期冀性的话语指出学生问题，效果会更好。

教育家林砺儒说：“你要热爱儿童，才能了解儿童。你了解他们越透彻，你便会更热爱他们。因而热爱和了解是互为因果，互为发展的。”让我们用爱构筑学生的发展平台，让学生们带着爱走向未来！

7．第一次命制考试试卷

涞源县某中学　梁娜

【新手顶岗心路】

快要月考了，试题都是由任课教师出题。这次，我们生物组要求我的指导老师张老师来出这次的月考题。但是，张老师身为班主任，班级事情较多，并且作为一名出色的生物教师，课程比较紧张，因此，出试卷的任务便交给我了。这是我面临的又一个第一次，因为以前从未出过考试卷。

张老师和我一起挑选出了几套比较有价值的试题，剩下的工作就由我来做了：

首先，我将题目按照教学的先后顺序进行了排序，把题目都排好之后就进行了编辑。

其次，在试卷上方写好标题“高一生物月考试卷”，把页面的纸张改成了 B4 的格式，然后通过回忆之前我做过的试卷的格式，将题目分栏设置，做好初步的格式编辑。

然后，编辑好以后就开始进行了更加细致的划分，我把题划分为两大部分，一部分是客观题，另一部分主观题，根据题目数量来制定每一个小题的分值。

最后就该做答题卡了。主观题部分要用一张答题纸，答题纸比较好做，根据题画出来空就可以了。

经过了将近一天的折腾，终于把这个试卷做得差不多了，虽说做这个很费眼睛，脖子会酸，但心里还是挺开心的，因为这是第一次出卷子。一想到考试时要用我出的卷子，心里有满满的满足感。

我感觉出月考试卷对于有经验的老师非常简单，他们能够用极短的时间很熟练地出好一份试卷。但是对于我来说，我必须做很多准备工作，然后很细致地一步一步地做才行。通过这件事，我了解到了我与他们的差距，暴露出了我的不足，我以后要更加努力才行。

【学长拨雾指路】

梁老师初为人师，出月考试题，是对他的一个考验，也是一个成长的机会。小梁老师认真的态度很重要，出题想得周全，对于刚入职不久的教师，能根据考点出一份题已经很值得鼓励了。

对于出题，我有一点自己的看法和经验。

（1）确定题点。考哪些点，是命题者首先要考虑的最重要的问题，必须精心安排，不能随心所欲。不同类型的考试有不同的点，不同考次的考试有不同的点。不能无目的地“凑点”，所有确定的点，都必须在课标中找到根据。

（2）把好尺度。这里主要指试题的难度，合理科学设置难度，自然就有了正常的区分度。难度要根据考试的性质确定，一般说来，平时的检测性考试，难度应低于总结性考试，水平考试的难度应低于选拔性考试。

（3）选好题型。形式应为内容服务，题型必须有利于内容的考查。在频繁的考试实践中，各个学科都出现了五花八门的考试题型，不少题型经过检验，得到师生的认同，我们可以根据需要筛选梳理，灵活选用。主、客观题型的比例要适当。

（4）规范表述。题目的文字表述必须规范，要清楚、明了、简洁、准确。绝不允许使用含糊其辞、模棱两可的语言。

英国作家萨克雷说：“播种行为，可以收获习惯；播种习惯，可以收获性格；播种性格，可以收获命运。”初入职场的新教师会在实习过程中遇到各种各样的困难和挑战，作为实习生首先要调整心态，将每一次任务看作是成长的机会，不断摸索，不断探究，向老教师学习请教，不怕苦不怕累。相信梁老师一定会好好利用这半年的时间，通过量的不断积累实现质的飞跃。

第三篇　我的梦幻课堂

作为学生的时候我们可能不觉得课堂有多神奇，但是成为教师之后再走进课堂的感觉就好像国王来到了自己的宫殿，花匠进入了自己的花房。心里所想的全是如何把课堂打造成自己的理想状态。于是我们开始勾勒自己的梦幻课堂，开始憧憬自己上课的样子。我的课堂应该是这样的：它民主和谐，老师和学生不是高低有别而是共同学习；它兴趣盎然，学生们不是把学习当作负担而是在快乐中获取知识；它氛围活跃，学生们都在争先恐后地回答老师提出的问题。带着这些美好的憧憬你们打开了梦幻课堂的大门。

1. 如梦一课

邢台市某中学　景涣然

【新手顶岗心路】

三月十一日，是我开始讲课的第一天，是非常值得纪念的一天。从指导老师告诉我让我开始备课到这天，我时刻做着登上讲台并且有指导老师在教室后面听课的准备。但当这一天真正到来的时候，我还是会特别紧张，感觉自己准备的还是不充分。因为怕自己讲不清楚、怕讲错了、怕学生太难管、怕学生看出我的紧张、怕指导老师看出我的缺点等等。还好，第一次讲课，指导老师因事没听课，但紧张的程度一点也没改变。坐在办公室等待上“战场”的我，紧张到手足无措，不能定下神儿来看看书。那时我特别希望有个朋友陪着我，但想想这不仅是我实习必须迈开的第一步，也是将来工作后面对的第一个挑战。那时可能甚至都没有鼓励、没有认可，有的只是“你这里讲得不够好”“这里处理得不够合理”等等。所以我鼓励自己，路需要自己踏踏实实、一步一步地走，只能靠自己。

终于，上课铃响了，我鼓足勇气走出了办公室，走进了高一（9）班的教室。进入教室，随着学生们的一声“起立，老师好”，我的心里还是紧张得不行，但还是努力克服着自己的紧张往下讲课。虽然不知道自己讲得怎么样，但是，自我感觉应该还可以。随后慢慢进入了状态，紧张感逐渐消除，快下课的时候才感觉如梦初醒。

这第一节课就好像在梦里过的一样，不过随后细细反思一下我的第一节课，我知道自己在很多方面还存在不足。比如，教学语言不够明确简练、科学，缺乏幽默；教态不够自然；教学环节设计不够科学完整等。我仍需在这些方面继续努力，严管课堂纪律，认真备课，细细琢磨教学语言，使知识的呈现有章可循。当然也要慢慢培养自己的幽默感，使课堂氛围更加活跃一些。与此同时，学习使用电子白板教学，呈现直观形象材料，帮助学生理解、记忆，并激发学生学习的兴趣。当然，深入地观察学生、了解学生也是我接下来必做的一项工作，思考针对不同的学生采取什么样合适的教学方法才是最关键的。

【学长拨雾指路】

每位教师的第一节课都是不一样的，但是兴奋、紧张、激动的心情我想都是相似的。小景老师在课前精心备课，坚定、勇敢地迈出了自己作为教师的第一步，并且在上课时克服自己的紧张心理，顺利完成自己教师舞台上的第一课，这是非常成功的。更难能可贵的是，她还能在下课之后认真反思自己的授课，找出优缺点，明确自己的进步方向，值得每一位初登讲台的实习生学习。

虽然紧张是第一节可不可避免的，但是可以采取以下方法缓解紧张：

（1）做好充分准备。在第一次讲课前一定要好好备课，认真研读教材，整理知识结构，把握重难点，细化到每一个细节，对学生的反应做好课前预设。

如果条件允许可以先跟岗友或指导教师预讲一下，找到自己的不足，增强自信心。

（2）了解所教班级。对待不同的班级应该采取不同的教学方法。在第一节课开始前，要先与所教班级的班主任、任课老师、班长、课代表等沟通，了解班级的班风班气，所教学科学习状况，班级里的“重点人物”，这样才能做到“知己知彼，百战不殆”。

（3）放松心情。有的老师站在台上会很紧张，消除紧张情绪最好的办法就是尽量放松心情，不要太在意第一次讲课的结果。站在台上时，你只管按自己备课的情况来讲课，若还紧张，则可以不看学生们的眼睛，把目光大面积的扫向学生。

如果实习生已经可以克服紧张心理，就要向着更大的目标前进。小景老师提到的针对不同的学生采取不同的措施其实就是因材施教。著名教育家陶行知先生说：“松树和牡丹所需要的肥料是不同的，区别不同情况给以施肥浇水和培养教育，这叫因材施教。”作为教师要了解不同学生的特点，洞悉每个学生的心理，为不同的学生量身打造个性化学习计划。

2. 初为人师

邢台市某中学　王燕池

【新手顶岗心路】

盼望着，盼望着，第一次上课，第一次正式的和学生们认识交流的日子就这样到来了。我的内心是复杂的，既渴望和学生们认识，给学生们上课，与他们成为好朋友，又很担心自己会表现不好，担心自己会紧张、会出错，害怕学生会嘲笑自己。在前几天的培训交流会上，一些老师告诉我要在学生面前保持严厉的形象，在第一堂课的时候要立好规矩，设立好自己的奖罚制度并坚持实施，树立一个威严又有原则的教师形象。

为了让自己能够流畅顺利地完成第一堂课，我认真的思考了很久，经过反复在记事本上预设演绎，我把我的想法进行了分类整理了。很快就到了第四节课，也就是我的上课时间，我在上课铃结束的时候走进了教室。首先我先用英语介绍了一下自己，担心一些学生听不懂，我又简单地用中文翻译了一下，紧接着就介绍了一下英语课的奖罚制度以及上课的纪律问题。最后，我给了大家几分钟时间准备，让大家用英语来自我介绍，可以主动向大家介绍自己也可以推荐自己的朋友。就这样，在同学们的欢声笑语中结束了我的第一堂课。说实话，我已经很知足了，但是不知道学生们对我的第一印象是怎样的。其实当我站在讲台上时，看着下面 70 多张可爱的小脸儿时，我在兴奋之余真的很紧张。作为老师，我不想将紧张的情绪流露出来，我只能硬着头皮坚持上完课，但是随着课程的进行，我渐渐和学生融为一体。作为他们的新教师，我要怎样培养孩子们的兴趣，怎样让孩子们更容易学习和掌握英语，是我在实习的半年中要反复思考的，也是我在顶岗实习过程中的一大难题。

不过，在第一次登上讲台之后，我对老师这一职业有了新的认识，我有信心能胜任教师这一职业，也有信心能和这些孩子一起快乐职业成长！

【学长拨雾指路】

初为人师，所有的实习生都有着复杂的心情，这种“复杂”包含着兴奋、紧张、忐忑不安，甚至会影响实习生的身心状况。如何克服这种心理是实习生首先要面临的问题。小王老师通过培训老师讲述的方法，采用“三步走”的思路，拉开了教师生涯的序幕。首先用英语介绍自己，树立教师形象；然后规定课堂纪律和制度，树立教师威信；最后在让学生进行自我介绍，活跃课堂气氛，融入学生，发挥学生的主观能动性。小王老师使学生感受到了教师的“刚”与“柔”，“严”与“松”，这不失为一招妙计。

英语作为外语，比较难学好，小王老师也觉得激发学习兴趣很重要。那么，如何激发学生学习兴趣，我有以下几点建议。

（1）精心钻研教材。多创设教学情景。小学的英语教材中的材料一般比较简短，这要求我们在备课的时候尽可能地把这些语言教材放入各种实际的情景中去，使学生在课上学到的不仅是少量单词或一小段文字，更重要的是还有一些在许多场合用得上的富有生气的语言材料。

（2）适当增加课外知识。针对学生好学的心理，我们在完成教学的基础上，应适当扩大课外知识。例如：在学习三年级下册 Unit 6 A 部分的“Let’s say”时，可以多给学生介绍这些国家的风俗习惯，扩大学生的视野。

（3）以旧引新，以新温旧。悉心钻研教材，熟悉学生已学的和要学的内容。这样，复习旧课时就能为新课埋下伏笔，教授新课时就能很好地复习已学知识。学生所学的知识就能随着时间的推移而逐渐增加，学生的积极性也会大大加强。

（4）培养创新能力，鼓励实践。积极鼓励学生用英语交谈，通过交谈，使学生获得英语学习的成功感，进一步提高学习兴趣。力求将生动活泼的气氛和严谨认真的要求有机地结合起来，力争达到双向交流，环环相扣，直达主题的效果。

实习生要从学生角色转化到教师角色，需要经过认识、实践、再认识、再实践一系列的过程，才能真正取得“真经”。而这一系列过程的关键阶段莫过于对老师角色的初次认知与实践。作为一名师范生，我们在培训与学习中对教师有着初步认知，那师范生的实习便是这种认知的第一次实践。对于这次实践，我们需要从“前辈”那里吸取经验，根据具体情况进行讲课。根据哲学的“否定之否定原理”，我们把第一次的实践和认知结合起来，否定错误的、前面的观点和做法，从而得到正确的、全面的经验。

3. 角色的转换

邢台市某中学　冀瑜琼

【新手顶岗心路】

没有到实习学校之前，对实习的一切未知充满着好奇。既满怀期待，又心怀忐忑。

既有对从学生到老师角色转换的期待，也有怕自己应付不来的忐忑。出发的日子，如期而至，实习也步入正轨。

其实，并没有想象的那么顺利。尤其是看到小伙伴们都接了好几个班，放手大胆地讲课了，听他们说着课堂的趣事，我羡慕不已。而刚开始，我这边却好像一团糟的样子，很多事的开始都没有想象的那么顺利。所以很多事必须去坚持，才会越来越好。

今天，迎来了自己第一次进课堂。每一个第一次都是特别的，都有着残缺的美。初三没有新课，都是复习。今天这节课就是讲了刚摸底的卷子的选择题。进入教室，做了简单的自我介绍后，学生们依然没有安静下来。课堂纪律这么差，可能在年级组待了两天，大家都知道我是实习老师，有点压不住场吧。开始上课后，学生的声音一直比我大。可能真的是第一次有了当老师的感觉，在这么乱的环境下，上完了两节课，而且竟然还有说不出的喜悦感。下课后，自己也想了想，第一次正式站上讲台，还是有那么点紧张的，也会说话语句不连贯。而最大的问题也是和爸爸聊天时醒悟的，上好一节课，应该想办法带动学生的兴趣。很显然，第一节课我失败了。但是课下，与两个学生简单交流了一下，他们说可以听懂。这句简单的话，给了我很大的鼓励，也将督促我一直坚持下去，走好教师这条路。

对比上午听的刘老师的课，还有很重要的一点，那就是专业知识不牢固。初中的知识很久没有接触，很多知识点自己都模糊不清。所以，更要抓住这段时间，努力巩固自己的专业知识，让自己掌握得更扎实，更牢固，才会在以后的路上得心应手。

实力与梦想还差得太远，要做的还太多太多。抓住顶岗实习这个好机会，让自己在学生与教师角色斩转变中得到真正的蜕变。真心希望自己能真正地快速地成长、进步。

【学长拨雾指路】

像小冀老师说的那样，人生中每个第一次都是特别的，都有残缺的美。对于老师来说，我们的第一节课更有特别的意义。冀老师对三尺讲台有着极大的憧憬，在兴奋与紧张中迎来了自己的第一节课。虽然有着压不住学生、思维不连贯等小问题，但还是很好地完成了本节课，不仅让学生听懂了，自己也收获了初为人师的喜悦。

小冀老师已经认识到，顶岗期间要完成的一个重要任务就是角色的转变，如果在转变过程中我们能注意到以下几点，将事半功倍。

（1）由被动意识向主动意识转变。学生在学校中一般处于被动地位。担任教师后，转眼间成了几十名学生的措挥者和管理者，由被人“支配”变为“支配”人。这就要求其思想、观念、行为等必须由消极被动的适应型向积极主动的创造型转变，同时还要积极主动地思考、谋划。

（2）由效仿意识向表率意识转变。担任教师后，其职业性质决定了他的一言一行都将随时通过学生这面镜子反映出来，一件看似寻常的小事，可能会产生意想不到的后果。在学生面前，教师若不能随时谨记自己的教师身份，处处高标准、严要求，就会出现“其身不正，虽令不从”“教师松一寸，学生松一尺”的现象。

（3）由放任意识向严谨意识转变。学生大多思想单纯，因而说话、处事较少瞻前顾后。但作为教师，工作环境与学生时代大不相同，因此必须根据新的工作环境采取不同的处事态度与方式。对学生尊重爱护、一视同仁；对同事持重谨慎、以礼相待；对领导尊重礼貌、不卑不亢；对人对事光明磊落、坦率诚实。

牛顿曾经说过：“如果说我比别人看得更远一些，那是因为我站在巨人的肩膀上。”实习生作为新手教师一定要学会运用实习学校的“巨人资源”，即学校中的优秀教师。要多听他们的课，多反思自己的问题，多找差距，以优秀教师作为标杆才能使我们成长的道路更加宽阔。

4. 课堂原来是快乐的

邢台市某中学　闫明乾

【新手顶岗心路】

不知不觉间，来到实习学校已有一周的时间了。期间，我们认真学习了指导教师的优秀教学方法和管理课堂的经验，认真听取了指导教师给我们的一些建议。短短一周的时间，我们受益匪浅。即使这样，我对真正的讲台还是充满了憧憬。

机会总是不期而至。周末的时候，因为指导教师临时有事请假，所以我有机会讲一节课。上午收到通知之后，心情真是万分的紧张和激动。看到其他顶岗实习的同学都陆续步入正轨，走进课堂，我是羡慕并且渴望的，所以我很珍惜这次来之不易的代课机会，并且用实际行动去积极准备着这一节课。

回到学校我便开始备课，这一节课要讲单词。所以在办公室里，我跟着音频一遍又一遍地读本单元的单词，认真地纠正发音不准确的地方，并做出发音易错的标记，确保在上课的时候能教给学生正确的发音。另外，重要的单词后，我都做了一定的拓展，比如词组和句型，或是一些常见用法，尽量为学生提供更多的知识。针对一些单词，我做了一些趣味性或与生活相关的拓展。比如，在单词中有柠檬（lemon）一词，在上课时会告诉学生凉饮柠檬水是（lemonade），学生会非常感兴趣，并能快速掌握。最后，如果只是逐个地讲解单词，可能会单调无聊，所以在准备的时候，我将单词之间做了一定的衔接。

课堂上，学生都能够积极配合，在小组活动中，大家也都积极地讨论并完成了任务。在讲课的过程中，我适当地加入了一些生活小常识和趣味知识，可以看出学生们对此都很感兴趣。这样一来，在了解这些知识的同时，学生们也记住了这些单词，他们既能掌握课本知识又可以了解其他方面的知识。另外，在小组活动中，学生积极地讨论和抢答，从而获取一定的分数 ，也充分调动了学生的积极性。

通过这一次讲课的实践，我了解了真正的课堂原来是快乐的。在这里，老师和学生一起快乐地学习知识。同时，在课堂上我收获了很多英语教学的方法和经验。也认识到了许多自身的不足，比如对课堂的调控，还远远做不到收放自如，课堂时间的把握和分配也有着很大的不足。当然，无论第一次讲课是成功抑或失败，这都将是我人生中的一笔财富。我会努力改正自己的缺点，弥补不足，争取在以后做得更好。

【学长拨雾指路】

顶岗实习生在讲第一节课时往往会出现紧张、惶恐、惴惴不安等现象。而小闫老师却能在第一节课时认真备课，合理设计教学过程，有效组织学生活动，完美地揭开了自己教师生涯的序幕，展现了出色的教师基本素养。最值得其他实习生学习的是，她能够利用小组活动和趣味知识把枯燥无味的单词变得妙趣横生，充分调动了学生学习的积极性，轻松攻克教学过程中的难点。

可能对于很多的英语实习老师来说，单词的讲解都是一大难点，除了可以借鉴小闫老师的做法以外，还可以采取以下方法讲解单词。

（1）在顺口溜中学单词。中国是诗歌的王国。中国人天生有着对诗歌朗朗上口的节奏感。牛津小学英语非常注重知识的板块性，每一单元的单词都属于同一系列。这种编排对老师渗透新的语言知识点很有好处。在教学中，我尝试把每一单元的单词串联起来，编成一个顺口溜，便于学生记忆和朗读。如，教“animals”时，我编的顺口溜是：猫儿“cat”爱吃鱼，猴儿“monkey”爱吃桃，小鸟“bird”天上飞，小狗“dog”地上跑，老虎“tiger”兽中王，熊猫“panda”是国宝，斑马“zebra”跑得快，大象“elephant”大力士。

（2）在游戏中学单词。英语新课程要求学生在做中学，在玩中用。这样有利于发展语言运用的能力，有利于提高语言学习的动机。在教学中，尤其是在巩固环节或检复环节，我经常带学生开展各种游戏。如在教完水果后，可把各种水果放入一个不透明的袋子中，一起玩“Touch and Guess”的游戏，猜对者将把水果奖赏给他。在有水果奖赏的刺激下，学生的学习热情异常积极。

（3）在对比中学单词。三年级学生在英语初学阶段，由于没有音标和单词的基础，他们对单词的记忆有很大的困难。因此，在教学中，我经常对比前后的单词，找出异同点，这样一来可降低学习的难度。如在学习“but”时，在此之前学生已学过“bus”，通过对比，学生一下子就记住了“But how?”的句型。

顶岗实习只是我们教师生涯的开端，在今后教师生涯上无论遇到什么样的困难，希望每一位老师都不要忘记自己第一节课时的兴奋、激动、紧张、惶恐，保持自己最初的梦想，努力奋斗下去。

5. 课堂原来是幸福的

邯郸市鸡泽县某中学 张阳阳

【新手顶岗心路】

今天第一次正式走进课堂。其实，原来的时候，我已经想过了第一节课要怎么给学生上课。由于刚刚开始的时候，学生们的心还没有完全安定下来。而且，由于他们没有预习，所以，我决定第一节课给学生们说以后上课的纪律以及这学期的大致安排。第一节课虽然不讲课，但是也很重要。这是我给学生的第一印象，而且第一印象十分重要。因此，我们都达成一致，那就是第一节课不笑，第一周严厉点。如果一开始就跟学生们嘻嘻哈哈，那么以后就有可能出现不利局面。尽管我心中爱他们，但一开始我也要表现出很严厉的样子。

但是生活中总有意外发生。比方说，今天下午，我和岗友一块去签到，2：20 前签到。对于其他人来说还好，但是对于下午就要第一次进课堂的我来说，显得很仓促。我签完到之后就直接去二楼办公室休息了，然后拿着课本和一些教辅就去了 7 班。到了班之后，我脑袋有点空，因为真正在 80 人的教室里说话与课下走进教室的感觉是不一样的。定了定神，我先做了自我介绍，只在黑板上写了一个张字。因为我们几个都说介绍的时候不要说名字，不然可能会被学生叫着玩，如果那样，就尴尬了。首先让学生们拿出跟历史学科有关的几本书来，我分别说了一下这几本书怎么用，如何安排。再次，我念了一下校报上面任课老师适用的课堂六大纪律。最后，我给学生一些时间，让他们自我介绍，形式活泼。

第一节课，我好像笑了，因为心里实在是太喜欢孩子们了。看到他们写的内容，实在是太有趣了。我说实在不会写就让他们描述一下自己的长相，结果他们写的特别搞笑，看来课堂原来是幸福的，因为每一个孩子都是天使。这节课真是丰富多彩，也让我初次体会到了当一名老师的幸福感。和孩子们在一起，是我最开心的时候，我也愿意一直陪伴着他们成长，为他们的学习和生活都做出我能做的最大的贡献，这一天过得真幸福。

【学长拨雾指路】

小张老师是一位特别可爱的老师，在上岗之前考虑了很多问题，最主要的就是要给学生们一个严厉的第一印象，以便于以后的工作展开。但是和孩子们接触之后还是被学生的天真无邪“打败”了，体会到了满满的幸福感。这让我想起了我顶岗实习时的经历。为了保持自己的教师威严，我在第一节课上课的时候时刻保持严厉的面容，不敢露出一点微笑，把学生们吓得一节课不做声响。但是和他们接触了几天，逐渐被学生的单纯感染了，我也放下了老师的架子，和他们融到了一起。

顶岗实习生如何树立教师威信可能是每一位实习生都要面临的问题，而且树立教师威信也不一定是时刻板着脸，可以尝试从以下几方面入手：

（1）教师应当具备广博的学识。工作认真，知识渊博，教法灵活是树立教师威信的第一步。首先需要有渊博的知识，这样在把握教材，吃透考纲方面才能做到运筹帷幄，成竹在胸，不会出现临阵出错，慌了手脚。

（2）高尚的品德和幽默的谈吐。为人师表是树立教师威信的关键。教师被人称为“人类灵魂的工程师”“太阳下面最光辉的事业”。只有具有高尚的品德、纯正的人格的教师才能教出优质的学生。唐朝的文学家韩愈说过：“师者，传道、受业、解惑也。”他认为教师的首要任务是传道，那么要传就得传给学生做人的道理，不能以其昏昏，使其昭昭。

（3）热爱学生，尊重学生是树立教师威信的核心。虽然学生大多都是未成年人，但也是作为一个个独立的个人存在的。作为教师，就应该平等对待每一位学生，在课堂上是教师，课下做朋友，不管是什么时候都不能摆教师的架子，若这样的话，学生会对你敬而远之的。

伟大的物理学家爱因斯坦曾经说过：“使学生对教师尊敬的唯一源泉在于教师的德和才。”顶岗实习生要以身作则，想让学生成为什么样的人，自己首先要成为什么样的人。如果实习生想要对树立教师威信有更深一步的了解，可以参阅钱卫明老师主编的《教师技能提高丛书修订版》——这样做在学生中最有威信。

6. 精心准备的第一课

衡水市饶阳县某中学 张旭冉

【新手顶岗心路】

上课的前一天晚上，我花了整整一个晚上的时间在办公室的黑板上练习板书，练习讲课，把一屋子的空气当作是自己的学生，一遍一遍地练习，毫无厌倦感。

到了第二天，第一节便是我的课。课前五分钟，我的内心已经不能平静了，犹如大海的波涛汹涌，“砰，砰”的心跳声占据了我的全身。闭上眼睛，眼前有一排排的小人，列着队，敲着锣打着鼓经过，紧张的情绪极为强烈。我找到指导老师描述了一下我此时的心情，老师指点到，不用紧张，孩子，你讲什么就是什么。他们喜欢你给他们上课，也不会跟你捣乱，你就放心地上课就行。准备了多少讲多少，能讲多少就讲多少，也不要着急，你肯定能上好这第一堂课。指导老师的一番话让我坚定了信心，平定了一下心境，我拿着书走进了教室。上课铃声响后，我说：“好了，咱们上课吧!”班长一声令下，全班同学向我问了好，内心的紧张稍微平复了。而后，我用一段简短的英文做了自我介绍，同学们听得都很认真。尽管他们的表情告诉了我，他们没有听懂多少，但是他们仍然在努力地坚持听，这让我非常感动。顿时让我想到了初中时代的自己，紧张的情绪立刻烟消云散。英文的自我介绍完后，我认真地翻译了一遍，不想给同学们的英语学习生涯带来阴影，我让他们一句一句的翻译了一遍，结束我的介绍。在自我介绍中，我说道，希望他们对英语感兴趣，不要畏惧，希望他们能努力地学习英语，我期待他们每个人的进步。而后为了能激起他们对英语的学习兴趣，我又教他们两句绕口令和一句名言“世上无难事，只怕有心人。”我希望他们不要放弃自己，坚定自己的目标和理想，坚定地走下去。当然，不知道他们是否真正领悟到了我的真正用意。老师们都说，在开始与学生相处的时候，要保持距离，在上第一节课的时候，一定要严。可是当我遇见了这群可爱的孩子之后，我是真的严肃不起来。

第一节课讲了第二单元的单词，由于第一次上台，时间把握的不是很好，剩下一个短语没有讲完，不过第一节课也算是顺顺利利地通过了。课后，指导老师针对我上课过程中出现的问题，进行了订正。在以后的课堂中，我会牢记在心，积极改正，让自己在课堂中不断进步。

虽然我不知道以后的课堂会怎么样，但是我相信，在我的努力下，在不放弃每个学生的理念下，我会看到自己的努力的成果。

【学长拨雾指路】

从小张老师日志的字里行间，可以看出他是一个非常勤奋，非常热爱教学事业的老师。他在第一堂课前一天晚上一遍一遍地练习板书，并反复演练要讲的内容。在上课时他能充分照顾到学生们的感受，为了不打消学生学习的积极性，他在英语自我介绍的之后又翻译成了汉语。同时又告诉学生“世上无难事，只怕有心人”的格言，调动了学生学习的兴趣，这样为学生着想的老师一定会受学生的喜爱。

很多顶岗实习生会像小张老师一样把握不好课堂时间，你可以试着这样做。

(1) 精心设计教学活动，备课时认真规划每个教学环节所用的时间，这样就能很好对时间有一个整体的掌控。

(2) 明确本节课内容的重难点，知道什么知识要着重点讲，什么知识学生只要了解就行，避免在无关紧要的知识上浪费大量时间。如果自己不能精确把握教材，应该向实习学校的经验丰富老师多请教。

(3) 加深对学生学习情况的了解，多从学生的角度考虑问题，体会学生学习每个知识点所用的时间。

(4) 巧妙引入新课，吸引学生的注意力。只有提升学生学习的效率，才能最大限度地节省授课时间。

作为顶岗实习生，在基本把握课堂节奏之后一定要想方设法让学生体会到学习的成功感，激发学习积极性，让他们从“要我学转变成我要学”。

7. 课堂上的“小插曲”

邯郸市磁县某中学　岳敏敏

【新手顶岗心路】

我们永远都无法预知机会会在哪一天出现在我们的身边。我们是否会措手不及，取决于我们平时是否在准备好。

今天指导老师突然让我代课，心理好激动啊！我勇敢地答应了，指导老师微笑着鼓励我。

我一共上了三节课，在第二个班讲第四题的时候，全班学生都开始怀疑我，一起对我说：“老师，不对！”当时我面对学生的质疑愣了 5 秒，大脑一片空白，不知道该怎样进行接下来的课。慢慢地我镇定下来，让同学们安静下来，找了一个学生，让他讲了一下自己的做法。我也慢慢分析，明白学生们持反对意见，原来这道题有两种解法，只是大家没有听懂我的解法而已。然后我就更加自信和镇定了，我给学生讲了一下我的解法，告诉他们两种解法都是正确的。

今天的小插曲给了我一个学会控制课堂的好机会。同时我也靠自己的知识征服了学生，更加坚定了我站在讲台上的信心。

其实在我眼里，他们只是孩子，跟我读初一的妹妹一样大，他们的世界都很简单。

我相信，在未来的日子里，我会把他们当作弟弟妹妹一样对待。不仅仅教他们学科知识，更多的是关心和爱护。我希望自己能真正懂他们，了解他们。

【学长拨雾指路】

从来不会有两节一模一样的课，在课上你永远不会知道你的小可爱们会给你出什么样的难题。小岳老师能在初登讲台时用自己的冷静与智慧处理课堂上的突发事件，帮助学生解决实际问题，拓宽学生思考问题的思路，与此同时也保全了自己作为老师的“面子”这是十分值得肯定的。

课堂上是五彩斑斓的，实习生们会遇到这样那样的情况，但是不一定可以像小岳老师一样，解决得这么好。实习生可以从以下几点出发解决课堂突发问题：

（1）整体问题，当场处理。整体问题对于差的班级来说可能是经常存在。比如：课堂上乱哄哄的，分不清到底是谁在说话，是谁在捣乱。有时虽然不是课堂整体乱，但影响到整体。这个时候老师就应该当场处理。对于学生的严重错误可以进行当场批评，这里要注意学生的接受能力。在此种场合下最好避免使用“点名式”的批评，建议采用“波拿巴”式的批评方式。一定要避免正面的冲突。这样既保证了学生的面子，同时也收到效果。

（2）局部问题，个别处理。问题出现在局部或只影响到极少数人的话，可以进行“微型”处理，即个别处理。如：两个学生不注意听讲，在开小差，小声说话，或者在“捣乱”，但影响不大的话，只影响到周围的四五个人。如果把他们叫起来批评一顿，本来大部分学生不知道，也并没有受到影响，教师这顿批评反而影响了多数人。类似这样的问题可以采取“个别提问”的方法。在适当的时机提问他们，他们心里自然明白是什么原因。这样一来，周围的人也不会察觉到异常。既巧妙地处理了问题，又不伤害学生的自尊心，还不影响其他学生。

（3）“个性”问题，无声处理。对于个别人的问题，在没有影响他人的情况下，教师可以利用自己的眼神、表情、动作手势等向他做出暗示，也可以在教学过程中进行其他的无声处理方法。如有的学生在上课时看课外书，则可以走下讲台到学生中间去，也可以在巡回辅导、检查练习时，有意识地到他身边一站。一般不要轻易没收学生的书或当众销毁，我们可以课下对它的书进行检查，并采取适当的措施。

（4）课上问题，课下处理。这是处理课堂问题最好的方法之一。如教师正在讲课，突然一位迟到学生在外面喊报告，这时应该让学生先进教室，不问原因，继续讲课。待下课后，再单独了解情况，进行处理、教育。这样做既达到了教育学生的目的，沟通了师生感情，又没有影响其他学生。有利于今后的教育教学，这才体现教师的真功夫。

“减小滑动摩擦力的方法之一是减小正压力”。无论在教学道路上遇到什么阻力，我们不要为自己施加压力。也许我们在放松的过程中，会想到解决问题的办法，这就是著名的“酝酿效应”，我们不可能在教学之路上一帆风顺，但是只要我们掌握策略，学会休息，我们一定能够在问题出现的时候，迎刃而解。

8. 繁星点缀了大树的舞台

邢台市某中学　吕仕硕

【新手顶岗心路】

很久以前，有一个老者，喜欢站在村口的大树下讲故事，村子里的老老少少闲暇之余就站在大树下听故事。老者讲得有意思，天文地理远古奇谈，大家都爱听，久而久之老头就成了村里的教课先生。这就是传说中教师职业的由来。

当我第一次站在讲台上的时候，我觉得我的讲台就像那棵村口的大树，枝繁叶茂，遮光挡影。教室的窗户是打开的，微风徐徐，而我就是那个说书先生。下面的每个孩子，都眨着新奇的眼睛。我是一名实习老师，这是我的第一批学生，就这样，实习生活开始了。

下课后，我好像知道了应该如何上好一节课。

先说“讲”，首先，学校里的学生主要任务就是学习，除了学习，其他的娱乐时间也少之又少。我作为一名新时期的老师，应该考虑孩子的实际情况，尽量做到趣味课堂，减轻学生的疲惫感。就像上面传说中的先生，我说的每一句话学生都愿意听都有人听，贴近生活，生动形象。以化学为例，第一章第二节，元素核外电子的排布，一共有四层。按能量从低到高的顺序排布，形象来说，老师就好比原子核，学生们就好比电子，知识储备量小的学生学习相对较差，可能只能在省内读大学，也就是能量低的电子离核近；知识储备量高的孩子，可以出省读优秀的大学甚至出国深造，就好比能量高的电子离核较远。这只是一个简单的例子，对于化学学科是这样，对于别的学科也是这样。如果单纯地讲电子的能量高低和核外电子的排布规律，对于学生太过枯燥和抽象。总而言之，就是将课本知识和实际生活相连接，再用带有趣味性的语言表述出来，将全班的注意力集中过来。正如我们中学的教学宗旨：给学生营造一个乐学的氛围。

再说“学”，学生的学习主要是为了解决实际问题，如果老师只是单纯地给学生灌输知识，不给学生练习的机会，课堂效率会大大下降。简而言之，就是先记知识点，再讲知识点，最后告诉大家我们为什么要讲这个知识点，有哪些题目会用到这些知识点，以及如何用。层层推进，使学生在合理清晰的顺序中吸取知识，让问题与习题成为学习的监督者，促进学生学习。

我想也许老师就是夜晚大树下躺在藤椅上的那个说书先生，而学生就是天上眨着求知眼睛的星星。

【学长拔雾指路】

教师就像是大树一样，为自己的学生挡风避雨，为他们创造良好的学习空间，而学生一双双渴望知识的眼睛正像是璀璨的群星，闪耀着熠熠光辉。小吕老师对孩子十分的热爱，同时也对教育事业投入了极大的精力。为了能够提高学生学习效率他想尽方法激发学习兴趣，为了授学生以渔，他带领学生解决实际问题。顶岗实习生需要的正是这种爱岗敬业的精神。

日志中，小吕老师的做法是提升课堂趣味性方法之一，我们还可以采取以下办法增加课堂的趣味性。

（1）组织生动有趣的课前活动。成功的“课前热身操”能很好地调动学生的学习热情，吸引学生的注意力，促使学生较快地投入到学习中去。

（2）丰富多彩的课堂教学活动设计。教师要从学生“学”的角度设计出各种教学活动，使学生在完成各种活动的过程中逐步形成各种能力。在活动设计时要注意活动设计要与本节课的教学目的和内容紧密结合且注重兴趣，贴近生活。

（3）发挥评价语在教学中的激励作用。皮格马利翁效应及教学实践证明，教学中教师的肯定性评价语，对学生学习的进步，兴趣的提高能起到较好激励作用。爱迪生曾说过：“相信自己的人就会赢!”无论对待什么样的学生，老师都要让学生树立一个信念“我能行!”。

苏联著名的教育学家苏霍姆林斯基曾说过：“教师进行劳动和创造的时间好比一条大河，要靠许多小的溪流来滋养它。教师时常要读书，平时积累的知识越多，上课就越轻松。”像小吕老师说的那样，我们作为大树想要自己的小树枝茁壮成长，自己就要有足够的养分。我们要不断学习，不断积累，才能有更好的效果。

第四篇　我的紊淆生活

进入实习学校，忽然换了一个生活环境，生活状态也随之改变，在这里学生和老师的双重身份给我们平添了很多繁重的工作。由于经验不足、能力欠缺，想要顺利地完成备课、讲课、批改作业、达到教学目标已经很不容易。在这基础上还要自己做饭、完成学校和驻县管理老师安排的其他任务，这就使我们更加焦头烂额。还无法井井有条的处理这些事务之前，用紊淆来形容生活状态是再合适不过了。

1. 忙碌的第一周

秦皇岛市卢龙县某中学　龙建

【新手顶岗心路】

第一周一直忙着备课和讲课，忙着调整自己的心态，也发生了很多我们从来没有经历过的事情。第一周对于我们来说是漫长的，因此作为实习组长，我应该对这漫长的一周做一下总结。

我们刚来的第一天，早晨出发，傍晚的时候才到。因此整理好自己的行李和床铺就早早休息了，为我们第二天的“恶战”做准备。因为大家接到了学校的通知，第二天就要上讲台讲课。第二天大家起床后就早早地到了各自的岗位抓紧时间备课。可以明显看出大家有一丝紧张，同时也体现了我们的热情。

作为组长，我开始给大家鼓劲儿。首先让大家放松心态，其次就是为第一节课做好充分的准备。大家的课一般都是下午的，中午吃过饭大家都留在办公室认真地备课，可以看出大家对第一节课还是十分重视的。在其他老师下午上班之前，我们一起把办公室的卫生打扫干净，擦桌子、扫地、倒垃圾，我们好像一只只勤劳的小蜜蜂。

下午的第一节课，有的同学进行得很顺利，有的同学可能因为紧张没有发挥好。

晚上我们相互讨论了一番，谈谈自己的不足和优点，也为下午没有发挥好的同学加油鼓劲儿。

除了学习上的任务，生活上的问题我们也要集中解决好。首要问题就是我们宿舍的窗帘需要换了。当学校的工作人员联系我时，我正在上课，但我们一位岗友也很好地处理了这个问题。我感觉大家之间的互相帮助，就像一个大家庭一样。

接下来的这几天里，大家都在慢慢地适应这里的环境。指导老师张老师告诉我们，过一段时间就可以形成一个习惯，似乎每个人都在努力培养一个适合自己的作息习惯。这也是我们顶岗初期需要做的，生活中的问题我们大家也都在努力地克服着。我们明白，这些辛苦并不算什么。

一天天过去了，我们对这里的环境也越来越熟悉，对这里的教学模式也越来越顺手。有的队友忙着听其他有经验教师的课，有的搜集相关教学视频。不只是讲课，大家的生活也越来越有条理了。

第一周的生活是漫长而劳累的，但是在我们的共同努力下，有了一个完美的开始。一个好的开始给了我们动力和勇气。加油吧，我的同伴们。让我们一起完美地完成由学生向教师角色的转变。

【学长拨雾指路】

当学生时，都是被老师管，只要管好自己不犯错误，做个好学生就行了，其他问题都有老师。现在当了老师，我也从你们身上感受到了沉甸甸的责任，不仅仅是教学，学生的思想、生活都是需要老师去关心的。老师必须尽到管理、教育学生的职责。作为老师，小龙老师爱岗敬业，勤勤恳恳，积极备课，以身作则。作为组长，他能为他人鼓劲加油，把大家团结一致，共同面对困难，同提高，其进步，这很值得大家表扬和学习。

初为人师，我们要由学生成功转换为教师角色，对此，我有几点意见供大家参考。

（1）快速定位，树立角色转换意识。作为新教师，首先要迅速定位，尽快地从大学生的角色转换为一名有崇高责任感的人民教师。爱因斯坦说："一个人的价值，应当看他贡献什么，而不是他取得什么"。这句话恰如其分地道出了教师职业价值的衡量标准。教师这份工作，不仅是一份职业，更是一份可以让人为之奋斗一生的事业。

（2）常请教 ，多学习。师范类学生并不缺乏教育学、心理学知识和教育教学方法论，但脱离了实际教学，并不适用。因此，要向身边的老师学习，尤其要向你的师傅学习，平时多看他们是怎么处理问题的。

（3）勇于尝试常反思。新老师在平时工作中要多尝试不同的方法，并进行反思、比较。不要解决了一个问题就觉得万事大吉了，我们要经常进行自我分析与反思，教育教学水平才会不断提升。

（4）关爱学生常亲近。对于学生，我们要“多关心、常亲近”。对待学生“你的眼里看到的是一群天使，那么，你就生活在天堂里；你的眼里看到的是一群魔鬼，那么，你就生活在地狱里”。我们要用欣赏的眼光去看学生，关心每一位学生。当然，亲近学生不代表纵容学生，不能丧失教师的威信，恩威并施才能管理好课堂。一句话，我们要关心学生、亲近学生，真正融入学生的心灵，才能更好地引领学生。

乌申斯基曾说：“教师个人的范例，对于青年人的心灵，是任何东西都不可能代替的最有用的阳光。”学博为师，身正为范。可能对于学生们我们的学博有余，但是身正恐怕不足。一个老师想把学生教成什么样自己首先要成为什么样子，你自己都无法做到的事情，我想一味的要求学生做，学生也不会愿意去做。所以顶岗实习生，一定要以高标准严格要求自己，用自己的一言一行去影响学生，感化学生。虽然在优秀教师的路上还有很多未知的困难，但我相信师大的学生一定能穿过荆棘坎坷，一路走下去。

2. 辛劳的军训

衡水市阜城某中学　张佟月

【新手顶岗心路】

军训第二天，太阳高高挂在头顶，很晒，但和学生们在一起的我还是很开心的。军训这些天，我都会到操场上陪他们，看他们站军姿，学习齐步走。开始的时候，坚持对他们来说是十分困难的，第一个上午就有五个人站不住了，看他们痛苦的样子，我真的很心痛。我为他们准备了藿香正气水、湿巾、糖、面巾纸。他们流了很多汗，有的同学衣服都湿了，想想当初自己也是这么过来的，我特别能体谅他们，真的太苦太累了。简单地做了一下总结，一上午就过去了。下午，同学们表现的都非常好，没有一个人下场，不舒服的也在挺着。有个小女孩站到最后眼圈都发黑了，正班主任劝她回家休息。但是她说，这是一次锻炼的机会，要是回去就不能锻炼到自己了。真的很让人感动。今天我特意多关注了一下她。看她痛苦的表情，我就问她是不是不能坚持了，她就说能，特别坚定，特别认真。

军训这两天，我和同学们很快地建立了友谊。他们会关心我，有什么事会跟我说，有时候也会抱怨，会喊累。他们很调皮，会和我开玩笑，还让我表演节目，现在更觉得他们可爱。他们有时候也很不听话，但是也懂得我对他们的好。这样就够了，我的努力没有白费。和他们在一起虽然只有半年的时间，但是，真的想不出来最后会以怎样的方式和他们说再见。

晚上学校要求学生看教育讲座的视频，视频很快就放完了。我给他们放了几首歌曲的MV，他们都很喜欢，还会跟着一起唱。本来我是心情不太好，但是看着他们一张张可爱的脸庞，我所有的不开心仿佛都烟消云散了。为了他们，我努力找适合他们的歌曲、他们爱看的电影。他们也知道我站了一天很累了，也会主动把他们的板凳让给我，让我坐下来，我真的很感动。我想这就是师生之间的情谊吧。作为一名老师，我真的觉得很荣幸，我为他们奉献我能做到的一切。他们懂得知恩图报，回馈老师，我想这就是天底下最幸福的事情了吧。

【学长拨雾指路】

小张老师的日志让我备受感动。休谟说："幸福与其说是用任何其他方法，不如说是用情感的这种敏感性来达到的。如果一个人具有了那种能力，他由趣味的愉快中所得到的幸福，要比由欲望的满足中所得到的幸福更大。他从一首诗、一段推理中获得的欢乐要比昂贵的奢侈生活所能提供的欢乐更大。"虽然军训是苦是累的，但是，我们从小张老师的字里行间都体会到了幸福与满足。这样的满足仅仅是因为一名老师对学生的强烈的情感，而这样的情感才是真正能够打动我们的。我们有理由相信，带着这样的情感，小张老师一定会成为一名优秀的人名教师，一名受到学生欢迎的老师，一位让人尊敬的老师！

每一位孩子都是一个天使，他们心底里都拥有着最纯真的情感和最坚定的意志。与这群可爱的天使在一起，应该是充满爱意，充满快乐的。看到小张老师的经历，让我想起了我的顶岗实习生活。那是我带过的第一批真正意义上的学生，他们可爱善良，充满热情。他们偶尔调皮，却懂得分寸；他们单纯幼稚，却懂得在我紧张的时候"小大人"似的安慰我；他们偶尔叛逆，却在离别时候让我依依不舍……这样的孩子们，我们怎么能不爱他们。

教育家苏霍姆林斯基说："没有爱，就没有教育。爱，首先意味着奉献，意味着把自己心灵的力量献给所爱的人，为所爱的人创造幸福。"这样的教育思想是最淳朴最真挚的，真诚的情感是每个人都期待的。让我们带着满满的爱，和孩子们度过一段难忘的日子！

3. 劳顿与收获的一天

邯郸某中学　周星星

【新手顶岗心路】

一年之计在于春，一日之计在于晨。早读对于学生的意义非同凡响，同学们也很珍惜早读的时光以及上午的课。早晨我早早地起床，来到薛老师的办公室，薛老师说道："今天是高二（六）班的早读，你可以去领读他们背诵《归去来兮辞》的前两段。让他们重复记忆，同时充分利用早读的时间，将本节课知识加深记忆。"

早读结束以后，紧接着第一节课就是高二（六）班的语文课，薛老师对他们的背诵进行了提问，希望同学们能够牢固把握，齐读、齐背、点名背，五分钟的时间就能检验出学生们的掌握情况。结束以后，薛老师带领我们进入了本学期的第二课《装在套子里的人》，对语文知识进行了进一步的诠释。第二节课我们去听了高二（一）班语文老师赵老师的课，不一样的风格，但讲的都是那样的生动，带领我们去思考，去领悟套中人，感受契诃夫的思想。

听课结束以后，我跟随指导老师来到办公室判作业，批改作业也是非常重要的任务。仔细认真不放过任何一个同学的错误，才能让同学们从中查漏补缺，了解自己的不足，改正才能有所进步。

我发现，人都是在这样的情况下进步的，不断地学习新的知识，然后消化自己的新知识。在消化自己的新知识时，也接受来自老师和同学们的各种批评建议，然后吸取经验教训，不断反思自己，不断地超越，不断地进步。在最后，终于会有可以实现理想的一天，这一条经验对于我和学生来说都是十分适用的。学生们不断记忆新的知识，我不断学习新的知识与经验。就这样，我们在学习中不断进步，不断前进。

【学长拨雾指路】

我们小周老师的这一天真的是忙碌而又丰富的，从小周老师的字里行间，我们可以体会到小周老师对实习工作的热情和积极谦虚的态度，这对于一名实习老师是很重要的。顶岗实习是我们实践的过程，更是我们不断学习、充实自己的过程。因此，认真好学的态度是我们收获的前提，相信我们的小周老师在这样的态度引领下，一定会收获成长！

顶岗实习是我们难得的学习机会，是提升我们自身教学水平和专业能力的机会。

因此，听课是我们最直接的学习方式，我们一定要好好利用听课的机会，作为新教师，我们听课主要听什么呢？我们可以从两面关注。

首先要关注教师的教。新教师不同于学生，听课的目的是回去教学生，所以首要的目的是要看指导教师怎样教。一般应注意如下几点：

（1）课的结构。课的结构是指课的组成部分及各部分的顺序和时间分配。新教师在听课时，要看指导教师是怎样安排课堂结构的。例如：教学目标在何时采用何种方式呈现才能最大限度地引起学生的好奇心，激发学生的学习动机；如何通过课堂提问使学生有意识地从认知结构中提取相关的前概念；怎样创设教学情境，导入新课；怎样通过简明、准确、生动的语言系统呈现新内容；采用何种方式完成对新内容的巩固；如何设计多种形式的练习，加强知识的应用与迁移。

（2）重难点的突破。一节课的重难点能否突破，决定了这节课的成功度。听课时就要听指导教师是怎样纵横联系学生已有知识举例说明，化难为易，突破难点，突出重点的。

（3）板书及教学媒体的运用。听课时要注意结合教学内容，看指导教师媒体的选择、运用是否行之有效。

（4）课堂气氛。教师是通过何种方式让学生积极参与教学活动，发挥学生的主体地位的？是以激情感染学生，还是用亲切的语言鼓舞学生？这些都是新教师听课时需要特别注意的。

其次关注学生的学。对于学生的学习活动，新教师应该关注：学生是否在教师的引导下积极参与到学习活动中；学习活动中学生经常做出怎样的情绪反应；学生是否乐于参与思考、讨论、争辩、动手操作；学生是否经常积极主动地提出问题；学生活动的时间是否充裕得当；学生自学习惯、读书习惯、书写习惯是否养成；学生分析问题，解决问题能力如何等。

最后，我们要做好课后反思。指导教师的课，不一定没有缺点。因此我们要学会总结“闪光点”，并且活学活用。要和自己的备课思路进行对比分析，大胆地去粗取精，扬长避短，写出符合自己特点的教案，并付诸实施，不能生搬硬套。

比热容越大的物质，吸收热量后温度升高越小；好学不倦的人，懂得的知识越多，态度越是谦卑。我们要保持谦卑的态度，在听课中学习经验，在听课中提升自身。

4. 忙碌的月考，满意的答卷

石家庄市某中学　杨艳红

【新手顶岗心路】

学校迎来了月考，这不仅仅是对学生一个月学习成果的考查，更是对我们实习生第一个月教学能力的检测。所以听说学校要月考了，我是相当的紧张，害怕学生的英语成绩没有提高。当然，最大的压力还是来自于这两个班的班主任。如果英语成绩拖后腿的话，班主任肯定不高兴，我真的觉得压力很大。可是我发现，临考之前的几天，只有我在着急，学生似乎一点都不着急，真是“皇帝不急大臣急”啊！

因为我是高一年级的老师，所以高一月考，我自然而然就忙起来了。我要负责分发考场试卷，还要在考试结束后整理装订试卷，填写考试日志。还好，忙了两天就结束了。我在英语组协助老师改卷子，负责加分，还要负责帮助英语组长录入成绩。成绩出来的时候，我那颗悬着的心终于落地了。因为我收到了好的消息，全年级 12 个班，我的班一个第二，一个第四。当我看到年级排名时，心里真是异常激动啊！我从没想到我的班会是这么棒的成绩。

年级排名的结果是令人开心的，这不仅仅是我努力的结果，也是孩子们勤奋的结果。我的功劳不敢说有多大，但是没有功劳也有苦劳，这一个月每天起早贪黑去教室盯早、晚自习，不厌其烦地纠正学生的错误，每天辛苦地布置作业批改作业到十一点。不管怎么说，我付出了我所能付出的一切，换来这样可喜的成绩，我的辛苦没有白费。这样的结果增加了我教学的信心，也让学生更有学习的动力。

总之，这次月考忙碌中收获了感动，我的信心得到了很大提升。我相信，只要我全心全意地付出，就一定会有好结果的。

【学长拨雾指路】

都说“考考考老师的法宝，分分分学生的命根”，可是又有谁知道很多时候学生考试时老师比学生更紧张。尤其是对于初登讲台的实习生们，我们和小杨老师一样非常在意教师生涯的第一次考试，那种紧张与兴奋之感就像自己训练的军队马上要上战场了一样。分数的背后，我看到了小杨老师勤恳的态度和无悔的付出，他的努力不仅让学生取得了成绩，也让自己收获了感动。

看到小杨老师第一次月考的经历让我想起了我顶岗时的第二次月考。我顶岗实习时带两个班，一班的学生较为沉闷，二班学生则比较活跃。在第一次月考中二班的物理成绩是全年级第一，一班则是年级第四。物理成绩年级第一让本来就活跃的二班更加的不可一世，自大的他们在第二个月的物理学习中变得浮躁不安，不仅上课状态不如从前，就连课下作业也只有几个学生认真完成。考试之前我就预感二班的成绩肯定要下滑。果然不出我所料，二次月考成绩下来，二班成了第四，而稳扎稳打的一班成绩上升到了第二。我并没有因为这次月考的失利而懊恼，因为我相信二班的实力一定能重新夺回第一。我正好借此机会好好的“教育”了二班，指出他们在之前一个月中的问题。他们也因为这次考试不好而暗下决心，最后在我和学生们的共同努力下，一班在期末考试中取得第二名，二班取得第一名，他们是我顶岗期间的骄傲。

任何成功都离不开勤奋，对于教师来说，勤奋更为重要。因为，教师是培养人的职业，教师的职业特点决定了教师只有付出更多的劳动，才能有理想的结果。教育人是一个循序渐进的过程，是把知识、能力、态度、价值观内化为学生素质，又要促使学生把素质外化的过程。这个过程要尊重学生的主体地位，要了解学生思想的复杂变化，要激发学生的自我发展意识，培养他们自我发展的能力。

5. 双休日不双休

鸡泽县某中学　张阳阳

【新手顶岗心路】

终于迎来了双休日，但是双休日我也不得清闲，因为我还要备课。下周的课，周末一定要备好，不然怎么就对得起这些可爱的孩子们呢。

于是，醒来之后，我拿起了课本和教师用书以及《精品教案》。当然，电脑也是要开着的，以便随时查看资料。准备好了这些，我便开始很认真地备课了。为了让孩子们爱听，我尽量把课准备得更生动些，台上一分钟，台下十年功。其实，没有人要求周末备课，但是，我觉得在办公室没有电脑，而且安静的地方才会更有思路备课，于是，我就周末一个人在宿舍拿出备课的材料，准备备课。

这周末虽然休息两天，但是干了很多事情，周六要赶紧把课备好。周日批改了学生的作业，备课的时候，我一想到孩子们喜欢我的表情，我就会很开心，我感觉到被孩子们喜欢是一件很开心的事。终于，大概天黑的时候，我做完了所有的工作，这不是说我效率低，我觉得慢工出细活。果然，在工作结束之后，整个人轻松不少。

周日下午，我们几个实习生一起包饺子。按照之前的计划，两个人去买韭菜和肉，大约下午四点，原材料就已经买回来了。于是，我们一起从宿舍向食堂出发了，中间出了一些小插曲，但最终，我们还是冒着小雨去了食堂。首先，择菜，刚开始我觉得自己择得慢，后来一想，等我择完了，大家可能都饿坏了。于是为了赶进度，我就抓起一大把开始择。终于择完了，接下来就是切菜。有的岗友切得很慢，有的很快，我能感觉到大家都很用心。我们干活期间有人在拍照，大家都是其乐融融。接着，安师傅和面，我们调馅。馅调好了，面也和好了，我们就开始包饺子了。大家包的形状各异，有的岗友包的是鱼形的，特别漂亮。这个时候突然觉得自己不是孩子了，当实习老师，我更多的是以孩子为中心。当孩子叫我老师的时候，我就应该像一个大人一样去爱护他们。我觉得包饺子是一个愉快的过程，几个人齐心协力，有说有笑的，很有家的感觉，是另一种团圆。

时间已经悄悄走到了晚上九点多，看来可以早点休息了，晚安！我的朋友们。

【学长拨雾指路】

顶岗生活中，实习生要做的任务很多。但是忙碌的生活没有冲淡小张老师对生活的热爱，他在备课中收获着幸福，在生活中品味着感动，还在课余时间集体活动，收获来自顶岗实习小队的集体欢乐。虽然只是一次周末包饺子活动，小张老师在包饺子过程中也注意到了照顾大家的进度，协调气氛。在紧张的实习生活之余，感受到“自己动手、丰衣足食”的乐趣。同时让大家也明白了作为新时代的青年，不仅要有专业技能，更要提高生存技能。相信这次集体活动不仅增添实习小队集体生活的乐趣，也增进队员之间的友谊。

在实习时我们可以适当地开展一些集体活动，例如集体登山、郊游、探访当地老革命战士、慰问孤寡老人等等。这些活动既可以丰富实习生活，也能为社会做贡献。那么，开展集体活动需要注意哪些问题呢?

（1）组织活动一定要经过驻县老师和实习学校领导的允许，在老师知情的情况下开展，不得随意私自离校；

（2）组织活动要结合实习当地的实际情况，在现有的资源与条件的基础上组织活动，不要脱离实际。比如，当地是革命圣地，就可以开展慰问老红军或英烈家属活动。

（3）组织活动要有安全意识，例如煮饺子的过程中一定要让大家注意不要被烫伤，提醒队友增强安全防范意识。同时对大家的财产安全做到提醒到位，让队友保护好随身携带的贵重物品，防止在活动中丢失。

苏霍姆林斯基说：“教师常常忘记，品德首先是在人们相互交往中形成的。伟大的义务感，只有当它能在生活实践的每一步中得到生动体现时，才能成为人的行为准则。在培养未来的一代人时，我们应当首先在个人领域，即在青年人靠良心的驱使而产生并得到控制的相互关系领域里，培养最纯洁，最富有人道主义的情感。”这次包饺子活动不仅增强了大家的互助合作意识，加深了彼此间的感情，而且让大家在包饺子过程中亲身感受到了集体生活的乐趣。这一次难忘的经历也为每一个顶岗实习生的大学生活留下了一段美好的回忆。

6. 额外功也是功

邯郸市武安某中学　李俊如

【新手顶岗心路】

“踏踏实实做人，认认真真做事。”一直是我比较喜欢的一句话。我们无论干什么事情都应该有耐心，有责任心，我一直在用这句话激励自己。

初一年级放了一天假，我借此机会和岗友们出去玩了一会，放松放松心情。周日晚上返校上了两节晚自习，当晚自习下课后，接到年级主任的电话，他让我去办公室一趟。我猜肯定不是什么好事，果然不出我所料，7 班班主任请假了，让我替他统计一下人数，顺便把学生的学籍号和学校代码统计上来。不得不说这是一项浩大的工程，我一晚上因为此事跑了四、五趟，而且还有八个孩子不知道学籍号。他们又没有手机，没法跟家里联系。可学校领导又催着让交，我顿时觉着脑袋大了。60 多个人一个一个打过去，这得打到什么时候呢？我从 2 班班主任那里借了一个电话，让孩子们挨个过来打电话，一弄就是一下午。外面还下着雨，由于教室里面太吵了，我把电话搬到外面让孩子们打，天气好冷，冻得我直哆嗦。虽然很难，但是我也不能逃避，咬咬牙，让孩子们挨个跟家长联系。等他们都联系好了，我又独自一人在办公室里把他们的信息整理出来，一直弄到晚上九点多，真的很累，身心疲惫。

第二天早上，又把他们的信息核实了一下，交给了负责人。可是麻烦又来了，他们说统计的人数有问题，我又冒着雨跑到教室里面重新统计，又折腾了一天。事情终于落下帷幕，也算是个圆满的结局吧。交上去的表格没有什么问题，人数统计得也是比较快，可以说我的心里暂时踏实了，交代给我的事终于完成了，我可以休息一下了。因为我不喜欢做事半途而废，虽然累，但是很充实，特别是所有任务都完成的时候，会有一种带头淡淡喜悦的满足感。

【学长拨雾指路】

“踏踏实实做人，认认真真做事”这十二个字说起来简单，但是真得做起来，很少有人能够坚持下去。但是我们的小李老师却一直在坚持着。当他接到原本不属于自己的艰巨任务时，他没有推卸责任，而是毅然决然地把任务担了下来。当他中途遇到困难身心疲惫时，他也没有半途而废，而是咬牙坚持了下来，最终在规定时间内高标准完成了学校交给自己的任务。

统计学生的信息确实是一件很麻烦的事情，我在顶岗实习期间教初二年级，并且担任一个班的副班主任。实习时正好赶上学校统计学生信息，作为副班主任的我毅然决然地领了军令状。看似很简单的事情真正做起来才知道有多么烦琐。每个学生需要把自己的生日、籍贯、现在居住地以及父母的基本信息告诉我。但是有很多学生不知道自己的户口本上的生日是多少，我只有让他们挨个跟家里打电话确认信息。信息都收集上之后，我又仔仔细细地敲到电脑里（因为一点也不能出错，一旦错了可能影响学生学籍的建立）。做成表格，打印出来，最后让学生们签字确认无误之后，我才交上去。虽然很累，但是和小李老师一样，我感受到了满足和喜悦。

怎样做人，如何做事，反映着一个人的人生态度，道德品行，思想修养和工作作风。老实，是立身、立言、立行的基础；踏实，是一种严谨的态度，也是一种科学的方法。作为师范生，今后的人生道路上要坚持做人做事相统一，老老实实做人，踏踏实实做事，树立正确的世界观、人生观和价值观，弘扬求真务实精神，这就是我们在平凡的生活和工作中始终坚持的准则。

7. 自习问题乱如麻

邢台市威县某中学　王晓梅

【新手顶岗心路】

怀着对实习生活的期待与向往，我们在 9 月 1 号到达了实习学校，开始了为期 5 个月的顶岗生活。顶岗之前，我们为了使自己的顶岗之旅更加顺利，接受了一系列的培训。但到了实习学校，第一次盯自习就被打了个措手不及。班级乱成一团，大吼一声或是拍桌子只能平静十几秒钟，不过一分钟班内便再次喧闹起来。学校给我分配的晚自习较多，每次都是乱成一片，只有值班的班主任转到本班时，班级才能立刻鸦雀无声。我开始还佩服班主任的威力，好奇他们的威严是怎么树立起来的。接下来的一幕，我彻底震惊了。只见他拽着那个最闹腾学生的耳朵，拉到讲台打完就走了，这天，班里到放学都没有再乱。

面对这样的困境，我非常着急。一方面恨这些学生们那么不懂事，一方面又疼惜他们被班主任体罚。难道对于他们，就只有体罚可以改变吗？我向一些班主任或其他任课教师请教，他们给我的回答几乎一致。他们说，这帮孩子就是欺软怕硬，哪个老师打得厉害，哪一科目的成绩就好。如果你不逼他们，他们永远不会主动去学。在中学里一般都是分快慢班的，对于慢班的学生，就必须用这个唯一可以治得住他们的手段。年轻的我们当然不会这么轻易相信这个道理，我一直在努力试图用我的方式来改变他们。可是实践证明，他们貌似真的不那么领情，并且认为在我盯自习的时候没事儿，不会挨打，甚至会变本加厉。比如，我给他们开条件说，如果可以保持安静就给他们物质奖励或是看一场电影。对于小本小笔的奖励，十七八岁的高中生们不屑一顾。对于看电影的奖励，刚开始还奏效，可是时间长了总会有带头耍滑的学生。比如，开始定的是能保持两周纪律就可以看一次电影。看过两次之后，就会出现过了一周又要看电影，否则他们又不学习又要闹腾了。到最后，我真的黔驴技穷了。到这里实习的时间过了大半，我也学会了体罚，被"同化"了，但是仔细想想，这真是个很揪心的问题。

虽然我到最后也是被动地默认了这一管理手段，但打心底里我一直认为这不是一个最合适的手段。我希望能在以后学习中找到更好的方法。

【学长拨雾指路】

纪律是班集体健康平稳发展的保证，一个纪律严明的班级无论是学习成绩还是其他班级日常工作，都会十分出色。小王老师积极思考解决问题的方法，已是尽职尽责，但是对于顶岗实习生来说管好班级纪律确实有很大的难度。一是班级管理经验不足，二是年轻教师容易沟通，学生从心底里对老师没有像老教师那样的惧怕感，因此在管理学生时往往起不到老教师那样立竿见影的效果。实际生活中，的确会发生案例中老师暴力惩罚学生的现象，但并不可取。因此，年轻教师在自己成长过程中，一定要有自己的教育准则和方向。让学生怕老师远不如让学生喜欢老师，"亲其师"才能"信其道"。

俗话说得好"庄稼误，误一年；学生误，误一生"。在学生管理中，班主任必须认识到自己肩上的责任重大，防止"老好人"现象，不能像小王老师一样一味迁就学生的违纪行为。在教育学生时应该刚柔相济、恩威并施，注重方式方法，做到宽严适度，管放结合。班主任面对的是一群朝气蓬勃、充满活力、有思想、有感情的个体，等待着教师精雕细琢，塑造心灵。爱之深，求之严，在学习、做人方面以爱入手，从严管起。班主任在管理班级事务中，要做到"四讲"。讲"严"字，但不能搞"一刀切"。对学生的要求要具体明确还要合理适度，并留有余地，符合各个阶层，不同状况的学生。讲"实"字。有了要求、制度，关键要看落实。班主任、学生都要有持之以恒的精神。特别是班主任，不论在班级制度的落实，还是在教育教学工作的开展中，任何要求做法自始至终地贯穿于整个教学工作。决不能兴趣来潮抓一下，为了考试紧一阵。那样事事虎头蛇尾，有始无终。学生也会变得放纵、肆意胡为、不受管束，对学生的教育也会成为一纸空文。讲“理”字。对不遵守纪律的学生，决不能姑息迁就，放松要求。对学生的表扬、批评，要公正合理，切合实际，使学生有章可循。讲“平”字。做到“一碗水端平”，能平等对待班上每一个学生，这是对学生的尊重、信任。

班主任只有像母亲爱自己的孩子那样真诚地爱护和关心每一个学生，将母爱和师爱融合在一起，学生才会乐于接受教师的教育和管理，教育的效果才会更好、更持久。

实习生在以后的教师生涯中要学会合理地运用批评和惩戒。批评和惩戒是学生管理工作中必不可少的内容，其难处常常不在于内容的尖刻，而在于形式的巧妙。为了达到既教育好学生，又不违反教师职业道德、不伤害师生间的感情的目的，我们应该提高自身管理水平，注重批评的技巧。批评和惩戒不一定要大声呵斥、拳脚相加，它可以是微笑的，也可以是和颜悦色的，重要的是要达到预期的结果。学生都有很强的自尊心，他们把教师的肯定看作一种精神需要，一种上进的动力。作为教师的我们应该充分利用这一点管理学生，促其进步。

8. 苦中伴乐

青县某中学　吴彦霞

【新手顶岗心路】

两年的大学生活如同流水一般，在不经意间悄悄逝去，转眼间我们由学生变成老师，当得知我将要去实习的时候，心中就对实习生活充满了期待与遐想。

过了一段时间，我很快就适应了快节奏的初中生活，这种节奏似乎一下子将我拉回到初中。唯一不同的是，以前我是学生，现在我是老师。实习是很累的，这一段最直接、最明显的体验是睡觉时间变少了。由于种种原因，当晚上关灯睡觉的时候，早已夜深人静。清晨我在各种“噪音”地催促中，极不情愿地睁开眼睛。接着便是机械的起床、刷牙、洗脸，然后匆匆忙忙地奔向自己的岗位。中午的时候，刚吃完饭不久，又要去办公室中备课、批改作业。平时指导老师有课的时候，我就要去听课，没课的时候我还要写一些日志、备课资料。

在这里实习，我感受最深的是老师们的那执着的精神。许多老师都教了二十多年的书，可谓经验丰富，但是每个老师无一例外的认认真真地写教案，而且写得相当详细。想起以前在试讲的过程中，我在网上到处找教案，现在想来真是无地自容。老师们几十年一直坚守这个岗位，实在不易。那么他们对教师这一职业到底持什么样的态度呢？在《开讲啦》这个讲台上，教务主任问各位老师是否觉得教书累，教书不开心。每位老师都谈到自己是苦中有乐，是乐于享受学生的爱，他们的付出都是值得的，都是自愿的。

在正式走向讲台上课前，我一直对自己的讲课能力颇为自信。因为以前在学校进行模拟练习时，有一定的“经验”，所以在上课前我总觉得很轻松。然而当我真正在上面讲的时候，下面的同学们反映却是很平淡。顿时，我如泄了气的皮球。为什么会这样？我甚至开始怀疑自己的能力了。课后，指导老师一一指出我的不足和缺点，那时，我才感到自己是多么肤浅。于是我重新开始学习，用心学习、去体会，在指导老师的帮助下，教学水平终于有了明显提高。课堂上学生的学习气氛变得很活跃，学习热情也逐渐提升了，对我的课也越来越喜欢了。

实习，虽然很苦、很累，但是苦中有乐、乐中带甜，是我人生中一次难得的经历。在实习中，我最大的体会是，只要我们把头低下，谦虚向老师学习，用诚心、细心去实习，就一定会有收获。

【学长拨雾指路】

小吴老师的实习生活感受真实而具有代表性。开始的期待与未知，慢慢地适应与忙碌，后来的总结与成长，这些经历是我们实习生活的真实写照。这样的实习生活才会真正带给我们收获，提升我们能力，相信我们的小吴老师一定会收获一份美好的实习回忆！小吴老师走上讲台前非常自信，真正授课后发现自身的问题。但是小吴老师能够虚心听取指导教师意见，认真充实自己，提升自身教学能力，这一点非常值得我们学习。

作为师范生，我们在学校学习了很多的专业知识，进行过一些模拟授课。但是，很多实习生都会像小吴老师一样不适应模拟授课到实际授课的转变。当我们真正走上讲台时应注意以下几点：

（1）备课要充分。在授课之前，我们应该充分地准备课程，分析教材。向有经验的教师请教学生易错问题，做好每一部分内容的衔接，使得整堂课连贯自然。

（2）全方位照顾学生。作为新教师，尤其是准备“充分”时，很容易“自我陶醉”。因此，要时刻提醒自己，关注学生的表现，掌控课堂节奏，保证学生能够学习到新知识。

（3）课后常反思。我们的课堂不可能是完美的。因此，要学会在每一堂课后进行自我反思，总结优缺点，听取指导老师和学生的意见和建议，从而真正提升自身能力，做到理论和实践完美结合。

苏霍姆林斯基说："教师进行劳动和创造的时间好比一条大河，要靠许多小的溪流来滋养它。教师时常要读书，平时积累的知识越多，上课就越轻松。"因此，我们在实习过程中，要向小吴老师一样，不断学习，充实自己，真正提升自己的能力！

9. 拔河比赛消除疲惫心态

张家口市蔚县某中学　李凯旋

【新手顶岗心路】

时间的速度总是快得让人接受不了，尤其是忙碌之后抬头看到桌上的日历，已经进入10月了。

10月的蔚县已经冷了起来，却依旧没有阻挡我们忙碌的脚步。学校开展的学科调研活动正在如火如荼地进行，师大的指导老师也过来听课了，学校要求写的博文也让我忙上加忙。每天一睁开眼，大脑就飞速旋转，想着今天要讲什么，要听几节课，要写什么东西。仿佛自己是个大明星，每天都要赶场，不经意间，有种疲惫的感觉。

五年级孩子的淘气总是令人抓狂，交不齐作业、学不会写生字、背不好课文、每天还自顾自地玩。我每天进教室就像是一只发了疯的牧羊者，生怕有一只小绵羊掉队。可是孩子们的不听话，也让我这个牧羊者有了放弃的冲动。

今天下午学校组织拔河比赛，忙碌了一天的我被老师拉出去"放风"。正好看到我的学生们在拔河，我默默地站在人群后面，看着他们呐喊。心里想，也许这群孩子在学习之外才这么可爱吧。忽然有人拍我肩膀。我回头，是五年级的班主任胡老师。

"小李，最近班里情况怎么样?"

"班里？不怎么好。孩子们太淘气。我每节课都得拿出三分之一的时间强调纪律"。我像找到了倾诉者，想一下子把苦水倒出来。

"不想教了?"胡老师问我。

"有点"，我默默低下了头说。

忽然一群孩子围过来，喊着"老师，你来看我们拔河吧，我们肯定会赢。要是赢了，你就继续教我们好吗?"原来一直有个孩子站在我旁边听我说话。孩子们围在我身边，我竟然有种想哭的冲动。

"教吧，这届孩子已经换了4个语文老师了，再换真没人管了"。胡老师的话让我有些不忍。是啊，都走到这一步了，怎么能找理由放弃呢?

看着这群孩子，我想，他们并没有错，他们只是少了一位可以改变他们的老师，少了一位理解他们，走进他们内心的老师。突然有些舍不得他们。他们还在那边卖力地比赛，每个人都在为了集体的荣誉努力。我下定决心，要换一种方式，换一个角度观察他们，理解他们。当我离开时，我希望他们每个人都在为了未来努力奋斗着。

拔河比赛赢了，希望每一次、每一个人生的竞赛你们都可以赢。加油，孩子们！

【学长拨雾指路】

很多实习生和小李老师一样体会着忙碌的顶岗实习生活，我们每天要上很多课，还要备课、听课、写实习手册。忙碌的生活让我们焦头烂额，要是不听话的“小羊羔们”再给我们闹点意外出来，就更加苦不堪言了，这些情景确实会影响积极性。不过我们的小李老师并没有放弃，而是从观看拔河比赛中找到了前进的动力，我相信他在顶岗实习中也一定能满载而归。

针对小李老师提出的小学生课堂纪律问题可以从以下两方面着手处理：

第一，课堂违规行为的预防。

(1) 制定具体行为规则。在每学期开始时要用一定的时间来解释他们的基本行为准则；

(2) 把握教学程序。首先教师在课前要做好各方面的准备工作；其次，在教学过程中，教师应注意教学的流畅性，让学生处于连续的教学情境之中，从而减少学生的注意力偏离等问题行为的可能；

(3) 面向全体学生。教师要顾及全班学生，随时发现问题，解决问题。这样，就会使有小动作或其他纪律问题的学生无可乘之机；

(4) 要使所有的学生都有事可做。例如，教师让个别学生到讲台回答问题，就应让其余的学生在各自的座位上进行同样的练习。这样，没有被叫到的学生就不会感到无所事事。

(5) 要给学生表现自我，体验成功的机会。如遇未经许可发言，离开座位，干扰同学等情况，教师应该在恰当的时候给学生提供表现的机会。一方面让他知道表现的恰当时机，另一方面又满足了他被关注的需要。

第二，课堂违规行为的干预。

(1) 移走引起分心的事物，并且小声地告诉学生这些东西在下课后才能归还。教师的态度要温和且坚决，不要啰唆。

(2) 强化恰当行为。遵守纪律的学生应得到精神或物质（如小红花）上的鼓励 。

(3) 提高学生的兴趣。教师在学生表现出失去兴趣时可以宣布已完成了多少任务，已完成部分做得很好，并且与学生讨论学习任务，这可以帮助学生将注意力回到学习任务上来。

教师还可以问他们一个问题，让其解决一个难题或者读一段课文，以唤回他们的注意力。

教育学家陶行知曾经说过“在教师手里操着幼年人的命运，便操着民族和人类的命运”。在我们手里掌握的是孩子们的命运。可能我们不经意的一句话、一个动作都会影响孩子的一生。所以，实习生在顶岗实习时一定要时刻保持着一个积极向上的心态，向自己的学生传播正能量。

第五篇　我与学生

回忆起实习生活，记忆最深刻的就是自己的学生。一声稚嫩的“老师好。”足以让你们开心好久。学生们渴求知识的眼神是对自己工作最大的鼓励。初识学生，一切都是好奇的，你好奇他们会有怎样的表现，以后会给你闯什么样的祸。他们也好奇自己的年轻的新老师，不知道他和其他老师一样不一样？最纯真的师生关系就在这样的好奇中开始建立。最开始的总是最认真的，你们以后会教很多很多的学生，但是无法忘怀的却是初次执教的学生。

1. 教育更需要耐心

廊坊市大城县某中学　郝文倩

【新手顶岗心路】

英语课刚上课不久，坐在第二排的一名男生小胜（化名）便开始注意力不集中，不断地东张西望。后来从课桌的抽屉里拿出一面小镜子开始不停地照，可能是怕老师发现，就用一摞书本遮挡着，完全不是认真听课的状态。

为了不影响正常的英语课堂教学，我自然地停顿了一下，稍微提高了声调说：“大家要注意力集中，认真记笔记。”小胜从书的后面抬起头，看见我在盯着他看，就赶快把英语笔记本打开，开始记笔记。可没过一会儿，我发现他又开始低头照镜子。于是我趁其他同学记笔记的空档慢慢走到他的身边，在他的肩膀轻轻拍了两下。他猛地抬起头，发现我在他身边，慌忙地把镜子放进抽屉，拿起笔开始写。但令我没想到的是，快下课时我发现他又在照镜子，这次我径直走了过去，什么也没说就从他手中把镜子抽了出来，回到讲台继续讲课。但小胜却表现出一种不满的情绪，趴在桌上开始睡觉。就在这时，下课铃响了。随后我走到小胜的身边，叫他来我办公室一趟。

他慢吞吞地来到办公室，一脸的不情愿。我问他："明知道老师上课的要求，为什么还要不停地照镜子?"他低头不说话。我说："一个人喜欢照镜子很正常，爱美之心人皆有之，我也喜欢看到学生们干净、整洁、漂亮的样子，但是照镜子也要分场合啊。上课就是不允许做跟学习无关的小动作，包括照镜子。"我问他以后上课是否能保证认真听课，他首先就上课照镜子的事情向我道歉，并主动表示愿意把镜子寄放到我这里，以后上课保证不再照。随后，他才满脸委屈地说自己不是不想认真听英语课，而是自己的英语基础特别差，根本听不懂，所以一上课就犯困。这时，我才真正明白他上课不认真听讲的原因，对于这个问题我也表示了理解。并明确地告诉他，学习就要克服畏难情绪，只要努力，就能够把英语慢慢捡起来。我建议他首先要从单词开始，不会读的随时问老师、问同学。如果愿意的话，可以来找我读每单元的单词和课文，我也很期待。最后他也向我表态，自己会试着努力学习英语，也希望我能够监督他。

课间，他真的主动来办公室找我读单词，但是有时发音不准确。于是我就从音标开始一点点教他，他也会认真反复地读。下午的英语课上小动作明显减少了，我便有意让他回答问题、读句子，他也会很认真地记笔记。最令我感动的是，下课的时候他还主动帮我送投影仪的小车。我们的关系也更近了一步。我感到十分欣慰，希望他能够继续努力，取得更大进步!

其实，很多的学生并不是一点也不想学习，他们有的是方法不对，有的是基础较差，所以教师一定要了解情况，因材施教，调动他们的学习积极性。同时，教师要有耐心，因为没有什么事情是一蹴而就的，在这件事情的处理中，我觉得自己还应该注意帮助这位同学寻找适合自己的学习方法，因为"授之以鱼不如授之以渔"。

【学长拨雾指路】

小郝老师作为一名刚刚走上讲台的新老师，遇到学生课上小动作频繁的问题时，没有大声呵斥或者严厉指责，而是通过眼神示意、主动提醒等方式进行管理，既保护了学生的自尊心，又不至于扰乱课堂。在课下能够主动与学生谈心，了解学生情况，培养学生正确的态度。这些都体现出了小郝老师较高的课堂管理能力和极强的责任心与耐心，这值得我们顶岗实习的所有实习生学习。

我们在处理课堂问题时，应该培养自己果断的态度。对于不良习惯较多，学习行为偏离正常轨道的学生，我们可以采取以下措施：首先采用分层次设置目标的方法，对基础较为薄弱，自制力差的学生设立容易达到的教学目标，让他跳一跳能够够得到，从而激发其学习积极性。其次，任课老师要改变过去原有的满堂灌的教学方法，结合学生的兴趣教学，多开展小活动，讲授与学生生活实际相联系的知识，让课堂氛围活起来。最后，老师一定要处理好与学生的关系，不能处在高高在上的地位，要能够低下头、弯下腰，咱们与学生的年龄相仿，很容易和学生相处，要成为学生的良师益友。

陶行知先生说：“人像树木一样，要使他们尽量长上去，不能勉强都长得一样高，应当是：立脚点上求平等，于出头处谋自由”。作为教师，我们不应该放弃任何一个学生，应该用自己的爱心和自己的专业素养帮助每一个学生。我们有理由相信，经过我们的努力，他们会有一个美好的未来！

2. 与学生的理想距离

邢台市临西县某中学　李维

【新手顶岗心路】

这几天，常常有这样的事情发生：学生随意进入我们实习老师的办公室，而且趁我们不在的时候偷偷玩儿电脑。有时，我们为了拉近与学生的距离，会去女生宿舍与大家沟通、交谈。其间，学生总是会抢夺我们的手机翻看短信、玩游戏等。这些事情着实是让我们这些实习生心里感到不快。

面对上述情况，我总是严肃地说道：“这是你们该玩该看的吗？进门之前该打报告不知道吗？可以随意动别人的手机电脑吗？都好好想想！”事情过后，有部分学生会改正，而有的学生却无视老师说的话。如果我们过于严肃了，学生还会故意和我们作对，在课上捣乱、违纪，而且越来越放肆。我们作为新教师，缺乏经验，遇到这种情况时，通常会变得手足无措。

通过这些事，我感觉如果不和学生沟通，他们会说老师冷漠，不关心他们；如果和他们走的近了，他们可能会更加不尊重老师，甚至可能会做出一些出格的行为，这会导致我们在本校老师面前丢失颜面。所以，我觉得老师与学生的关系不要太密切，要在学生间树立自己的威信。

我认为，上述情况是大部分实习生所困扰的问题，我们没有实践经验，我希望能有更好的办法来制止学生的这些行为。

【学长拨雾指路】

小李老师非常的平易近人，他想要和学生走的进一些，与学生成为朋友是值得肯定的，但是一味地为了拉近和学生的关系而超越了教师的原则是不可取的。

而且，小李老师的一些想法是否正确还待商榷：

(1)“如果和他们走近了，他们可能会越不尊重老师，甚至可能会做出一些出格的行为，这会让我们在本校老师面前丢失颜面。”在学校，教师和学生是合作伙伴，走得越近，学生越喜欢老师，师生关系越密切，就越能产生良好的教学效果。“亲其师，信其道”诠释的就是和谐的师生关系所产生的积极影响。所以本人认为正常的师生关系走得越近越好。

（2）“我觉得老师与学生的关系不要太密切，要在学生间树立自己的威信。”教师是学生学习的引导者、参与者，学生是学习的主体，师生共为学习的要素，缺一不可。试想，人与人之间关系不密切，合作会有效吗？结果只能是谁都不会舒服，不会幸福。“教师的威严”，这种说法太绝对了。师生之间是平等的，你有了威严，就说明学生受到了侵犯，受到了剥夺。因此实习教师心目中要摆正师生之间的角色，不要把角色进行不合理的定位，否则这种思想会导致不和谐的师生关系，进而影响教学效果。

今天我们仍然要强力倡导：师生之间，应建立亲密的、健康的关系，教师和学生是生命共同体，是平等的合作伙伴，只有关系密切了，合作才有质量，质量好了，才能促进工作的向前发展。

其实，与学生相处不光是实习生在顶岗实习期间面临的一个问题，更是整个教师生涯的永恒话题。实习生要想在以后的教师道路上与学生和谐相处，保持良好关系，树立教师威信，就要多和学生交流谈心，坦诚相待，不训斥，不挖苦学生，建立健康的师生关系，成为学生的良师益友。同时，教师的威信要靠教师的人格魅力、学识魅力去树立，而有效管理是树立教师威信的最佳途径。

3. 教学相长

邢台市威县某中学　王晓梅

【新手顶岗心路】

经过一个多月的顶岗实习锻炼，我的课堂教学能力和综合素质都得到了一定程度的提升，课堂教学也变得得心应手起来。但是，有一个问题一直在困扰着我。那就是无论我怎么精心准备，怎样精彩讲解，上课时总有学生交头接耳、左顾右盼，视老师而不见，更不用说听课了，只干自己的事情。这让我十分困惑和无奈，我在想：是我的教学方法有问题还是学生不爱学习？

我思考很久，终于想出了一个解决问题的办法。今天，我在课间的时候给每人发一张纸条，让学生匿名写上对我的意见，以及学生对于以后地理课的要求，只要是大家的心里话都可以畅所欲言。同学们一听不用写自己的名字，都积极地写了自己的看法，并且把纸条交了上来。收上来纸条之后，我仔细地阅读，认真地聆听学生们的心声，细致地将其整理归类。经整理后发现，不管是成绩好的学生还是成绩较差的学生，纸条上都出现了共同的心声："劳逸结合"。他们认为一直不断地上课实在太累了，他们喜欢学累了玩一会儿，然后再说寓教于乐，这才是他们期盼的课堂。学生在其他老师的课上也是这个感觉，但是不敢跟老师说，这确实是孩子的心声。我认真读取孩子们的意见，对于我过去的课堂进行了深刻的反思。我发现虽然我的教学能力进步了，但是这仅仅是对于知识点的把握和知识布局上的进步，授课方式还是采取了老师在讲台上讲，学生听的老方式、老手段。对于这种方式，学生早已反感，所以就算是老师讲的再生动，再形象，学生们的注意力也难以长时间集中。要想充分调动学生的积极性，我要做的是改变课堂教学模式，在讲课的过程中穿插小游戏、小活动，寓教于乐，使学生轻松、快乐地学到知识。

但是，堂课中也出现了新的问题：①做游戏或者活动时课堂秩序不好，很多学生会一直捣乱，影响其他学生上课；②活动或者做游戏的时候学生的注意力会集中一些，但是开始讲课的时候，很多学生的注意力又不集中了。

其实作为老师，我们自己也有缺点，整个教学过程就是不完美的老师和不完美的学生一起努力而走向完美的过程。老师在处理问题的时候不能一味地指责。学生，而是应该从学生的角度出发，想想自己的不足，这样才能做到教学相长。通过让学生写小纸条我了解到了学生们的真实想法，然后再适当地改变教学方式，学生注意力不集中的问题就能得到有效缓解。

【学长拨雾指路】

顶岗实习是我们真正登上讲台的初步体验，是把自身所学理论知识用于实践的机会，这段经历可能会遇到各种各样的问题，但是我们要善于发现问题，总结问题，反思自身。我们的小王老师在这方面做得非常好，学生上课出现了问题，小王老师马上进行反思，接着具体的应对措施出现了：发纸条，不记名，让学生写出自己对上地理课的看法。聆听学生心声，转变教学方式，寓教于乐，这一整套的做法改变了课堂。小王老师善于反思，勇于改变，做得好，给予肯定！

特别喜欢小王老师说的："整个教学过程就是不完美的老师和不完美的学生一起努力而走向完美的过程。"教学过程中，我们作为老师，要善于反思自己的教学思想和行为，一切有利于学生发展的，学生乐于接受的就是有效的。所以我们应该从教学方式、教学内容、教学思想上多考虑学生的需求，学生有兴趣了，学的知识有用了，他们也就自然而然地喜欢上课了，这对提高教学效率来说是非常必要的。同时我们也要学会引导学生进行反思，反思自己的上课行为，反思自己的投入情况，反思作业完成情况，反思自己是不是可以做得更好。提高教学效率是师生的双边活动，只要双方都付诸努力，便会有收获。

小王老师虽然有效地提升了学生学习的积极性，做到了寓教于乐，但是却又产生了新的问题：学生把精力都放在了游戏上，没有达到寓教于乐的效果。顶岗实习生在今后的日子中应该追求的理想上课状态是：劳逸结合。劳逸结合就是提高教学效率，提高教学效率与劳逸结合并不矛盾。在教学过程中，师生劳累了，就适当地休息一下，搞一搞游戏等活动，放松一下，为的是更好的投入劳动。“逸”是必要的，但不要过于“逸”，度把握不好，就要使人懒惰，人一旦懒惰了，也就没有效率了。在活动中，作为组织者的我们，应该要加强组织和领导，做到科学摆布，有序进行。对于上课经常走神的同学要多鞭策，勤纠正，允许他们有一个改变的过程。只要师生共同努力，共同走向完美，就能实现共赢!

4. 莫让分组竞争变味

衡水市安平县某中学　刘方田

【新手顶岗心路】

我所在的实习学校是一所初中，班级实行分组竞争制，班级墙壁的四周都是黑板，每块黑板都有各组的得分情况，加分项：上课积极回答问题，积极完成老师布置的作业，拾金不昧，帮老师打扫办公室或者打水等。减分项：没按时完成作业及老师布置的任务，扰乱课堂纪律，自习课违反班级纪律等违纪行为。每周进行一次汇总，评选出优秀小组，排名最后的小组要受到惩罚。还有，如果有同学扣分超过 15 分，就会被通知家长，把家长叫到学校来一起教育学生。

本来我也认为这是一种好的制度，它可以促进学生学习成绩的提高，有利于班级管理和学校制度的建设。但是随着顶岗实习的逐步深入，我发现了一些不好的现象：一些学生在扣分之后，为了避免叫家长就通过做好事加分，比如拾到某学生的学生证、笔记本等其他文具上交后进行加分；也有很多学生投机取巧，把自己用完之后的笔上交；几个学生串通好后将学生证上交；甚至有学生将自己的钱直接上交（说是自己捡到的）等等，这些都是为了加分而进行的欺骗行为。除此之外，帮老师打扫卫生也可以加分，因此，学生们下课之后的第一件事不是去厕所，而是争先恐后去给各个办公室打扫卫生。有次我在办公室时，来了几个学生问我有没有“好事”做，然后我说有“好事”做，但我不给你们开条加分。我问他们还做不做“好事”，说完之后他们愣了一下，关门就走了。之后又来了一些学生，我还是如此回答，结果没有一个学生自愿帮老师打扫卫生或者打水。接连几天都是如此，不给加分就没有学生做好事。这让我心里感到一丝不爽，心里就想：只有给学生好处，他们才会去帮助别人吗？难道学生和老师之间的关系就是靠“分数”在维持吗？之后，我就和我实习班级的原班主任说了这件事，她也是如此感受，说这样不好，但制度是学校定的，她也无能为力。

我认为想做好事帮助他人，应该是不求回报的，不应该为了一点儿利益去帮助别人。初中时期，学生的心理还不成熟，长期这样对养成良好的品德是不利的。在这个阶段应该教给他们无私的奉献，乐于助人。因此，学校这点做得不合理，加减分政策应该需要完善。比如在课堂上，参加课外活动表现，为班集体做贡献，在某学科有自己的创新见解，学习成绩进步等等。此外，学校应加强监督，对一些为了加分而故弄玄虚的同学应对其进行批评教育，以此养成良好的思想品德。整体上，学校这种制度还是可行的，只是在某些方面需要加以完善，从而促进学生的健康发展。

【学长拨雾指路】

新课程改革进行得如火如荼，新的班级管理模式备受欢迎。其中“量化考核，分组竞争”的班级管理模式一直饱受争议。我们的小刘老师作为一名顶岗实习老师，以自己的亲身体验，仔细分析了这种管理模式的优势和弊端，表达了深切的隐忧，并对模式的失误之处提出自己的解决方法，这很值得学校管理者反思。小刘老师的做法真正体现了我们顶岗实习教师强烈的责任感和认真的态度。

“量化考核，分组竞争”的管理模式原本属于企业管理范畴，现在却被嫁接到了班级管理的层面，本就先天不足。因为产品可以量化，而人不能够量化。即便是采取分数考核评比的办法，也必须细化管理层面，分清哪些方面可用数据作管理依据，哪些方面不适宜数据说话。德、智、体、美、劳几个版块中，似乎只有智、体可以用分数来衡量，其他方面或关乎修身立世，或涉及文化审美，很难量化。若一味用分数衡量，只会让学生们学会弄虚作假，带来很大的负面效应。孩子们为了多加分而“有目的”地争着“帮老师打扫办公室或者打水”，这使得“做好事”变了味，更是和德育相去甚远。我们作为一名即将登上讲台或者刚刚登上讲台的新老师一定要记住：道德约束是软性的，不具有强制力。不能威逼，更不能利诱！否则孩子失去的不仅仅是分数，还有那颗纯净透明的本初之心。

虽然我们仅仅是一名实习老师，但对于学校管理或者班级管理应该义不容辞，尽自己的一分力量。虽然我们没有权利完全改变学校的制度，但是我们可以利用自己与学生间的亲近关系来减小制度的负面效应。我们可以通过与学生聊天或者召开主题班会的方式，引导学生正确看待“分数制度”，对扣分严重的学生，学校可能会联合家长予以诫勉，这时，我们应该学会引导学生正确看待这个问题，帮助学生认识到学校、家庭的行为都是帮其纠偏，助其成长。这样就可以进一步消除违纪学生严重的心理抵触情绪，真正把帮扶工作做深、做细、做实。

班级管理千头万绪，方法策略多种多样。不存在“一招鲜，吃遍天”的制胜法宝。“量化考核、分组竞争”的管理模式也是如此。我们在使用的时候一定要分清“有效区”和“盲区”，分类使用，防止因机械管理导致孩子心灵的扭曲、人格的异化。实习生一定要明白，任何的管理制度都是管理的策略，真正打动学生的还是教师的爱心。

5. 任人唯才

石家庄元氏县某中学　张晓双

【新手顶岗心路】

顶岗实习的时间虽然不长，但是通过这段时间的工作，让我学会了反思与总结，5班的个别学生太过活跃，给我的正常教学造成了困难。最突出的是一个女生小李和一个男生小赵。小李的特点是声音特别大，而且喜欢闲聊，只要她说话整个班都听得到，我提醒她，她反而变本加厉。学生小赵是班长，在学生中比较有威信，他说的话对其他学生有导向作用，而他是个比较消极的人。比如当我听写单词时，他就会埋怨太难了，然后其他人立刻附和，让我很头疼。

这两个学生给班级的正常教学造成了较大的阻碍，于是，我决定采取措施，改变他们这种心理和行为方式。对于小李，我发现了她的很多优点，她虽然说话声音大，但早读时读单词的声音也比较大，于是我决定让她当课代表。我先询问她的意见，问她愿意当英语课代表吗？她忽然变得有些害羞，说她的英语成绩不好。我说成绩不能决定一切，只要愿意学就好。于是她点了点头，正式成了我的小帮手。

成为课代表后，小李十分负责任，课间小读时，只要她一大声念单词，全班立刻热情大涨，也大声跟读起来。课间时，她也经常找我读单词。收发作业也很及时，并把存在的问题写在便利贴上。

而男生小赵，在他多次嘲笑我的一些教学措施，多次吐槽我留的作业后，我决定找他谈谈。

在办公室里，他一副安静听话的模样，我问他，“你是不是有些讨厌我呀?”他立刻说不是。我继续问：“那你是对我的教学方式有意见吗？有的话咱们一起聊聊，不要憋在心里，却总在上课时爆发。”他又说没意见。“不是讨厌我，又不是对教学有意见，那是什么造成了你在课堂上的逆反表现呢?”他沉默了一下，说是他自身的问题。好，这正是我想点拨的地方。于是我说：“如果是你自身的问题，那一定要去调整，我希望你积极向上，即使不是太阳，也要成为一棵向日葵，能带给身边的人积极地态度。你是班长，是班里有领导能力的人，如果想让同学们打心底里认可你，那你就要学会领导他们到更高的高度，而不是带领他们一起抱怨、消极沉沦。”小赵听了之后，表情变了，不是刚进办公室时假装听话的表情了，而是认真思考的神情。“你回去之后，认真想一想自身的情况，要从一个长远的角度反思一下。除此之外，我的问题你也提出来，合理的我也会接受。我希望我们是师生、是朋友，而不是敌对的两方好吗?”小赵点了点头回去了。从那天开始，他真的改变了许多，我提醒他记笔记的时候，不再是大声地叹气，点他回答问题时，他也会主动去思考。

这两个最具叛逆心理的学生改变后，上课的效率提高了，大家的心情也好了很多。之后，我又用类似的或其他的方法，把那些态度不端正的学生都“教育、改变”了一下，教学工作立刻顺畅多了。

其实，这个年龄的学生们还是非常有棱角的。容易把喜欢放大，也容易把讨厌放大。所以，他们一旦对我的为人、课堂产生了讨厌的感觉，就会产生叛逆的心理。这时候，一定要及时调节这种心理，在反省自己的基础上调整他们的想法，这需要注意几个问题：

(1) 要注意与学生的关系，不要因为学生表现不好，就去忽视甚至惩罚他们。一定要发自内心去关心他们，然后从思想上接近他们。

(2) 提升自己的专业水平和课堂魅力。想要吸引学生，还是要从根本上提升硬件质量，这也是作为一名好老师的根本。

(3) 去发现学生的优点。无论优点大小，一定要真心去赞美。从小事情上增加学生的自信心，例如：字写得好，回答问题很积极，笔记整齐、有条理等等。给学生一个认识自己，赞同自身优点的机会，也让其他学生学会去欣赏他人的优点，互相学习。

(4) 一定要有耐心，对待学生的缺点时，一定要有耐心，改变并不易，我们要给这些学生时间和空间，让他们慢慢改变。同时，要教学生做有耐心的人。无论是哪个科目的学习，遇到困难是难免的，一定要保持耐心和动力去提高自己。

(5) 从课堂气氛上改变学生。老师要积极向上，多活跃气氛，这样会使学生处在轻松向上的环境中，对于生活和学习都有积极的影响。

通过这样的反思与总结，我收获了更多的成长，这也让我忙碌的实习变得更加有意义，我相信自己的实习生活会更加美好的!

【学长拨雾指路】

比起那些只要学生有错就一味痛加批判严肃处理的教师来，小张老师的态度和方法都不错。比较人性，比较宽容，比较灵活，效果也很好。而小张老师善于总结与反思的习惯也是我们顶岗实习中很重要的一点，这对于我们的成长与自身能力的提高都会有很大的帮助，因此，我们也有理由相信我们的小张老师会越走越好！

我们可以先来分析一下小张老师的做法：

（1）他在处理小李的问题时，首先他发现了她的长处，并利用了她的长处，这实际上是对该生的一个肯定。而且他还对小李进行鼓励，这样会让小李觉得不是在批评她，而是老师重用她，这样反其道而行之，取得了不错的效果。

（2）他对小赵同学的处理方式其实还是有问题。看似张老师很心平气和，用平和的语气在和学生聊天，但其实他的话并不委婉，“你是不是有些讨厌我呀？”老师开门见山就问学生这样的问题，平时师生之间没有大矛盾的，哪个学生会答“是”？紧接着“那你是对我的教学方式有意见吗？有的话咱们一起聊聊，不要憋在心里，却总在上课时爆发。”看似都是在从教师本身找问题，但实际是老师以自我为中心，注重的是教师的自我感觉；对学生步步紧逼，导致学生最后承认问题在自身，而不是老师。作为老师，没有换位思考，没有考虑学生的感觉。不换位思考，“理解”就是空谈。张老师采用的是“只掐草，不拔根”的认错型教育。

（3）我建议小张老师可以换一种教育方式，采用“研究型教育”，可以把刚才的问题换成“我发现你上课时，有些力不从心，能告诉我是什么原因吗？”“我该如何帮助你呢？是不是该调整一下上课的方式呢？”前者是审问色彩的批评，后者是沟通色彩的询问，显然不同。不过张老师能根据学生的反应调整自己的工作方式，很值得肯定。

我国著名教育家陶行知先生说过：“培养教育人和种花木一样，首先要认识花木的特点，区别不同情况给以施肥、浇水和培养教育，这叫‘因材施教’。”我们要根据学生的特点来帮助学生，其次处理师生之间的关系时，还要把握“度”的问题，课上是严师，课下是朋友。

6. 爱是沟通的纽带

沧州市献县某中学　杨莹莹

【新手顶岗心路】

顶岗实习期间，我所在的实习学校是一所重点高中，实习一开始我并没有进行班级教学任务，而是一直听指导老师的课。我的指导老师带着两个成绩非常优秀的班级，对于这两个班的学生我还是比较熟悉的。今天，我看见 2 班的两名男生在楼道里站着没有上课，起初我以为他们只是站一节课就会回到教室去，结果站了半天。后来，我就去楼道问他们发生了什么事情，他们就说："不想上课，总是说话，老师就让我们出来了。"我和他们两个交谈了大概十几分钟，发现他们并不是"坏孩子"，只是想在老师面前表现出他们在交际方面的优势，而去做一些不正确的事情。

我找到他们谈话，首先肯定了他们的优点，他们的交际能力的确很强，和班上其他同学的关系也非常好。但是高中时期是学习的关键阶段，学生的首要任务就是学习，这样才能给他们的交际能力筑造一个施展、发挥的平台。我向他们说："等你们到了大学以后，可以充分发挥你们的优势去开阔你们的视野，现在你们要做的是"地基"打好，让自己考上理想的大学，再去你们理想的大学发挥你们的能力，不是更好吗？我觉得高中这片小天地太小了，你们需要更大的天地去发展。"

我和他们谈了之后，他们向我说："老师，谢谢你，只有你发现了我们的优点，我们以后不会在课堂上说话了，也不胡闹了，我们会认真听课。我们不会再让你看到我们在楼道里被罚站的情况了。"他们两个从那以后，每次见到我都打招呼，每次我去他们班听课都会看见他俩在认真听课。

虽然还没有给同学们上课，但是我觉得先跟学生们建立良好的关系很重要，可以为以后的课堂教学做好铺垫。毕竟我还没有上过课，又会担心当自己真正上课的时候比想象的更难。但是我想，活泼好动是孩子的天性，我以后要学会用包容的心来对待孩子们。

【学长拨雾指路】

师生之间的沟通是教育教学中一项十分重要的活动，与学生沟通的前提是我们要尊重学生，因为教育的艺术首先是爱的艺术。我们的小杨老师能够在尊重学生，赏识学生的前提下与学生进行善意的沟通，通过自己的经历和经验来与学生交流，利用学生的特长来改变学生的某些"不良习惯"，很值得鼓励。

作为顶岗实习教师，我们与学生之间的年龄差距较小，利用自身经历可以更好地让学生产生共鸣，这也是我们的优势所在。我们与学生之间的沟通要注意以下问题：

（1）沟通的前提是尊重学生。我们应该在尊重学生的基础上爱学生，这样才能正确对待学生的过失，才会宽容学生所犯的错误，也才可以赢得学生的爱戴。

（2）沟通中要真心赏识学生。在应试教育的压力下，学校教育似乎已逐渐远离了学生心灵深处这一最美好的愿望。学生经常听到的是老师的批评、家长的责骂，这对学生的发展不利。苏霍姆林斯基说过："只有集体和教师首先看到学生优点的地方，学生才能产生上进心。”教育的奥秘就在于给孩子以信心，我们要认真了解每一个学生的特点，发现他们的长处，用期待和赏识来开启学生的潜能之门。

（3）沟通中要学会自我反思。我们作为新教师，可能管理经验有些欠缺，因此，在与学生沟通的过程中，我们要不断地反省自身的行为和态度，不要由于自己的不公正而延误了学生的发展。不能仅仅以分数评价一个学生的好坏，而忽视了学生的其他方面，如品格修养、文明习惯、劳动态度等。

巴特尔说过：“教师的爱是滴滴甘露，即使枯萎的心灵也能苏醒；教师的爱是融融春风，即使冰冻了的感情也会消融。”因此，教师在学生的成长中起着至关重要的作用。卢梭也说过：“要尊重儿童，不要急于对他做出或好或坏的评判。”没有对学生人格的尊重，没有对学生内心世界的理解，没有对学生特殊需要的关注，没有对学生足够的耐心，就谈不上对学生真正的教育。我们有必要全面审视师生沟通的新内容、新特点，与时俱进，与学生一同成长，从而使自己在教育活动中居于主动地位，提高教育活动的效果与效率。

7. 以赏识激斗志

廊坊市大城县某中学　武金硕

【新手顶岗心路】

顶岗实习已经进行一段时间了，前几天，学校分配我做代理班主任，真是让我又兴奋又紧张。慢慢地，我发现了一个问题：我所在班里最后排的几位男同学常常上课不学习，经常睡觉，只有在体育课上才“生龙活虎”。我希望可以改变这种现象。

于是，我了解了具体情况：有几个男生由于个子高，在安排座位时，被分在了最后一排。开学一周内，他们便开始不认真学习，上课不听讲，笔记也不做。

我作为一个新代理班主任，对学生们还不是很熟悉。面对这种情况，我首先找到他们谈了谈心，由于年龄相差不大，他们在我面前表现的不是很拘束。通过沟通，我了解到：他们总认为坐在最后一排是老师放弃了他们。了解到原因之后，我希望可以改变他们这种“自暴自弃”的想法，于是，我通过班主任查到了他们的入学成绩，发现排座位时并不是按照成绩排的，我把成绩单拿给他们看，告诉他们之所以他们被分在后排是因为他们的身高比别的同学有“优势”。这样一来，学生们很高兴，既发觉了自己的优点，又解决了自己的疑惑，于是便开始改变自己的学习态度。

我想真正让学生更加努力，坚持下去，还需要更多的鼓励。于是，我决定进行一次“偷拍”的活动，然后把他们以前睡觉的照片，后来上课认真听讲的照片，以及篮球赛上的照片做了一个影集，在全班学生面前放映了出来，他们受到了其他同学的肯定与鼓励，在学习态度上有了很大的转变。

对于有些学习成绩较差的学生，我觉得通过发现并肯定他们的一技之长，可以激发他们的学习兴趣，使他们受到鼓舞。受到鼓励的学生有了一股冲劲，不仅在课堂上积极活跃，在运动会上更是大放光彩，对自己充满自信。并且他们和我建立了很好的师生关系，这让我更加感动和欣慰。

“安排座位”是一件很需要多方面考虑的事情，安排不好，可能会激发学生之间的矛盾，也可能会使得学生产生“不被重视”的心理，这对学生的学习和发展都是有一定影响的。我想我们是不是可以在安排座位时征求学生的意见呢？或者，我们对于座位安排是不是可以给学生适当的解释呢？顶岗实习真的是一个可以让我们真正实践的好机会，这次的事情更让我明白作为一名教师的责任感和自豪感。我相信，通过我的努力，一定会让自己得到更多的提升！

【学长拨雾指路】

就如同小武老师说的一样“顶岗实习是可以让我们真正实践的好机会”，在这里，我们可能会遇到很多问题，不仅仅是教学问题，还会有很多课堂管理问题，学生关系问题，处理好这些问题的前提就是我们要有强烈的责任心和对学生的爱心。我们的小武老师正是这样做的，他遇到学生不学习的问题时，没有选择训斥或者是放弃，而是通过各种渠道了解学生，然后“对症下药”，与学生平等的沟通，激发学生的斗志。并且，在学生有所改变之后，小武老师并没有就此打住，而是“乘胜追击”，通过“偷拍”的方式记录学生的改变，让全体同学都为他们的改变喝彩，从而使得学生的斗志更大，更好的解决了问题。小武老师的责任感、聪明才智和他对学生的关爱都值得我们为他鼓掌！

就像小武老师说的，排座位的确是一件需要好好考虑的事情。顶岗实习生在作为代理班主任要安排学生座位时我们要注意以下几点：

（1）不要让学生有“唯成绩论”的感觉。很多老师会按照成绩排座位，而学生的心理又是极其敏感的，这样一来，会使得学生有“不被重视”的想法，甚至引发矛盾，处理不好，后果可能更严重。因此，在排座位时，不要单纯的按照成绩排座位。如果是学校规定，那班主任就要做好安抚工作。对待敏感学生，要进行课下安抚，让学生明白自己的前进空间，课上多多关照学生，让他们明白老师没有放弃他们。

（2）教师要从心底里摒弃“好学生”与“坏学生”的观念。只有教师做到不戴着有色眼镜看学生，才能真正关注到每一个学生，才能把握好学生的心理，才能在出现问题时适当的解决问题，才能让学生明白教师不是“唯成绩论”者，从而不放弃自己。

（3）淡化学生的座位意识。教师首先要淡化自身的座位意识，让学生明白，兴趣和努力才是取得好成绩的关键，座位只是学习的场所，不是学习的依托。只有学生的座位意识淡化了，因为“排座位”引发的问题才会真正减少。

世界上从不缺少美，缺少的是发现美的眼睛。一名好老师应该是一个伯乐，善于发现学生的优点，发掘学生的潜力，引领学生走在正确的人生道路上。亲爱的实习生们，在今后的教师道路上做一位伯乐吧，相信你会发现属于自己的千里马。

8. 以关注育自信

保定市某中学　耿晓敏

【新手顶岗心路】

实习没过去多久，但是与学生的相处让我明白了这群孩子的敏感，我想作为一位初中老师，细致的关爱是与学生相处的前提。对于这些青春期的小朋友来说，“早恋”真的是一个重要问题。

我们班有一个小男生就有这样的问题。他来自一个单亲家庭，后来父亲又重新组建了新的家庭，继母也为这个家庭生了一个小妹妹。他的继母对他也非常的疼爱，他俩相处的也相当好，他对妹妹也很照顾。这对于一个家庭条件优越，同时有着一米八身高、长相颇好的男生来说，我觉得他应该是非常自信、乐观的。但是，他却总是一副让人觉着他很可怜的样子，同学们也经常这样评论他。不知是出于什么原因，或是总想引起别人的注意，他经常会追其他班、其他年级的女生，买各种礼物，比如：巧克力、玫瑰花等等。可是同班的同学总是会说他永远就只是一个备胎，并且还是排不上号的那种备胎。我希望这样一个条件很好的学生，可以有一个积极的心态，希望他可以努力上进，有一个好的未来，我想我需要采取一些措施。

首先，我个人认为他内心是自卑的。由于他成绩不好，所以在课上让学生回答问题的时候，我总会选一些简单的问题来提问他，让他感到自己还是能学会的。尤其是在中考物理实验准备期间，我对他比较关照，他在老师的关心下成绩也进步很快，中考的实验考试轻轻松松的得了满分。其次，平时放学以后，由于很多同学离校较晚，我也会经常在教室和他们多沟通，了解他们的课余生活。由于男同学的兴趣爱好大致相同，他在课后能和同学们打成一片，和我也能相处的愉快。后来，班里有好多同学都加了 QQ，我有时间也会在课下和他们聊天，我发现这位同学的自卑会在说话或是平时的事情中一点点的表现出来。所以，我只能在学习和生活中对他多一些关爱，希望他能变得自信。

通过最近的观察，我发现他在我上课的过程中也开始配合我的讲授，课下也开始问问题，但是，他的自制力比较差，有时候课上也会开小差。但对于他谈恋爱这个问题，我觉得我并没有处理好，由于初中生还比较小，对他追女生的问题我还不知道如何应对。

顶岗实习真的是一个实践的好机会，我真的希望自己可以懂得很多的办法，可以有“三头六臂”，可以让我的每一个学生都能取得很好的成绩，愿我的关注可以让学生自信前进，拥有一个美好的未来，加油！

【学长拨雾指路】

我们的小耿老师真的是一位认真体贴的好老师。遇到学生自卑时，她从各方面包括家庭原因和心理情况了解学生，积极疏导，体贴关心，让学生的自卑心理有所好转，做得很好。我想，正是因为这位小朋友体会到了老师的这种关爱，才会一步步慢慢改变的。为小耿老师的热情和体贴鼓掌！

对于学生的自卑问题我们可以从以下几方面来处理：

（1）体贴关心，消除自卑。这个学生因为特殊的家庭以致产生自卑感，他在内心深处，有不愿意让别人知道的一些东西。另一方面他又常担心别人瞧不起自己，因此极力维护自己的尊严而不受别人的侵犯。正因为如此，他追女生从而得到对自己的认可，而他内心的自卑又导致别人总不喜欢他，所以作为老师首先应该消除他的自卑感，让他以正常的心态去面对周围的学生以及老师。而后再在学习上去指导他，老师要用心去体贴，去爱他，去融化他的心。

（2）积极引导，努力提高。引导他积极的，全身心地投入到学习中，这也叫注意力转移，及时引导，发现小进步，及时表扬，慢慢地树立其信心。通过谈心、交流，说他的生活，说他的学习，说他的家庭，说他的生活习惯等，让他明白：相信我，也相信你自己，更相信人与人之间的真情，只要解开了心结，一切事就会朝好的方向发展。

（3）教他学会与人相处。我们的小耿老师在这方面做得很好，通过加 QQ，让他走进同学们之间，拉近同学们之间的情感，久而久之，他就会融入班级，克服自卑，变成一个积极乐观的人。

另外，对于日志中涉及的初中生早恋问题，要注意方式方法，主题班会可以是一个很好的机会。在班级里召开一个“同学之间如何相处”的主题班会，让学生自己明白同学之间相处应该注意保持距离，和每一个同学都应该保持等距离，而不是亲此疏彼，从而造成同学之间形成隔膜的不正常状态。特别是男女生之间更要如此。再安排一个主题“如果我们班级里出现了超出男女同学之间友谊的感情，应该如何处理?”自然学生之间褒贬不一，处理办法也各种各样，气氛会很热烈。这样讨论过后，教师再进行总结，肯定学生的发言，提出正确的引导方向。让学生明白爱情的确美好，但是现阶段并不是合适的时机。

无论燃料是否燃烧，热值都是定值，不增不减。我们改变不了热值的大小，但可以改变燃烧的方式，让燃料燃烧的更充分。让学生明白：无论你是悲是喜，每天都是24小时，不多不少。我们改变不了时间的长短，但可以控制自己的心情，每一天都要微笑面对，积极乐观，自信向上，未来一定很美好！

9. 走进学生心里

石家庄市某中学　郑立群

【新手顶岗心路】

顶岗实习开始一段时间了，我逐渐发现只有走进学生心里才能真正地转变学生。

上课刚开始的时候，忽然发现有一个男同学没有坐在自己座位上听讲，而是坐在前排的过道里。由于班级人数较多，有些同学不能很好地看到屏幕或者黑板，不能听清教师的讲授，因此班主任也说过可以坐到前边的过道听课，于是我没有立即制止。但是，过了一会儿他开始和周围的同学说话，扰乱了课堂秩序。

起先，当我看到他坐在过道里时我并没有制止他，因为当时他在听讲，所以我对他的这种行为表示了认同。当我看见他和周围的同学说话时，我首先看了他一下，示意他不要讲话，他看见我的眼神时安静了一会儿。没过多久，他又开始说话。这时我有些生气，就叫他起来问他在干什么，这时他没说话。为了不影响其他同学上课，我让他回到原来位置，然后继续讲课。课后，我把他叫到办公室询问原因，他告诉我因为有些活动需要和班委讨论。明白事情缘由后，我考虑了一下，首先肯定了他的积极性，告诉他参与活动有助于学生的全面发展，我很支持。然后分析了他的错误之处，我告诉他：“课堂是学习的地方，有些事情应该课下讨论，一定要注意讨论的时间和地点。”他点点头，表示明白了其中的道理，并且向我保证上课不再讲话。

我想今天的事情我也有一定的责任，我应该在一开始发现学生坐在过道的时候，就首先向他声明课堂纪律，从开始就给学生立下规矩。这样既可以保证学生了解纪律的严明性，又能从开始就减少学生违反纪律问题。

【学长拨雾指路】

顶岗实习对于我们来说是一个很大的平台，我们会遇到很多问题，不仅仅是教学问题，可能更多的是课堂管理问题、与学生相处的问题，我们的郑老师遇到的便是课堂管理的问题。很多时候，老师发现学生上课说话，不遵守纪律的时候，选择的总是大声呵斥，或者是苦口婆心地说教，而对于中学时期的孩子来说，前者伤害了学生“极强”的自尊心，后者则可能会让学生产生逆反心理。而小张老师发现这种情况后，既没有马上呵斥，也没有一味地劝说。而是在课下沟通了解情况，对于学生的积极态度进行肯定，然后再指出行为中的错误之处，这样既维护了学生的自尊心和积极性，又让学生意识到了纪律的重要性。对于一个新教师来说，能做到这样成熟的处理学生问题，是非常不容易的，这样体现了小张老师较高的个人素质和专业水平。

我们作为任课老师，不仅仅是教书，更应该育人，管教管学，履行职责，严格管理。除了专心致志地讲好计划讲授的内容外，必须时刻关注学生听课情绪，控制课堂教学纪律。调控课堂是一门学问，新手实习生可以采用以下解决措施。（1）当实习生发现有些学生听课注意力不够集中时，要运用语言信息和非语言信息调控学生的学习情绪，以平衡教学活动。如出现少数学生违纪影响多数学生听课的现象时，则应及时教育制止，提出批评，要求改正。（2）可以在重点、难点之处借助语速及语调的变化来提醒或警示困倦者。还可以利用在重、难点中举出一些富有情趣的实例，来活跃课堂气氛。同时用隐含针对性的语言，来引起学生的注意和警觉，从而达到使学生精力集中的效果。（3）也可以利用课堂的提问来转移学生的注意，或采用夸张的引起警示注意的手势，让课堂中的不合理现象消灭于萌芽之中，达到“无声胜有声”的目的。

苏霍姆林斯基曾说过：“我们教育工作者的任务就在于让每个儿童看到人的心灵美，珍惜爱护这种美，并用自己的行动使这种美达到应有的高度。”那么以后要成为真正的老师，我们也要善于走进学生内心，学会发现学生内心深处的美。让这种美指引学生正确的人生道路。

10. 换个角度看早恋

承德市滦平县某中学　王晶晶

【新手顶岗心路】

早恋问题，一直贯穿于学生的整个青春期。谁都有情窦初开的时候，学生恋爱属于正常的生理反应。作为老师如何处理这个问题，我从来没有考虑过。但是接下来就让我困惑了，因为在我实习的过程中，发现学生早恋真的存在。那如何解决这些问题，有的人说“知道恋就不早了，知道早就不恋了”。

夜幕如期而至，作为一名新教师，我拿着几本书走进了班级，说：“好了，大家安静，上自习吧。”学生们乖乖回到座位上，开始自习。可我发现一个男生和一个女生总是坐在一起，开始我没有多想，以为可能是座位不够，两人才坐在一起的吧。后来听到课下一些学生的闲言，才知道两个人竟然早恋了。可是他们才是十三四岁的孩子啊，哪里知道什么是爱情，什么是守护呢?

按兵不动，我开始认真思考这件事情，十三四岁的孩子正处在青春萌动期，他们刚从儿童时期只与同性玩耍不理异性的状态里走出来，或许可以说是在以前孩子们的世界里没有性别这种观念。走进初中后，随着身体和心理的变化，开始对异性有了兴趣，这种错觉往往误导大家认为这就是爱情，以为自己是幸运的、幸福的。其实，这不过是孩子们成长过程中必然经历的一个阶段而已，他们不懂，不知如何处理这种感觉。当然孩子们的冲动，大人是推了一把的。哎，为什么呢?想想电视里各种各样的电视剧，网络上形形色色的垃圾信息。现在的信息太丰富，只能怪我们没有引导好、保护好孩子，但是一切都还未晚。

孩子们整天被一些试卷、书籍堵得死死的，他们只是缺少关心，他们需要父母的爱。家长应该与孩子试着做朋友，也许可以打开孩子的心扉，这样一来很多问题就可以迎刃而解了。

孩子们这时需要的不是爱情，他们只是耐不住寂寞，想找个伴罢了：累了说说话，一起吃吃饭，跑跑步。他们单纯得像张白纸，并不像有的人想的那么复杂。如果说这两个学生之间就是这种简简单单的“爱情”，我们可以不予理会。后来我给孩子们开了一个班会，给他们解释了一下他们憧憬的爱情只不过是由于缺少关怀的产物罢了。对于我这种新生代的老师，我没有严谨的治学方法，我也许只能给孩子们提醒、点拨。可也许这样就足够了，他们还只是个孩子，他们还小，还不明白什么是孤独，什么是爱情。所以我并没有责备他们。

当然，我把孩子们的爱情定义为一起学习，一起玩耍，而其余的附加品是杜绝的，我在班会上特意声明了这点。

对于早恋这个问题，我曾经也经历过，那时我们处在高中时代，一起学习，一起吃饭，无论是当时还是现在回想都觉得很美好。所以我并不反对孩子们在自己最美的年纪体验这世间最诚挚的感情。我希望孩子们的一生可以拥有最美好的回忆。

【学长拨雾指路】

小王老师站在学生的角度，阐述了他们只是耐不住寂寞，想找个伴罢了，累了说说话，一起吃吃饭，跑跑步，他们单纯得像张白纸。如果真是这样，就不算是早恋，也就不需要解决了，如果真是这样，哪里还有什么“其余的附加品”。这种观点是非常正确的，应该值得肯定。

早恋现象在中学阶段很常见，实习生在遇到类似情况时可以这样处理：

（1）作为教师，对这样的学生应尊重关心，正面疏导。且教育不宜在班级集体中公开进行。根据学生的性格特点，考虑教育帮助的方案，避开众人，个别施教，尊重学生的隐私，严格保守秘密以个别谈心。可以在符合学生本人意愿的前提下通过日记、书信等说“悄悄话”。要明白给予关注，给予重视，多方引导，以心交心，是解决学生棘手问题的最佳途径。

（2）对这个问题要用平常心去面对，不要粗暴的对待早恋的孩子，要给孩子讲清后果，让家长提前做好心理准备。为了孩子的一生，让“早恋”正常发育并得到教育者的合理引导吧！尊重“人”的教育，才是科学的好的教育。

（3）不要过分相信说教的作用。虽然我们能非常理性的将此事分析清楚，并能对学生进行清楚明白的说教，但人毕竟是有感情的动物，在与异性交往这个问题上，更多的可能是感性起作用，所以不要对说教盲目乐观，要更多的听其言，观其行，多让学生在集体活动中扩大与异性交往范围，变感性的男女之爱为理性的同学关爱、朋友友爱。

“花开在适合的季节才最美，果子在适合的季节摘才最香”。爱情就像最美的花和最香的果子，要是提前摘取，收获的只能是苦涩。愿所有的实习老师在今后的教育生涯中可以让自己的学生收获最美的果实。

11. 既鼓励也批评

廊坊市文安县某中学　胡琼馨

【新手顶岗心路】

学生还是孩子，讲大道理只是听个热闹，一个老师应该做到的不是让学生怕老师而是心存敬畏。敬畏是做老师的最高境界，我在实习前，曾也想过如何树立教师威信，但是真的是难还是简单，只有实践才出真知。

今天，驻县教师来到学校看望实习生，其中马老师是初一的新任班主任，同时，我也是他们班的任课教师，因此，我们一致的意见是去看看他们班的晚自习。他们班的学生们都很让我很喜欢，所以平时我对他们就特别的上心！一打开门发现闹哄哄地，乱成一片，班主任进去以后还是停不下来，尤其后边墙边还蹲着9名学生，应该是不听话被班主任惩罚了，其中还有一个我挺看好的学生，我心里一阵失望，过了一会，驻县教师离开后，我单独叫了这9位同学出来。

花了一节课的时间，我和这9位同学谈了谈，就犯错的原因以及他们的内心世界进行了深入的了解。尤其是张同学，他在上个星期还说过他表现好的话叫我送一幅画给他。那时候他正在办公室补英语，平时是调皮捣蛋的孩子，但在那一瞬间，我看见了他的认真，他的好学，我的心里一阵感动，我觉得他并不是表面看起来的桀骜不驯。他也是孩子，好学是他的本能，但是今天晚上当我看见他蹲在后面，我真的很生气，他一直低着头，可能是感觉到不好意思。在与他谈话时我对他说“我知道你是一个好孩子，咱们做人要明白两点：一是要有明确的价值观，不要人云亦云，别的同学说话你也跟着说话，咱们要分清时刻。二是咱们不是只为自己活着，还要为了自己的家人，为社会活着。”他没说几句话，眼睛泛着泪水，越说越心软，我知道他听进去了。我也不希望训斥他们，我希望多鼓励鼓励他们！

经过这次谈话，这几位学生上课开始认真听讲，喜欢美术课，并能积极完成作业。

每一位孩子都是天使，每一位老师都需要做孩子们的引导者，告诉他们成长的路上该是多么的艰难，唯有不断地进取才可以成功。我希望我能成为他们的引路者，告诉他们还有好长的路要走，要加油、要忍耐、要坚持、能成功，我可以做到！

而通过这件事我也明白了对待学生一定要有充分的耐心，因为没有什么事情是一下子就能成功的，谁都不是圣人，我们要给予学生充分的时间。但是，我现在也在疑惑一些事情，是不是所有的学生都适合鼓励性教育。素质教育要求我们充分尊重学生，那么除了鼓励性指导还有哪些方法能帮助教师实现教育的目标呢？我作为一名老师很希望能够帮助学生健康发展，给予他们鼓励与肯定，但是有些时候不得不进行一定的批评，这个“度”很难把握。

【学长拨雾指路】

很高兴小胡老师能抓住教育的时机，全面细致地了解学生，并对孩子们进行心灵上的启迪，这很值得我们顶岗实习生学习。

小胡老师在日志中提到了鼓励性教育和批评教育，思维全面。教育的主要手段无非就是表扬和批评，只有表扬，没有批评的教育是不完整的，甚至是苍白无力的。但在新形势下，我们怎么批评才能被学生接受，达到效果，怎么把握批评的“度”那就见仁见智了。

顶岗实习生要批评学生的时候可以从以下方面入手：

(1) 我们批评要注意批评的原则：对事不对人。爱是教育的前提。当学生犯错后，首先，老师应当以关心爱护这个学生为前提，不能因为孩子的错误而讨厌这个孩子。这样对他们的批评教育才能和风细雨，为孩子们所接受。其次是要尊重犯错误的孩子，尊重他个人的意愿，站在他的立场上去考虑问题，在开展批评教育时才不会失去理智，做出伤及人格的行为。最后要善于“遗忘”，或者说是谅解，要用发展的眼光去看学生，不要因为他曾经犯过错误，就始终带着挑剔的眼光去看他。

（2）批评是门“艺术”。要达到理想的批评教育效果，教师应当不断加强自身的修养，修炼批评教育的艺术。在和孩子的谈话中“对症下药”，把握火候，选好角度，分清场合。

苏霍姆林斯基说：“教育技巧的全部诀窍就在于抓住儿童的这种上进心，这种道德上的自勉。要是儿童自己不求上进、不知自勉，任何教育者就都不能在他的身上培养出好的品质。可是只有在集体和教师首先看到儿童优点的那些地方，儿童才会产生上进心。”因此，批评不应是使人感到凝重和压抑的黑色，而应是使人感到赏心悦目的绿色。在对学生进行教育时，让我们的批评多一些幽默轻松，少一些严厉训斥；多一点情感关怀，少一些挖苦讽刺；多一些耐心，少一些急躁，让批评更充分地体现出对人性的尊重与关怀，这样的批评便成为学生健康成长的绿色精神食粮，成为学生成长中永恒的激励，如一首优美的旋律永远回响在学生心灵的天空。

12. 每个学生都是天使

廊坊市大城县某中学　周美娜

【新手顶岗心路】

在看初三学生晚自习的时候，我提前进入教室。本来想让他们安静下来，但一个个子不高，坐最后一排的学生带头嚷着说：“老师，还没上课呢。”接着其他同学就跟着又大声说笑了起来。当时第一感觉就是这个班可能不太好管。

因为这是我第一次来看这个班的晚自习，也并非他们的授课老师，之前也没有接触过这个班，不了解情况，所以也没再接着管。后来上课了之后，我在班里转着看学生的自习情况，这位学生的眼睛一直转来转去地盯着我看，他虽然个子不高，但看上去特别不好管，而且还没上课就公然跟老师叫板，这给我很大的压力。好在他只是自己左顾右盼，没有影响到其他同学，因为第一次接触这个班级，不了解具体情况，为了避免不必要的冲突，我没有再继续批评他，而是反复用眼神暗示，并批评了他周围不学习的同学。

我想初三的孩子，下课时间闹腾可能是他们这个年龄段决定的，也可能受平时上自习的影响，如果在我值自习的时候强迫他们提前进入自习状态，可能反而会使他们反感，所以第二次的时候我开始等上课铃打响了之后再过去。上次我关注的那个学生还是没有学习，桌子上一本打开的书都没有，这次还一直和同桌小声说话，等我走到他跟前的时候就不说话了，一离开就马上说话。这次我意识到可能是第一次没有及时管，让他有了放松心理，觉得这个老师不会管他。所以，当我再一次走到他面前的时候，就问他为什么不看书，他说看不懂。我拿起他的书看了看，里面没有一点笔记。他还有点嬉皮笑脸地对着我问，“老师，好看吗?”我当时想，这孩子如果我这次还这么简单放过的话，一是会对班级纪律产生影响，他下次可能会更厉害的捣乱；二是我心中突然有这样一句话闪过：每一个孩子都是一个天使，只是他们还有待雕琢。这是我的老师曾经告诉我的一句话，想想自己上高中的时候因为数学成绩不好，也曾经产生过厌学情绪，好在我的老师没有放弃我，而是一遍遍的鼓励我，才让我今天可以有机会以一个老师的身份站在讲台上。现在轮到我自己当老师，我也不能轻易放弃每一个学生，即使不是自己授课班的学生。

想到这我把他叫到了楼道，问他为什么不想学习，他说因为学不会，我很真诚地给他介绍了自己的经历，他听了之后一开始觉得很诧异，后来也有一点感动，之后我又给他介绍了很多同学在初三这一年好好努力同样也考上了高中的事例来鼓励他，也介绍了我的很多高中同学现在的发展：有的中途辍学就只能就打工，有的上了大学之后又申请了出国留学。这样的强烈对比给学生心中造成极大反差，同时也拓宽了他的视野，让他对未来产生了极大的希望。

因为给他讲的都是我的亲身经历，或者是发生在我身边的真人真事，所以讲的时候我也比较激动，学生听了之后也被我的情绪所感染，也找到了自己的目标。回到座位上后，我继续关注了他，发现他不仅没有再说话，而且开始拿出了语文书抄生字词了。

这次的事，使学生有了改观，有了点滴的进步，同时也给我提供了宝贵的管理经验。让我意识到，有些学生之所以没有成为我们眼中平常努力学习、样样都棒的“好学生”，是因为缺少老师的关注。多投入一些关注到这些学生身上，可能你拯救的就是他的一生。

很多学生都需要教师的关注，然而，在实习中我也深深地感受到，老师的精力是有限的，很多时候并不能给予每位同学很细心地关注。真的想关注每位同学，可是有的时候真的感到力不从心，但我会尽心尽力地关注他们，帮助学生找到自己的理想，是作为老师的使命。

【学长拨雾指路】

小周老师责任心强，面对不是自己班的学生，出现了问题，也要不折不扣地履行教师的职责，难能可贵。俗话说：教师做的是“良心活儿”，确实如此。他能结合自己的经历，说服学生。更重要的是，老师的话为学生树立了人生努力的方向。法国大作家雨果曾说过：“人有了物质才能生存，人有了理想才算得上生活。你了解生存和生活的区别吗？动物生存，而人生活。”这就是人与动物的区别。理想，就是奋斗目标。人生理想，就是人生道路上的奋斗目标。科学、崇高的人生理想，是人生强大的精神动力和精神支柱。

教师通过自己的人生经历与学生真诚对话，营造了和谐温馨的环境，为学生的理想信念教育提供了条件，学生有了理想自然会努力学习。如何教出有理想的学生呢？

“教人先教己”。教师首先是一个有理想的人，教师要通过对工作的激情，表现出对生活的自信和乐观；要通过自己工作上的努力，表现出对理想追求的执着。所谓“亲其师信其道”，教师为学生做出榜样，理想才能化为学生的实际行动。

人的精力有限，可是，只要对教育工作充满着炽爱，对教育教学工作情有独钟，全身心投入其中时，就会有用不完的力量。北京立新中学曾军良校长，在学生放寒假期间，给班里每个学生写一封信，在大年三十发到学生的邮箱里，这几十封信的内容各不相同。是什么力量让曾校长投入如此大的精力，是对教育事业的那种满满的爱啊！

其次，还要讲究方法。俗话说“一把钥匙开一把锁”，在教育工作中，教师要根据学生的个性特点，制定独特的教育方案。对自尊心强的，教师要照顾其面子，有问题可利用个别谈心的方式；对好胜自负的，要一面肯定成绩，一面指出问题；对于感情冲动的，要避免正面冲突，冷静下来再讲道理；对于豪爽讲义气的，可适当采用激将法；对于性格软弱的，要多给予鼓励、表扬。

帮助学生树立理想和解决其他问题一样都不是一蹴而就的。“杠杆省力费距离”，任何事情“省力”一定“费距离”。不要想着通过一个问题，一种方法就能马上把学生转化过来，这是不现实的。要知道办法总比问题多，在以后的教师生涯中我们应该多下功夫，多想办法，对待一些学生要做好“打持久仗”的准备，相信我们不厌其烦的教导，一定能唤起学生内心的学习理想。

第二乐章
顶岗中期之碎与泪

时间在慢慢地推进，你们也在成长。教学技能不断提高，处理突发状况的能力不断增强，和学生的关系也更加亲密，渐渐的你们可以游刃有余的处理各种事情。但是这个时候却是顶岗最忙碌的时候，你的课堂已不再新鲜，学生们总在课上制造这样那样的麻烦；各种各样的琐碎工作渐渐变多，你感觉无法应对；与学生过于亲密让你失去了老师的威信。初到实习学校的激情已经慢慢淡去时，可能你的内心已经充满了委屈，可能你的眼角已挂上了泪水，但是请不要退缩，更不要放弃，擦干眼角的泪，整好生活的碎，坚持到底就会有不一样的收获。

第一篇　我的百味课堂

顶岗实习支教进入中期阶段，教学能力得到很大提升，自己的教学风格也慢慢形成，课堂效率也提高很多，但是课堂管理能力还有待提高。调皮的小崽子们已经失去了初次见面的好奇心，开始制造各种各样的问题。这时的课堂是高效的，学生积极性高，课堂问题设置合理，教师鼓励与批评同在；这时的课堂是温馨的，学生积极帮助老师完成听课、录课工作，老师关心爱护每一位学生；这时的课堂也是问题百出的，学生上课说话的、吃东西的、打闹的、睡觉的，甚至还有上课玩一些危险物品的等等。总之，课堂是百味的，或许缺了任何一味都觉得有些遗憾。

1. 治理自习紊乱之严

廊坊市文安县某中学　纪东菊

【新手顶岗心路】

教师威信是有效教学的前提，我在实习前想象教师只要和学生们打成一片，学生自然就对老师言听计从，对老师毕恭毕敬，我希望事实真的是我想象的这样，用心感化学生，学生会认真听课，好好学习，课堂秩序有条不紊。

周四晚自习，初二（六）班。当天值班主任特别强调要时刻注意六班的纪律，并派了一位教师专门负责。六班是个走读生与住宿生混合的班级。其中住宿生只有一半，因此晚自习时学生坐的比较分散，还出现乱串桌、传纸条、交头接耳、嬉笑打闹的情况。

首先，我去找值班主任了解情况，在大概摸清学生的情况后，调整自己的情绪，保持严肃的表情，增加气场。

在自习课前两分钟我就到六班门口站着，等所有同学进教室。我在铃响时进了教室，大声宣布自习开始，不准交头接耳，有问题下课问。这时，有些同学还是在小声说话，我用严厉的目光扫视他们，盯了一会，几个同学不说话了，开始低头写作业。而左排的男生还是在回头说话，并用不屑的眼神看着我，我走到他面前，盯了他一会，然后和全班同学说："主任随时溜达，如果一直不安静，主任亲自来处理，到时候，不是我能管的，扣分自己承担！"在这时，大部分学生被震慑住，保持安静。我四处转悠，最后一排的同学总是低头说话，我站在他们身边，让他们感受到无形的压力，这时他们立刻坐好，自己假装看书。但我走后，又开始说话，然后我让最后一桌中间的同学拿着书坐在讲台上学习。最后一桌剩下的同学也安静下来了。我站在门口，看着外边，想看他们能坚持多久。没过几分钟，左排的同学又活跃起来，开始嬉笑。我见状，从讲台上搬了凳子，拿着自己的书，坐在了他身边，保持严肃但不看他。这时，班里的同学鼓起掌，然后这位同学求饶："老师我不说话了，您还是坐讲台上吧，我保证不说话了。"我说看你表现，然后又回到讲台，其他同学也都偷偷看我，然后安静的上自习。后来，这个同学两节课也没有嬉笑打闹，其他胆小的同学也保持安静。

第二节课，前排的同学写完作业开始睡觉，我轻轻地叫醒他，但过了一会，他又睡着了，我看别的同学也有睡觉的，决定要制止。然后把前排睡觉的同学叫醒，带到了门口外边，首先问他的名字，让他紧张起来，然后问他原因，得知他只把主科作业写完了。然后问他地理作业是否写了，他说没有，我说要把所有科目看齐，不能忽视。然后看了他一会，不说话。大概两分钟后，问他是否还困，他说不困了，然后我们一起进教室。其他同学看到这样的情况，也大概听到了我的话，把正在睡觉的同桌叫起来，提起精神不再睡觉。

在最后几分钟，同学们都很兴奋，开始收拾东西，我在讲台上表扬他们，说："两节课表现的都不错，再坚持几分钟。"然后有的同学说："老师，我们今天的状态都是巅峰了。"我说："很好，为自己鼓鼓掌。"同学们都很高兴，安静地等待下课。铃声响后，同学们高兴地回宿舍，我把门窗关好后，终于松了一口气。

这两节课同学们整体表现不错，虽然我不是他们的任课老师但是学生们在课下看见我也会打招呼。学生主要分为三部分——顽固的问题学生、观望的活跃学生、遵守纪律的学生。首先是观察、了解学生的情况做到知己知彼，百战百胜。重点就是针对班里的问题学生要重点治理，让他们没有玩闹的机会。对于观望的同学要杀一儆百，守纪律的同学要给予表扬。在自己威信不足的情况下，可以适当借助班主任或教导处等的威信，让学生认为你不是好欺负的。虽然话粗，但作为一个副科老师处于不被学校和学生重视的尴尬地位，这也是一个有效的方法。

我认为这样做有一定的合理性，但是在处理这些问题的时候我还是有疑惑的。因为教师不可能二十四小时盯着他们。虽然这两节课他们很守纪律，但是以后呢？所以怎么能培养学生的自律意识，怎么样让学生进行自我管理是值得教师思考的问题，也是我们这些年轻教师需要进一步探讨的。

从这件事也看出来了，教师威信不是那么容易建立的，如果让学生听话必须在生活上感化他们，在知识上教诲他们，成为他们的老师、同学、朋友，让他们打心底里感谢你，成为一个“传道授业解惑”的专家。

【学长拨雾指路】

初中的孩子活跃甚至躁动，缺乏自制力，所以自习课的纪律问题是一个很常见的问题，经常是按下葫芦起来瓢，不让老师省心。小纪老师的做法很好，首先小纪老师没有对学生的违纪现象听之任之，而是及时制止。通过向值班老师了解学生情况，掌握学生信息，对症下药，既不过分严厉，也不放纵学生。通过这次晚自习事件，纪老师也明白了教师威信的重要性。

很多顶岗实习生为了博得孩子的喜爱，往往都顺着孩子，迁就孩子，导致孩子上课时也过分自由，想做什么就做什么。因此，对孩子和新老师来说，都必须树立起课堂意识，特别是老师。老师既是纪律的执行者，又是监督管理者，不仅要清楚地知道你期望的课堂应该是怎样的，还要了解自己的行为举止会对孩子造成怎样的影响。在组织活动的时候，老师要明确地提出自己的期望和要求：上课时要保持安静，不打断老师讲话，不随便串座位，举手回答问题等。当有孩子违反纪律时，老师可以通过眼神、动作，或者一句话，让孩子知道上课时这样做不合适。当孩子遵守课堂纪律的时候，老师应该及时表扬，树立榜样，让全班孩子知道上课时怎样做才是正确的。此外，老师一定要公平公正地对待每个孩子，不歧视后进生，不忽视中间生，不溺爱优等生。只有这样，孩子才会真正信服你。总之，威信是靠言行传达的，新老师一定要多反思、多学习，从规范自己的行为做起。

实习生在实习过程中经常会遇到纪律问题，对于纪律问题的解决，要“严肃”“言必信，行必果”。具体建议如下：

（1）通过班会等形式统一思想，给学生明确自习课的性质、目的和要求。

（2）培养学生良好的自觉学习习惯。学生能将自习课的时间安排得合理紧凑，就达到目的了。当然，这需要老师在一开始的时候手把手的指导，并能有足够长的时间去督促，并培养其良好学习习惯。

（3）要对学生加强管理，严管“出头鸟”。给大多数学生创造一个安静学习的氛围，当然处理的手段不能简单粗暴，但也要行之有效。

夸美纽斯说：“学校没有纪律便如磨坊里没有水。”马卡连柯说：“不应把纪律仅仅看成教育的手段。纪律是教育过程的结果，首先是学生集体表现在一切生活领域——

生产、日常生活、学校、文化等领域中努力的结果。”所以，对自习课的管理不能简单粗暴，而应该动之以情，晓之以理，并用严格的纪律为之保驾护航。也只有这样，自习课这个学习的港湾才能真正平静下来。

2. 问题设置不当之囧

邯郸市某中学　李亚路

【新手顶岗心路】

在课堂上处理突发事件，是一个老师的基本技能，但是有的老师对待突发事件束手无策，有的老师游刃有余，经过今天的事情我越发地感到了处理突发事件的重要性。

我在课堂上正在讲课时提出了一个问题让学生回答。我叫了杨同学，由于他的语文成绩不是很好，站起来之后说的答案不正确，我又让他思考了一会儿，但思考之后杨同学给出的答案还是不正确。不仅他觉得尴尬，我也觉得很尴尬。

这类问题在课堂上时有发生，而一些学生的成绩本来不是不好，在课上不能正确回答问题又直接打击到他们的自信心。所以，我在课堂上采用逐步引导的方式，通过生活情景去激发他们，让他们进行更加深入、正确的思考。下课之后我会主动找他们谈话，讲述一些和语文有关的趣味性知识，提升他们对语文学科的学习兴趣。并交给他们学习语文的方法，分析他们平时学习之中遇到的问题，帮助他们制定适合自己的学习计划并对他们进行监督。

经过共同努力，该生的学习积极性得到了提高，成绩也取得了一定的进步。

老师在课堂上经常会提出一些问题，但是问题的难易有所区分，我在叫杨同学回答问题时应该考虑到他的学习成绩。不得不说我的提问对杨同学来说是失败的，因为他在二次思考之后并没有给出正确答案，同时在全班同学面前回答错误对他的自信心有一定打击。对于杨同学的情况，我应该让他回答一些适合他的问题，一次次的成功更容易帮助杨同学建立自信。

【学长拨雾指路】

作为实习生，会在课堂上遇见各种突发事件，像小李老师这样的情况也会经常发生。他在关注后进生的同时也在杨同学回答错误以后又给了他一次思考的机会，这样的做法值得称道。同时，课后李老师对自己的提问方式进行反思，采用逐步引导的方式、增加学科趣味性等一系列的改进，使学生和老师同时得到进步，对于李老师的做法我们给予非常大的肯定。

课堂提问是课堂教学的关键环节，良好的问题是学生和老师交流的纽带，实习生可以从以下方面入手，提高课堂提问质量：

（1）在课堂教学中，实习教师要提的问题要经过精心筛选，避免提问的随意性。问题的选择要得当，能够激发学生思维共鸣，激发学生求知兴趣。首先，提问要紧扣教学的重点、难点，要有利于知识的理解。其次，提问要适当给学生门槛，难度不能太易或者太难，做到使学生“踮踮脚，够得着”。再次，提问应该具有启发性和趣味性，应尽可能地选择与学生生活密切相关的问题。

（2）在提问问题时，语言要具体明确，实习教师必须将问题表述的清晰、简洁。教师在设计问题时要仔细推敲，不仅要考虑问题与教学内容的关系，还要考虑学生是否能够理解和接受。要使学生清楚地知道要回答的问题是什么，不要使学生摸不着头脑，产生理解上的模糊性。

（3）教师在提问后要留给学生思考的时间，而不是急于请学生作答，这样才有利于学生理解和掌握。同时在提问时一定要注意公平性，不应该经常叫某些学生回答问题而忽视了其他学生，应根据不同的问题找不同的学生回答。最后，一定要给予学生适当的评价，教师不是为了提问而提问，而应尽量综合处理、扩展、修改、提升或评价学生的回答。

孔子在论语中曾说过：“不愤不启，不悱不发，举一隅不以三隅反，则不复也。”意思是：“不到学生努力想弄明白但仍然想不透的程度时先不要去开导他；不到学生心里明白却又不能完善表达出来的程度时也不要去启发他。如果他不能举一反三，就先不要往下进行了。”我想这应该是我们作为教师提问的最高境界。

3. 提升学习兴趣之甜

邯郸市魏县某中学　栗雪娇

【新手顶岗心路】

学习兴趣是指人对学习的一种积极的认识倾向与情绪状态。从教育心理学的角度来说，兴趣是一个人倾向于认识、研究、获得某种知识的心理特征，是可以推进人们求知的一种力量。学生对某学科感兴趣，就会持续专心致志的钻研它，从而提高学习效果。兴趣是点燃智慧的火焰，是探索知识的动力。如果教学方法得当，学生对学习内容产生兴趣时，他们的思想就会活跃起来，听课的效果就会大大提高。反之，学生将学习看成是负担，效果必然会降低。我国著名教育家孔子说："知之者不如好之者，好之者不如乐之者。"良好的学习习惯的形成和培养，都离不开兴趣。因此，教学中能否激发学生的学习兴趣，提高学生的学习效果，无疑是教学成败的关键。

通过一个多月的上课经历，我发现了一些规律：（1）明确学习本节课的重要性。初一的学生刚刚从小学出来，爱玩、自制力较差，一节课 45 分钟，他们能集中注意力听课的时间最多 20 分钟，或许还不到。所以，要不停地提醒他们集中注意力来听课，我教的学生，只要我说："这节课的重点是……""这些内容是考试要考的"，学生就立刻拿出笔在课本上做笔记。（2）用多媒体讲课。我刚开始讲课时是直接讲，就是单纯的讲授法，但是效果没有我想象的好，一开始大家都专心致志地听，但是讲一会就有学生开始做小动作，还有昏昏欲睡的，这让我感觉有些失落，我印象中的课堂是气氛活跃的，但是事实不是这样。

我也感觉到生物如果只是让老师讲的话会让这堂课很无聊，所以我开始用多媒体上课。准备课件时，背景不能太花哨，那样就会使学生的注意力分散，也最好不要是白色的，感觉太单调，在课件上除了知识点之外，要有一些鼓励的话语。初一的学生对图片很感兴趣，可以准备一些与本节课有关的图片和课外知识。当讲课涉及课外的知识时，可以做一些补充，选取一些与生活息息相关的事物，学生也会很乐意听，并且会听得很认真，这是一个很好的方法。

从我的努力中我看到了成效，努力终会有回报，在实践中摸索，并且不断学习有经验教师的"治生法宝"，双管齐下，在培养学生兴趣方面一定会有所成就。不但学生的能力会提高，并且我们老师的能力也会有更大的提高。

【学长拨雾指路】

小栗老师不仅学习教学兴趣的理论知识，而且得知学习兴趣对提高学生学习的重要性，认识到教学中能否激发学生的学习兴趣是提高学生的记忆效果，也是教学成败的关键。在教学过程中，栗老师也将学到的理论知识应用于实践，明确课堂重要性，运用多媒体授课激发学生学习兴趣，涉及课外知识等等。通过栗老师的努力，提高了学生的学习兴趣，学生和老师的能力也都得到了提高。

"兴趣是最好的老师。"对于如何提高学生的学习兴趣，我还有以下建议：

（1）通过操作与合作，逐步培养学习兴趣。"动"是孩子的天性，教学过程中，只有自己亲自动手做一做，才会知道得更多，掌握得更牢。老师一定要抓住这一特点，引导学生主动操作。使学生在操作中理解新知的来源与发展，体验到参与之乐、思维之趣、成功之愉。同时在教学中，我还提倡自主探索、小组合作的学习方式，不断创设有意义的问题情境和教学活动，激励每一个学生自己去探索，独立思考，发表见解，并善于倾听其他同学的不同意见，在小组交流、合作中达到共同获取知识、发展能力的目的。

（2）设计趣味性和开放性的练习，提高学习兴趣。练习是巩固所学知识，形成技能、技巧的必要途径，是教学的一个重要环节。要使学生保持愉快的心情、振奋的精神，教师就要从学生的现实生活和童真世界出发，设计适于学生心理特点的吸引学生的灵活多样的练习形式。如一题多变、开放题、观察题等，让学生通过练习，提高学习兴趣。

托尔斯泰说过："成功的教学所需要的不是强制，而是激发学生的兴趣。"能使学生在愉悦的气氛中学习，唤起学生强烈的求知欲望是教学成功的关键。总之，教学应紧密联系学生的生活实际，从学生的生活经验和已有知识出发，创设生动有趣的情境，引导学生观察、操作、交流等，使学生通过教学活动，掌握基本的知识、技能，初步学会观察事物，思考问题，激发对知识的兴趣以及学好该学科的愿望。

4. 录课之苦

邯郸市某中学　周星星

【新手顶岗心路】

不知不觉顶岗实习已经进行了近两个月，这两个月里付出与收获伴我左右。每每累地想要放弃的时候，我的学生们就会陪伴我，他们是上帝派我到身边的"小天使"，让我知道幸福就在我的左右。

这个星期，我们实习生最大的任务就是录课。作为实习以来的第一次录课，无论是我们还是实习学校的老师都非常重视，我们紧张的备课，指导老师反复指导，一次又一次的精益求精，虽然很辛苦，但是我的努力为的就是不辜负所有关心我们的人，不让他们感到失望。

上一周，实习学校的崔校长对实习生进行了逐个听课与指导，对我们平时上课的情况进行了简单的评价，校长这么做，我们实习生心里明白，这是对我们的负责，我们懂得校长的良苦用心。

今天，我带着准备已久的课程来到教室，准备录课。根据高二学生们的学习进程，我选择了第三单元的文艺评论作品，为的是进一步提高他们的文化积累。由于今天上午的各种状况没有录成课，时间上相对来说不占优势。学生们下午比较爱犯困，但是让我没有想到的是我的学生们竟然这么积极的配合我。我看到了学生们那永不泯灭的责任心，他们真的在不知不觉中长大了，懂得为老师着想，这让我很欣慰。

录课后，我首先观看了自己的视频，很多平时没有注意到的小细节，经过录课就很好的看出来了。在校长长时间的指导下，我也进行了自己的第一次录课总结，写在了自己的备课本上，希望自己在以后实习的日子不要出现这样的失误。自己总结后，当然最重要的还是拿给自己的指导老师进行指导，这样自己就能更全面的发现自己的缺点。指导老师任课这么多年，在这类课的教学方面肯定是有独特的见解，那么我进步的速度也会更加的迅速。虽然录课很辛苦，但是我收获了很多。

【学长拨雾指路】

实习过程虽然辛苦，每每想起陪伴在身边的学生们，小周老师就会找到幸福的方向。录课，这项顶岗实习支教必须完成的工作，相信大家都给予它足够的重视，而小周老师所在学校校长对实习生的重视激发了他一定要录好课的决心。虽然在时间上没有占优势，但是学生的积极配合让周老师同样得到了信心，得到了感激。通过观看录课视频，周老师发现了自己的缺点，和校长的交流为周老师的进步提供了很多帮助，总结自己的不足，然后改进。周老师能不断和有经验的老师交流并积极改进很值得大家学习。

细节决定成败，教师在课堂上的很多细节都会影响整节课的教学效果，实习生在课堂教学过程中应该注意以下细节：

（1）注意语调。讲到快乐的地方就露出微笑，讲到愤怒的地方就情绪高亢，讲到悲伤的地方声音就变得低沉。但是，这种“高低轻重的变化”是有要求的，即语调在其主旋律上应保持清新、平稳，在平稳之中再加以变化，做到“稳中有变”。语调在教师的语言艺术修养中占有很重要的地位，恰当的语调能使其语言平地生辉，具有磁铁般的吸引力，能获得较好的教学效果。

（2）恰当地使用肢体语言。恰当地使用胶体语言，可以让学生感到你的真诚和亲昵，拉近师生的距离，如抚肩、握手、贴贴学生的脸蛋等。恰当地使用胶体语言，可以让学生感到你的真诚和亲昵，拉近师生的距离，把教学工作提高到一个新的水平。

（3）走下讲台，到学生中去。老师站到学生中间，忘掉自己是老师，不是刻意在寻找一种感觉，而完全是以一颗童心在心理上和学生相容，这是师生之间全方位的信任，是一种真正的师生情。

战国伟大的教育家荀况曾经这样说过：“不知则问，不能则学，虽能不让，然后为德。闻之不见，虽博必谬，见之而不知，虽识不妄；知之而不行，虽敦必困。”意思是不懂的就问，不会的就学习；虽然会但不谦让，这样被德高望重的人知道了，就不会告诉他。虽然博学但必定有错的时候，告诉他也不理解。虽然有学识却不妄言懂得，又不付诸行动；虽然敦厚但必定困乏的。学会虚心向有经验的教师学习并且理论联系实际才是我们不断进步的重要法宝。

5. 新成员加入之悦

衡水市安平县某中　王妹

【新手顶岗心路】

这周四，同往常一样，我拿上书本便早早地来到了班里，活蹦乱跳地孩子们都沉浸在自己欢乐的游戏中，似乎看不到悄悄潜入到班里的我，就这样静静地站着，静静地看着，静静地等待上课铃声的响起……八点整，清脆的铃声悠扬的响起来了，上午第一节课正式开始，还在游戏中的大家这才猛然回过神来，慌乱中赶紧坐到自己的位子上去。抬头看到我时，就只顾抓抓头发嘿嘿地傻笑，真是一群可爱的孩子。进行过简单的课堂问候后，大家逐渐进入到学习的状态，抬头的一瞬间，突然发现第一排的正中间有一个陌生的面孔，不觉得停止了手中的动作，正在诧异的时候，底下的孩子们便开始了热烈的讨论，“他是刚转来的，”课代表最先大声地喊出来。大家的注意力一下子转移到了新同学这里，都显得异常兴奋。但是似乎平日里一些较为内向的同学还不了解新转来的同学，小脸上诧异的表情令我忍俊不禁，这时班里的同学都笑了起来。如果此时我采用强硬措施让他们安静下来显然不大可能，那就只能采取比较温和的办法，我对大家说“那我们就以最热烈的掌声欢迎新同学做一个自我介绍，好不好?”五十几个孩子齐声说好。大家充满期待地看着新同学，满以为他会跟其他孩子一样，会陌生而拘谨，然而，令我始料未及的是这名新同学一点也不怯场，反倒是朝我笑了笑就快速地走了上来，他故作声势清了清嗓子，这时，底下跟他早已经打得火热的男同学便哈哈大笑起来，接着他做了一个动作示意大家安静。“hello boys and girls, my name is zhangjiahang, nice to meet you.”演讲的同时，以一个优美的转身在黑板上写下了张佳航三个字，我和我的小伙伴们都惊呆了，原来新来的同学胆子好大。

Welcome to our class，最后，我们一起表达了对张佳航同学的热烈欢迎。真心希望他能够尽快融入这个大集体，开始愉快的新生活。

【学长拨雾指路】

看完小王老师的描述，我们仿佛看见了这一群可爱的孩子调皮又懂事的面孔，“真是一群可爱的孩子”，小王老师的字里行间都透露出对学生的浓浓的喜爱，因为喜爱，所以学生在小王老师的课上是轻松的，这样的课堂状态才是好状态。在发现新学生，大家起哄的时候，小王老师没有呵斥制止，而是温和的鼓励新学生做自我介绍，充分体现出小王老师的善良和机智。通过这样的方式，使得教师与学生的关系更加和谐，使得课堂更加活跃。相信我们的小王老师一定会有一段愉快的实习经历！

我们的小王老师与学生的关系非常亲密，学生在小王老师面前非常放松，这是良好的师生关系。建立良好的师生关系，我们可以从以下几方面进行：

（1）关心热爱学生。这是教师职业道德的重点内容，是忠诚于教育事业的具体表现，也是建立良好师生关系的关键所在。苏联教育家苏霍姆林斯基也说过：“教育技巧的全部奥秘，也就在于如何爱护儿童。”实践证明，对学生由衷地关心爱护是打开一切学生心灵之门的钥匙，是建立良好师生关系的桥梁，也是教师取得成就的奥秘所在。

（2）严格要求学生。这是做好教书育人工作的正当要求，是关心热爱学生的实际体现，也是建立良好师生关系的必然需要。老师对学生的教育要努力做到“以爱动其心，以严导其行”。为此，必须坚持“严而有格”与“严而有方”的教育原则。

（3）全面研究学生。这是全面认识和正确对待学生的基础，是有效管理、教育学生的步骤，也是建立良好师生关系的要求。教师应当全面地、发展地、联系地分析研究学生的各种实际表现。

（4）民主管理学生。这是相信学生，依靠学生的表现，是充分调动学生积极性的需要，也是建立良好师生关系应遵循的原则。在教书育人中，只有民主管理，才能激励学生积极进取，集中学生的智慧，充分发挥学生的积性极和创造性，从而取得教书育人的良好成果。

许多研究表明，良好的师生关系是促进学生发展和减少学生问题行为的关键因素，它有利于学生思想品德的养成、学业的提高、智能的培养，以及身心的全面发展。如亲密的师生关系有利于儿童形成对学校的积极情感态度，积极参与班级、学校活动，与同学形成积极的情感关系，从而发展良好的个性品质，提高较高的社会适应能力。让我们从小处着手，积极建立良好的师生关系，为我们的实习生活留下浓墨重彩的一笔。

6. 课堂反思与收获

邢台市任县三中　胡在欣

【新手顶岗心路】

转眼间来到实习学校已经两个月了，在这两个月的实习生活中，作为实习老师，我一直以一名正式的教师的标准要求自己，以高度的责任心、积极的态度投入到课堂教学及辅导中。作为一名教师，首先上好课是最基本的要求。在实习前也有过一些试教活动，但真正的中学教学对我来说还是第一次，从学生转变为老师，这之间需要付诸很多的努力。在教学中，我认真地备课、写好教案，课后认真反思课堂教学活动存在的问题。经常旁听其他老师的课，虚心请教其他老师的经验以及教法。在听课的时候尽可能地记录下其教学过程，并在课后对该老师提出自己的问题。经过多次沟通后，我发现自己在教态、教师语言、语速等方面都取得了明显的进步。

作为一名教师，天职就是教书，无私地将所学的东西都教给学生，这是我们支教的重要内容——授课。在两个月支教中，我一直在备课、写教案、上课、批改作业、接受反馈信息，自己写反思、讲评，巩固学生知识。这样的环节看起来很简单，可是每个环节都有很多小细节，不仅需要认真还要发挥创造性思维，尤其是上课，也就是我们一直探讨学习的课堂教学。

首先，要了解我教的两个班的学生的基本情况，然后根据学生的基本情况来教学。其次在写教案前，我必须通看整本课本的脉络，然后认真地研究该单元，认真分析其中的重难点。我向指导老师征求意见，并加以修改和调整，然后自己先试教，接着再修改，最后才正式上课。在上每节课之前，我们都会把要讲的内容反复练习直到记住为止。而且在课后经常和学生交谈，让他们指出课上老师的不足，不断改进教学方法。事实证明，这套方法挺受学生欢迎的，同时也接近了学生。除此之外，通过不断反思和交流，我了解了一些适合农村学生的方法。这为我以后的工作奠定了基础。在板书方面，我也提醒自己，给学生呈现的东西必须是正确的，不允许存在任何错误。否则，这些错误会给学生造成深远的影响。并且批改作业，纠正学生的错误也是非常重要的，根据每个人的情况加以勉励，并开导之。

我的指导思想是不断给学生纠正错误，直至学生认识错误并改正。身为一位教育工作者，就是要有这样的耐心，才能把学生的缺点纠正过来。在这期间，辅助学习工作给我最大的收获是教师不仅仅只是授业、解惑之人，更应该是一位有着天平称心灵的朋友。只有这样，教师才能从过去作为“道德说教者”“道德偶像”的传统角色中解放出来，成为学生健康品德的促进者和催化剂，引导学生学会自我调查、自我选择。

两个月以来，我在生活方面也学到了很多东西，这些东西是我在大学学不到的，对我以后的生活很有帮助。老师们对我也很热情，他们令我忘记了生活上的苦，觉得很开心，我和学生相处得也很好，很高兴能成为他们的朋友。我也从实习中认识到我的不足，不能只从书本上看“教学”，也要在实际中教书育人。我相信在未来的路上我会做得更好，作为一名实习生，将会努力提高自身的素质，时刻为成为一个好老师而努力着。

【学长拨雾指路】

正如小胡老师所说，顶岗实习中我们会学到很多在书本上学不到的东西。在这里，我们学会了怎样在教学的同时兼顾学生，怎样处理与学生的关系，怎样做好课堂管理工作，这些都是在大学期间我们很难学到或者学好的。“备课，写教案，上课，批改作业，接受反馈信息，自己写反思，讲评，巩固学生知识。”这样的教学环节充分说明我们的小胡老师对自己严格要求，对学生认真负责，在教学工作中注重细节，并且是一个具有较高专业素质的老师，相信我们的小胡老师在顶岗实习中会取得非常优异的成绩，学生在小胡老师的负责教学下也会更上一层楼！

小胡老师认为教师应该“成为学生健康品德的促进者和催化剂，引导学生学会自我调查、自我选择。”由此可以看出小胡老师对学生的负责和爱。我国著名的教育家陶行知先生曾经说过：“先生不应该专教书，他的责任是教人做人；学生不应该专读书，他的责任是学习人生之道。”我们不要做“道德的说教者”，那应该怎样对学生进行道德教育呢？结合理论知识和实习经验，我认为我们可以有以下几点做法：

（1）时刻注意，常抓不懈。中学生正处于青春期，重感性，轻理性，可能懂得道理，但是不一定能做到。因此对于学生的思想品德教育，不能放松，要让学生形成一种习惯。让他们在内心深处，得到升华，知道什么该做，什么不该做。

（2）寓教育于故事、格言、名言之中。对中学生进行教育，仅凭单纯的讲道理是不行的，利用一些故事、格言或名言，引发学生共鸣，正面事例激励学生效果会更好。

（3）利用活动达到教育效果。根据本班学生的思想实际，利用有意义的活动进行思想教育，是最有效的方法之一。例如主题班会、运动会、辩论赛等活动，同时培养学生的集体荣誉感和道德情感。

（4）表扬为主，批评为辅。这个时期学生的自尊心较强，经常表扬可以调动学生的积极性。当然“没有惩罚的教育是苍白的教育”，因此，在适当的时候也要对犯错的学生进行批评，使得学生心里建立起对错意识。

（5）以身作则。学生的性格还未具体成型，而学生与老师相处时间很长，所以总是在不经意间模仿教师的言行，因此教师自身要树立好榜样。俄国伟大的革命家、哲学家车尔尼雪夫斯基曾经说过："要把学生造就成一种什么人，自己就应当是什么人。"潜移默化中改变学生，也会赢得学生的尊敬。

"十年树木，百年树人"，教育人是一项非常艰苦而烦琐的工作。它需要我们付出艰辛的劳动，投入极大的热情，讲求方式方法，并要极具耐心的工作。但教育也是一项非常充实有成就感的工作，当我们的学生在我们的努力之下，不断进步，一步步走向美好的人生时，真正让我们感到这是一份"太阳底下最光辉的工作"！

7. 妙对学生自嘲

北京市房山区某中学　栗孝楠

【顶岗新手心路】

顶岗实习期间，有一次，我正在认真地上课，一切都在正常地进行着，但是这时突然有一位学生站起来说："我就是很贱。"这时全班同学都很吃惊地看着他。

我立刻停止了讲课，首先让这位同学坐了下来。然后在黑板上不慌不忙地写了一个"荐"字，尽管我心里明白不是这个字，然后对全班学生和蔼地说："我想这位同学刚才说的肯定是这个"荐"字。现在的社会人才济济，如果想让别人发现自己的长处，并超过同行中的其他人，就是需要'荐'，也就是需要毛遂自荐。所以这位同学刚才这么勇敢地推荐自己，老师以后一定会多多关注你的。其他同学要是有什么特长也可以向老师推荐自己，好了我们继续上课。"

我的回答一下子化解了刚才课堂上尴尬的气氛，这位学生在后来的表现也非常好。我的做法不仅保留了他的颜面，也给了全班同学一个满意的交代。我认为老师就是要学会巧妙地解决课上发生的事情，化解危机。所以，以后发生这样的事情，我在课下应该找该同学了解一下情况，帮助他解决在课上遇到的问题。

【学长拨雾指路】

首先，小栗老师能在课堂上比较机智的化解这次小小的意外，既没有伤害到学生的自尊心，又能保持课堂的连续性，并对学生加以适当的引导和教育，做法还是很值得称赞的。

其次，教育是一个长期的过程，也需要把握时机，如果该老师能在课下找同学谈谈心，了解一下这个孩子的具体情况，并对症下药，那么就抓住了一个非常好的时机，对这个学生的心灵会有很大的触动，从而达到教育的目的，并能让这位学生从此以后对你亲之，信之。

处理突发事件需要教师的教育机智，如何培养自己的教育机智，我有几条建议：

（1）以爱为前提。教师要善于发挥和调动学生主动性，并把这种爱付诸行动之中，才能在突发事件降临时，采取一些既符合保教活动规律，又符合学生身心特点和当时情景需要的恰到好处的措施。教学工作纷繁复杂，在实际工作中更容易出现一些意想不到的事情。只有对教学事业产生了浓厚的感情，才会对自己的工作充满信心，才能会有强烈的责任心、耐心和细心对孩子实施教育，才会在意外事件面前迅速果断、沉着冷静地发挥自己的智慧和能力，从而取得良好的教育效果。

（2）知识为基础。要有丰富的学识，如果教师能做到精通专业，又上知天文、下晓地理，并善于运用心理学的知识和原理，就能信手拈来，驰骋自如，找到偶发事件与教学任务之间的联系，迅速地切入正题。当今时代的发展和学生的实际，要求教师的影响能渗入学生的日常生活中。这就要求教师具有更为广博的知识和能力。

（3）能力为关键。要有敏捷的思维，机智地处理课堂教学中的偶发事件，实质就是或因势利导，或抛砖引玉，或移花接木，巧妙地把话题转移，摆脱眼前的窘境。这就要求教师必须具有敏捷的求异思维、发散思维，才能左右逢源，化险为夷。首先，管理组织能力非常重要，可以让我们在意外事件发生时不慌不乱，果断采取有效的教育手段，管理组织好学生，创设出良好的教育环境。其次，口语表达能力是教师传授知识、交流思想、抒发情感的重要工具。教师的语言要准确、精练、健康、高尚、通俗易懂，具有一定的启迪性、趣味性。再次，积极的创新意识、勃发的创造力和应变能力是产生教育机智的能力素质的核心。

杜威在《民主主义与教育》说过："最好的一种教学，牢牢记住学校教材和实际经验二者相互联系的必要性，使学生养成一种态度，习惯于寻找这两方面的接触点和相互的关系。"我们老师，也要把经验进行总结升华成理论供别人参考，也可以参考别人的经验灵活运用，化成自己的方法，使自己处理课堂事件成为习惯，只有这样我们才能一步一步地向着优秀教师迈进。

8. 学生上课玩火

邯郸市临漳县某中学　刘园

【顶岗新手心路】

今天我上课时，忽然闻到一股燃烧纸张的味道。于是，我开始用眼睛环视，用鼻子闻，到底是哪里在烧纸，不过我并没有找到源头在哪里。但是感觉什么都不做也不对，所以就说："我知道谁在点火，这是第一次就不批评了。"我认为这样做是有效的，可是事实并非如此。不久，同样的事情又发生一次，我心想这次一定要把那个犯事的同学给找到，这次比较幸运，真让我找着了。由于还在上课，就告诉他下课去办公室找我。

在办公室里我问他："你为什么这么做，自己认为这样做对吗?"他也明白自己做得不对，向我保证今后绝不会这样做了。我认为今后这样的事情就不会发生了。事实证明我又错了，之后在课堂上玩火烧纸的事情还是不断发生，每次都不是同一个人。这真的让我发愁，不是一个人的问题而是一群人的问题，应该怎么解决呢?

首先，我对他们进行了警告，但并没有取得良好的效果。然后采用批评教育的手段，让他们认识到自己的错误。随着事件的发展，我意识到这个问题需要充分重视，集体说一下。为此我专门抽取了一些时间向学生们讲述玩火的危害，向他们展示了一些由于课堂点火引起事故的实例。并且宣布，从今往后对课堂玩火者进行查抄课文的惩罚，并且需要向全班同学承认错误。并要求学生之间互相监督，为自己和他人以及学校的公物负责。

八年级的孩子们正处于好奇心重的阶段，并不知道玩火这件事可能引发怎样的后果。这时我们要做的首先就是让学生们认识到后果的严重性，引导他们充分认识到自己的错误。

【学长拨雾指路】

学生上课玩火是十分危险的行为，如有意外轻则烧伤自己，重则酿成事故。如果实习生在课堂上发现此问题，一定要严厉处理。小刘老师开始用简单的谈话和让学生保证的方法制止此类事件再次发生显然是起不到效果的。但是，他在此类事件接连发生的时候采取了有效的手段遏止这一现象。首先，他抽时间在全班学生面前明确说明了上课玩火危害，因为这件事已经是群体现象，必须集体解决。然后，对于上课玩火制订了惩罚措施，并让学生互相监督，有效地控制了不良风气。作为顶岗实习生可以如此成功的处理棘手问题，难能可贵。

其实之所以出现这样的事件，还是由于顶岗实习生课堂掌控能力不足，掌控好课堂教学环节是驾驭课堂的关键，关于提升课堂掌控力我有以下经验可以分享：

（1）要组织好一堂课的开端。好的开端是一堂课成功的一半。教师要采用恰当的开课技巧，创设良好的情境，使全班学生很快进入积极的学习状态。具体做法是：首先，组织好教学情境。上课铃响，教师立即登上讲台，要环视全班学生，检查有无缺席，情绪怎样，同时也以自己的饱满的精神状态为示范，暗示学生要振作精神，尽快进入教学情境之中。其次，创设良好的教学情感氛围。教师要把自己对学生的期待及对教材的情感，尽快融入教学的情感中，使学生在情感上与教师产生共鸣，促使他们积极与教师配合。最后，要根据不同教学内容采用不同的开课技巧。

（2）要做好课堂秩序的管理。管理好课堂秩序是教学活动正常进行的基本保证，有助于师生教学情绪的稳定及师生双方信息的交流。有的教师只顾自己讲，不顾学生听不听。对趴着睡觉、私下讲话、看别的书、干其他事的学生视而不见。甚至有时候学生乱哄哄地讲话声淹没了教师讲课声，教师对这种现象视而不管，导致课堂纪律涣散。教师教书育人，管教管学，履行职责，严格管理。除了专心致志地讲好计划讲授的内容外，必须时刻关注学生听课情绪，控制课堂教学纪律。当发现有些学生听课注意力不够集中时，要运用语言信息和非语言信息调控学生的学习情绪，以平衡教学活动。如出现少数学生违纪影响多数学生听课的现象，则应及时教育制止，提出批评，要求改正。也可以在重点、难点之处借助语速及语调的变化来提醒或警示困倦者。还可以在重、难点讲解时举出一些富有情趣的实例，来活跃课堂气氛，同时用隐含针对性的语言，来引起学生的注意和警觉。也可以采用夸张的引起注意的手势，让课堂中的不合理现象消灭于萌芽之中，从而达到帮助学生把心收回来的效果，达到“无声胜有声”的目的。

（3）引导注意规律指向学习内容。有效地唤起和组织学生的“注意”是学生学习和掌握知识的基本条件。利用教师“变位讲课法”引起学生的警觉。教师在非板书较长的时段内，走下讲台，在教室内“做变位讲课”，以引起学生的注意。由于教师授课的方位发生变换，给学生视觉、听觉都带来新感受，同时教师在变位讲课时，如能伴之以视觉效果、手势效果的配合使用，更能拉近师生之间的时空距离和情感距离，从而使课堂教学效果妙不可言。

用好的问题引导学生思考感悟，也是我们驾驭课堂的法宝。问题设置得好，学生就会活起来，教育教学的目的就很容易体现出来。问题的设置是一门学问，好的问题产生于匠心独运。如果问题泛泛，问得太大，则方向不好把握，容易走岔路，还耽误教学时间。

苏霍姆林斯基说过："我们应该使每一个学生在毕业时候，带走的不仅仅是一些知识和技能，最重要的是要带走渴求知识的火花，并使它终生不熄地燃烧下去。"虽然书本上教的知识对学生的终身发展有一定作用，但是作为教师应该教给学生能力，告诉他们做人的道理，处事的品质，让他们走在人生的正道上。当他们走到人生后半途时，由衷的感谢我们，这时候的我们才叫成功，才叫优秀。

9. 临时换课得良方

天津市某中学　杨丽萍

【新手顶岗心路】

今天午自习我正在值班，我所教班级的数学老师突然找到我要与我换课。她的课就在下午第一节，此时距离下午上课只有十几分钟的时间，上午我刚上完英语课，对下一节课的内容，我还没来得及备课。调课之后我根本不知道该讲什么，但是数学老师确实有急事，我只好硬着头皮答应了。

为了让自己有充分的时间去熟悉将要讲的内容，上课之初我就跟学生说，今天不是由我来领着大家读单词，而是通过你们小组合作，先是由小组成员讨论单词应该如何去读，然后我再找同学读，积极踊跃、发音正确的小组可以得到加分。我一说完他们马上就激烈地讨论起来，趁这个时候我赶紧备课，看课文，找出本单元的重点、难点。几分钟过去了，我已经基本掌握了我要讲的内容，学生们也讨论得差不多了。这时我示意同学们，让大家停止讨论。我说有哪位同学想要读一读啊？这时全班很多同学齐刷刷地把手举了起来，我当时也是吃了一惊，没想到大家会这么积极。叫了几组学生起来读单词，我发现读的都非常不错。

学生们在积极地讨论中，不仅知道了正确的读音方法，还掌握了单词的拼写，我也顺利地讲完课。虽然是情急之下想到的应对之策，却收到了意想不到的效果，在此之后，小组合作学习也成了课堂之中的首选方法。

虽然临时换课让我有些措手不及，但我积极想出了对策，这节课下来同学们不但收获颇丰，我也找到了一种有效的教学方法——小组讨论教学模式。传统的授课太过注重教师的讲授，而发挥学生的主体性对学生学习更有效。但是我们该如何开发更多的积极有效的教学方法成了我对本节课的疑问。

【学长拨雾指路】

顶岗实习时总是会遇见种种的突发状况。在遇到其他任课老师与他临时换课时，小杨老师没有因为困难就推脱，而是积极思考，在短短几分钟内就想出了行之有效的解决办法。不仅解决了困难，也找到了新颖的有效的教学方法——小组教学法。但对于小组教学模式，我还有以下几点思考。

（1）首先，小杨老师看似是在使用小组教学法，其实还是用的传统的讲授法。因为对于他来说，上课之前的小组讨论只是他备课时间的缓冲。最后本节课重难点的处理还是通过教师的讲授，这就脱离了小组教学的本质。其实，既然学生们在单词读音上可以讨论的这么好，我相信只要有老师正确的引导，他们在句型，语法上也可以做得很好。小杨老师不如完全放手，给学生足够的施展空间，相信会收到意想不到的效果。

（2）其次，小组教学模式不像小杨老师想得那么简单，并不是简单的小组讨论就是小组教学模式。小组教学首先应该有合理的分组，组内成员应该包含各个成绩段的学生，确保组内异质，组间同质。小组教学流程应包括：学生预习→教师提出问题→学生自学解决问题→小组合作交流解决问题→小组展示问题答案→教师指导、补充→当堂检测反馈知识。

（3）最后，若长期使用小组教学模式，学生会对其失去最开始的好奇心，可能由于学生在小组讨论时自主性差，无法收到理想效果。实习生在使用小组教学模式时要多动脑，想出可以不断提升学生学习积极性的方法，比如设立奖励机制，对回答问题较好的小组加分，每周选出表现最好的小组，以此来激发学生学习积极性。

教学有法，教无定法，贵在得法。学生是有独立特点的个体，我们在今后的教师生涯中会遇到各种各样的学生，各种各样的班级，我们老师经常出考卷考学生，学生经常出事考老师，最终谁会交出满意的答卷，这就需要我们不断思考，不断创新，创造性的想出适合自己学生的教学方法，与学生共进步，同成长。

10. 莫让课堂变食堂

邢台市沙河某中学　孙童童

【顶岗新手心路】

初二的学生已经不像初一的学生那么听话，他们逐渐有了自己的想法和观点，变得不再一味听从老师的话。特别是我们这些实习老师，在他们眼里更没有威慑力，所以在我的课上，许多学生都表现得很调皮。有一次，我在上课时，一个平时表现还不错的男生竟然在座位上吃干脆面和辣条。

考虑到他可能是没有吃早饭，又由于他的平时表现不错，我不想严厉的批评他，也没有点名让他站起来。我只是面带笑容地说："是不是我饿了，传染给你们了，你们也饿了，所以有的学生已经忍不住开始吃东西了。"班里的学生都笑了，那个男生也不好意思地低下了头。看来我的目的达到了，我又接着说："早上不好好吃饭对身体可不好，而且经常吃零食的话会得胃病的，可千万不要把零食当饭吃。"

下课之后，那位男生主动到办公室来找我，跟我说以后再也不会在课上吃东西了。但是由于这个男生在课堂上吃东西时，我并没有严肃处理，导致了后来其他学生也开始在课堂上吃东西。

发现同学在课上吃东西，我采用了温和的方式处理，当时即达到了效果，也没有伤害到学生的自尊。但是由于我接下来没有对该同学进行严肃的处理，让其他同学以为在课上吃东西是一件被允许的行为，导致很多同学开始效仿。我觉得我明天应该和老教师请教一下该如何解决这类问题。

【学长拨雾指路】

小孙老师发现同学在课上吃东西，采用了温和的方式处理，照顾到学生的自尊，间接地使学生认识到错误，从而改正错误，这样避免了和学生的冲突，效果很好。但只是就事论事，处理不到位，从而导致这种现象不能杜绝，甚至吃东西的学生愈发增多，这确实是因为他处理不全面造成的。应做到处理这一个学生的同时让其他学生得到教育。

小孙老师可以在以下方面改进一下：

（1）该老师说："是不是我饿了，传染给你们了。你们也饿了，所以有的学生已经忍不住开始吃东西了"，幽默风趣，学生们都乐了。这时，不妨接着说，老师上课能不能吃东西啊？可能学生众口不一，可以让他们讨论，他们就会得出：老师上课不能吃东西的结论。进而老师让某些学生起来回答：老师不能吃，学生可以吗？你能坚持做到不吃东西吗？你们有这种克制力吗？在老师的激发下，学生们都会表达：我能做到！在这种氛围下，老师用最美的语言表扬孩子们，表达出：相信孩子们以后一定能做好。明确表达这种做法不对，但是老师相信这位同学以后一定能做好，在欢快声中解决不愉快的问题。

（2）对于学生的一些效仿现象，我们不能一味批评，要站在学生的角度，体会他效仿的心理原因，用他们易于接受的方式进行引导。有些学生只是觉得好玩，他们易于效仿，但是也易于改正错误，只要方法得当，耐心去引导他们，就会利用他们的效仿，向积极的方向发展。

伟大的教育学家华生曾说过："课堂应该成为孩子学习的宫殿。"如果这所宫殿里充满了辣条和干脆面的味道，是不是太煞风景了呢？顶岗实习支教生在今后的日子里还会遇到很多学生在课堂上做与学习无关的事，比如上课玩手机、看小说、打闹，甚至玩火等恶劣行为。实习生在遇见此类事件时，一定要立即制止，并且制定严厉惩罚措施。因为中学生的模仿能力很强，如果处理力度不强，很容易在全班形成不良风气。

11. 课堂上的"辣"

廊坊市文安县某中学　赵俪娉

【顶岗新手心路】

这几个月的顶岗实习生活中经历了很多酸甜苦辣，在班里也发生过很多令我印象深刻的事情。在所有事情中，学生上课吃东西现象是最难管的。我和其他老师发现过很多次，也批评过很多的人，但就是无法杜绝此现象。

五班是老师们公认的最难管理的班级，在他们班里有一个"小头头"，其实，我也知道凭我自己的力量难以改变他的情况，所以，一般只要他在班里没有做出十分影响我上课的举动，我是不会理睬他的。那一次我正在上课，可是忽然一股很大的辣条味扑面而来，我皱了一下眉头，扫视教室一周，在教室的角落里发现了他，他正低着头，津津有味地吃着辣条。旁边的同学看到我注意到他，用手碰了一下他，他抬起头嘴里的东西还没咽下去就碰上了我犀利的目光。

虽然我多次"忍耐"过他的恶劣行为，但是我觉得这次他有点过分了，不处理一下他，我的威信肯定不能树立。于是我警示了他一下，示意我能看见每个学生的小动作，你最好老实点别挑战我。我本以为我这么说他肯定能知趣，不再吃了。谁知道他一点也不改。当我回头在黑板上写字的时候，他又吃起了辣条，并且故意发出声音来。我回头一看，他竟然在课桌上公然吃辣条。我当时就爆发了，我怒斥着让他站起来，细数他的种种罪行，他却不为所动的和我怄气，死活不站起来。我的火气越来越大，我怒吼着让他到外面站着，去找他班主任，又考虑到班主任已经下班了，我愤怒到语无伦次，把憋在心里好久的话都吐了出来，他还是不为所动。其他同学劝着他，也劝着我，让我赶紧讲课。但是我心里好委屈，感觉自己作为老师的尊严碎了一地。我当是特别想摔门而去，但是理智还是战胜了怒火。我忽然想到，我是一名老师，我这样做不光对自己不好，对学校对学生都不好，我压制着自己，但是我们仍旧僵持着。在同学的不断劝说下，他站了起来，我也继续讲课。但是我心里很委屈，心里的坎也总是过不去。我第一次把课堂发生的不良事件告诉了他们班主任，但是看到被班主任训斥过的他，我突然没了脾气，边说边委屈，差点在他的面前掉下了眼泪，我便连忙把他轰走了。估计他是感觉到了我的委屈，在以后的日子里，他收敛了不少。

我觉得我当时是着急了，可能我下课之后了解一下该生的具体情况，再去对症下药，会有更好的效果。同时我也为自己在课堂上发了那么大的火而愧疚。我以后一定要吸取这次经验教训，寻找解决各种突发状况的最好对策，做一个称职的好老师。

【学长拨雾指路】

顶岗实习支教生在实习学校总会遇到一个最难管的班级，班级里一般有一个最难管的学生。我们的小赵老师就是遇到了这样的学生，但是小赵老师显然没有处理好与该学生的关系，还与他发生了冲突，其他实习生一定要避免此类冲突的发生。

小赵老师在上课的时候谈到威信问题，威信有两层意思“威”和“信”，有威无信学生只怕但不服，有信无威学生服气但不怕。分析这个案例的过程，开始可以看到“一般只要他在班里没有做出十分影响我上课的举动，我是不会理睬他的”这算是“无威”的表现，正是因为前期对学生违纪的放任，才可能导致学生变本加厉；后来又单独对这学生进行警告，就有点“无信”了，在这个学生心理很可能有一种老师“没有一碗水端平，别人不管，只管我”的想法，导致这个学生心理有动荡，就以表现出来的形式进行反抗。

小赵老师的一些语言使用是否得当也有待商榷。面对这位学生，老师先是“警示了他一下，示意我能看见每个学生的小动作，你最好老实点别挑战我。”后又“怒斥着让他站起来，细数他的种种罪行”，这样无形中把这个学生推到了你的对立面。设身处地地想想，如果你是这个学生你会怎么样？“细数他的种种罪行”这种做法要不得，尤其是当着所有学生的面，会给学生带来很大的反感和心理的伤害，我们可以就事论事，但不要在惦记他曾经的历史。当然，这位老师在最后能控制住自己的情绪还是很难能可贵的。

解决此类问题，需注意以下几点：

（1）要做到一视同仁，大错、小错都是错，不能抓大放小，否则就是五十步笑一百步而已。很多新老师都会有一种想法：我把班上最调皮的治住了，班上就好了。实际上是给自己出了难题。

（2）处理班级事务要对事不对人，讲明道理。处理学生切忌冲着学生去（看似矛盾的话），讲明利害，规定好制度，然后照做，不论是谁，这样学生就会觉得你公平，有信，威也就自然而立了。

(3) 提升自己处理问题的能力。比如这节课，学生吃辣条，发现以后其实不用警示，只是平静地看着他，停止讲课一分钟，无声的警示即给了对方“面子”，也给自己留了余地。

这仅是我的一点建议，至于具体问题，还需要具体分析。在同种液体中，液体压强随深度的增加而增大；学习也是如此，对一个问题剖析的越深入，理解得也就越透彻。我们应该从每次处理的实践中想解决办法，可以向老教师咨询，对问题剖析越深，收获越大，对以后的工作中的难题的处理就如探囊取物。

12. 班会上的“酸”

邢台市隆尧县某中学　李畅

【新手顶岗心路】

时间如流水，半年的顶岗实习支教也让我们对生活的体会更深刻。时光像一阵风吹过一个个春夏秋冬，也吹过生活的每一个角落，吹过我的心里。经过几个月的见习班主任的任职，马上就要隐退前线了，本来以为这一天的到来我会觉得轻松自在，没想到真正到了这一天我的心里却对他们恋恋不舍，心里翻涌着一种说不清的滋味。虽然过了今天我就不再是正牌班主任了，但是我要站好我的最后一班岗。也就是说，今天的班会课也是我的最后一节班会课了。

我精心地准备了最后一次班会课，做了 PPT 还写了演讲稿。等了一天，终于等到今天的最后一节课。我踏上他们班的讲台，也是我最熟悉的讲台。当我站在这里的时候，孩子们也许知道今天是最后一节班会课，一双双水汪汪的大眼睛盯着我，没有一个人的目光不在我身上，仿佛特别期待今天的班会课。当我说今天是我最后一次给大家上班会课的时候，孩子们齐刷刷低下了头，我知道这是他们对我的不舍。当我说这一个月我和大家在一起特别开心特别幸福，谢谢大家对我的支持和对我工作的配合，也谢谢大家带给我的温暖和感动的时候，话还没说完，我发现自己的声音开始颤抖，鼻子也酸酸的。孩子们听出了我的悲伤和我的恋恋不舍，开始都一个个在那里小声地啜泣，连平日里最调皮捣蛋的男生也哭得稀里哗啦。我知道他们的眼泪代表了他们对我的不舍。我顿时控制不住自己的情绪，眼泪唰唰地流下来。顶岗实习那么久了，条件再艰苦工作再困难我都没掉过眼泪，孩子们气我我也没哭过，但是今天，我是真的忍不住了，我像一个孩子一样哭得那么伤心。

我不断地想，不断地安慰自己，今天只是不当班主任而已。再过三个月就是顶岗实习生活的结束，也许永远都不会再见。那时候我的心会有多痛，我又会是多么的恋恋不舍。回想一下这两个月的时间，真的害怕与他们分离。既然知道能在一起的时间不多了，那只能更加珍惜。

10 月 21 日，今天是来实习学校的第 72 天。这一路跌跌撞撞走过来，我也不知道会给学生留下什么印象，我的辛苦付出会不会得到学生的认可，我只求问心无愧。

【学长拨雾指路】

顶岗实习支教带给了我们很多第一次，也给了我们许多最后一次。最后一节班会课上，小李老师和他的学生们是那么的不舍，即便只是不做班主任了也能让他们哭的如此伤心。我想一定是小李老师无怨无悔的付出换来了学生们如此的爱戴。

很多实习生在实习期间都会担任实习班主任，关于如何更好地适应实习班主任工作我有以下几点建议：

（1）提前了解所任班级的基本情况，包括：整体学习成绩，课堂氛围，班风班气，有没有个别特殊学生等等。了解的渠道是多方面的，可以从原班主任处了解，也可以从任课教师处了解，通过班级里的学生了解情况也是一个不错的途径。

（2）了解各个班委成员。班委在班级里的作用非常的重要，他们是老师与学生沟通的桥梁，认真负责的班委可以为见习班主任分担很多工作。见习班主任一定要充分了解各个班委的性格特点，分派不同的任务。由于实习生到所教班级时班级里已有一套班委，因此，不便重新选择班委成员，但是可以在原有班委基础上进行微调。

（3）在担当见习班主任过程中要以一名真正班主任的身份严格要求自己，关爱每一位学生，尽量发现每一位学生的优点。但是一定要防止和学生走的过于近而失去了教师应该有的“威信”。如何把握好与学生的近与远的度，实习生在课堂上应该严厉一些，而在课下生活中应该贴近学生生活。严慈相济，做学生们的良师益友。

苏霍姆林斯基说：“爱，首先意味着奉献，意味着把自己心灵的力量献给所爱的人，为所爱的人创造幸福。”相信在担任见习班主任的过程中，李老师也将爱奉献给了所有的学生，让教育根植于爱。天下没有不散的宴席，72 天的顶岗实习支教生活让李老师和这些孩子产生了浓厚的感情，虽然见习班主任的工作结束了，但是实习生活远没有结束，让我们收起悲伤，珍惜余下的日子，和学生一起书写更美好的顶岗生活。

13. 主题班会之“急”

廊坊市大城县某中学 苏永哲

【新手顶岗心路】

今天是星期一，昨天刮了一天的大风，原定的出行计划也就搁浅了。今早打开窗帘，阳光万里，晴空一片，昨天一天的大风刮走了雾霾。每当看到阳光明媚的早晨，我的心情好的已经无法用言语来形容了，感觉美美哒!

上午没什么事，只有最后一节课有课。早晨来到办公室，把办公室打扫得干干净净的，自己看着也很爽快。接着开始准备一天的计划，备课，预习新课，批改作业。到了第三节课的时候，王志平老师突然跟我们说，让我们给一班的学生开个主题班会，王老师只给了我们两份材料，突如其来的任务让我有些措手不及。我赶紧准备材料、内容、流程等等一系列的东西。过了一会儿，王老师又来问来得及吗？要不给你们调调课你们下午再开班会，我们说行。我们讨论了一下流程，接着我们就内容，形式和如何提高学生的兴趣展开讨论。经过我们的仔细研究，最终得到了一个不错的流程。

下午的第二节课，我们5个小伙伴高高兴兴地来看学生们的表现。首先是主持人的身份介绍和开场白。我们班会的主题是“安全伴我行”，郭老师通过当地两起溺水事件引入了班会主题。接着由程老师进一步讲解防止溺水的知识，讲到溺水发生的原因，程老师强调一般溺水人都会游泳。如果我们看到溺水的人怎么办？如果我们会游泳怎么做？如果不会游泳怎么做？我们应该用木棍或者绳子把溺水的人拉到岸上来。如果有电话应该报警求救。如果自己溺水，应该大声求救，还要尽力向岸边游泳，为防止腿抽筋，我们要在游泳前拍打自己的小腿。讲解期间还夹杂着图片，力求讲解的生动有趣。

最后是由我做的一些知识趣味小问答，提出一些问题答对有奖。我挑了3个主要的问题，分别是溺水的原因；如果看到他人溺水，应该怎么办；如果我们溺水时又该怎么办。同学们积极回答，效果很好。

用一个字形容这个主题班会那就是“急”。但检验了我们的应变能能力，使我们紧张的顶岗生活更加充实，这次主题班会也锻炼了自己的素质。

【学长拨雾指路】

顶岗实习支教生作为一股新鲜的血液注入实习学校，为实习学校带来了很多新的元素。我们的小苏老师“临危受命”，快速的召集其他岗友一起参与到班会的组织中来，思路清晰，忙而不乱，在很短的时间内拿出了班会方案，并且成功的实施，开展了一场别开生面的班会，让学生在轻松愉快的氛围中学到了与生活息息相关的安全知识。这种工作的积极性，非常值得肯定。

但是，可能由于时间紧张，这节班会也存在一些问题：

（1）讲解内容单一，涵盖面不够丰富。因为本节班会的主题是“安全伴我行”，所以其中涉及的内容就不应该仅仅包括溺水情况的处理这一个方面，而是应该包括诸如：用电安全，饮食安全，交通安全等等和学生日常生活息息相关的其他方面的安全知识。如能加上上述内容，本节班会的结构将更加完整，内容会越发丰富。

（2）形式不够新颖。本次班会还是采取了较为古板的老师先讲解，学生再回答的班会方式，虽然提供了真实案例，也加入了趣味图片等内容，但是依旧不能很好地激发学生的积极性。在举办班会的时候，应想办法使学生参与到班会中来，例如编排和学生安全有关的话剧、小品等，让学生看完之后提出问题，或者先让学生以小组为单位，下课收集相关安全知识，班会的时候再分别展示，并选出讲得最好的小组。一节班会只有以学生为主体，让学生参与进来，才能得到最理想的效果。

各种各样的主题班会能使广大学生在德、智、体、美、劳诸方面都能得到提升，也可以充实和丰富学生的精神生活，使他们的身心得到和谐的发展 。同时还能使学生的个性、智慧和才能得到充分的释放，有利于因材施教和人才的早期发现。作为顶岗实习生，我们要尽自己最大的努力，充分利用学校及学校所在地的各种资源优势，克服困难、创造条件，积极开展适合学生现状的主题班会，例如感恩父母、早恋、诚信、追星等主题。

第二篇　我的冗忙生活

经过一段时间地调节，你们已经适应了当地的生活环境，也熟悉了学校的工作节奏，但是冗忙的生活依然无法改变。随着实习渐渐转入正轨，实习学校的教学工作全面展开，你们也承担着更多的任务。比如，开展各种各样的主题班会、组织课余活动、听名师讲座、开家长会、命制试卷等等。同时，这时也是师大指导教师和特聘名师对实习生指导的阶段，得到“娘家人”的慰问，心中必然无比温暖。现在的生活忙碌而充实，在这样的生活里我们不断进步，不断成长着。

1. 实习让我找到差距

邯郸市魏县某中学　辛伟利

【新手顶岗心路】

来魏县实习已经有一段时间了，我内心却还留着一丝紧张和兴奋。顶岗实习让我完成了由学生到老师的转变，让我认识到了成长的意义。虽然只是经历了时间短暂，但是收获匪浅。

作为一名学生，我要学习的仅仅是知识，而作为一名老师，我需要学习的东西还有太多。

我发现我自己在生活上变得独立了。我们几个实习老师一起承担着生活的各个方面，买菜、做饭、提水、洗衣服等等，这些都需要我们自己来安排的。我们几个人一起商量着，并且不断探索着，我们的生活从乱到稳，愉快的合作给我们的生活带来了很多便利和保障。

工作上，自己由一名学生刚刚转变为一名老师，虽然有扎实的学科知识，还有一些教育教学理论知识，可是这远远不够。通过一周的备课，给学生上课，与老师沟通，我认识到了自己有很多不足。比如，课上重难点的把握，课堂时间的把握等等。我自己带着一腔热情来到这里，也曾畅想过自己上课的情景，可是现实往往与理想有很大差距。实际情况告诉我们，一定要成长。我渴望成长，希望给自己多些磨炼，把自己的工作做好。我告诉自己一定要多看书，多学习，多向当地老师请教，多多研究。

自己虽然和学生只差六七岁，我们之间不会有太多的代沟，但是还是不能够调动起学生上课的积极性。对学生还是不够了解，每个学生都有自己的特点，我认识到我需要用不同的方法来对待他们。然后就是在课下多与他们沟通交流，了解他们，走进他们的内心。另外，要提高课堂的学习效率，很重要的一点就是让学生们保持良好的纪律。为了做到这一点，我想了很多办法，比如用奖励来激励他们。但有的时候，我也会对他们很严厉，狠狠地训斥他们。

通过这半个月的实习，我最大的感受就是我需要成长，我离一名优秀教师的距离还很远，学无止境。教师这个职业很不简单，教师肩负着很多责任，它本身就是一个良心活，要对得起自己，更要对得起学生。

【学长拨雾指路】

正如我们的小辛老师所说，顶岗实习是我们从学生向一名人民教师转变的机会和经历。通过这样一段历程，我们会慢慢懂得怎样在教学工作中运用我们的专业知识，懂得怎样在工作中与大家相处，懂得用怎样的方式来与学生相处。我们的小辛老师通过顶岗实习获得了成长，生活上更加独立，勇于承担；工作上充满热情，积极努力；与学生相处时能够变换方式，把握有度。这就是实习的意义所在，恭喜我们的小辛老师获得了成长，也祝福小辛老师可以在接下来的实习生活中收获更多！

我们实习生活的大多时间都在与学生相处，因此，处理好与学生的关系也是我们实习的一部分，怎样与学生保持亲近的关系，获得学生的尊重呢？仅仅严厉是不够的。人们常说“不怒自威”，这样的“威”是来自多方面的：

（1）对学生的关爱和理解。这样的关爱也是需要方法的，一味地“苦口婆心”可能会引起学生的逆反心理，因此，与学生的沟通需要提前了解学生的性格和其心理想法，“对症下药”才能更好地进行交流。我们与学生的年龄差距较小，这也是我们的优势。因此，我们应该利用这一优势，与学生面对面的平等交流，以朋友的身份与他们真诚沟通，我相信一定会获得学生的理解和尊重。

（2）要善于利用自身的专业素质。爱因斯坦说过：“使学生对教师尊敬的唯一源泉在于教师的德和才。”王夫之也说：“身教重于言传。”而教师人格魅力的形成离不开自身的素质，所以，首先要对自己所教的科目有一个深入的了解，其次要在各方面提升自己，良好的修养，丰富的专业知识和积极的心态都会助我们形成独特的人格魅力，教师一旦形成了独特的人格魅力，将会更加赢得学生的尊重，也会通过自身去更好的影响学生。

苏霍姆林斯基说："热爱孩子是教师生活中最主要的东西。"从顶岗实习开始，从我们的第一次登上讲台开始，让我们用心关爱学生，成长为一名真正的人民教师。

2. 教师的辛苦

邢台市某中学　王燕池

【新手顶岗心路】

作为一名新教师，我其实有很多东西都不太明白，在各个方面上把握的都不是很到位。上了几周课之后，我也产生了很多疑问，为了消除疑问，在接下来的时间里我准备多听课，希望通过多看、多听可以提升自己。

好的开端是成功的一半，怎样上好第一节课是整个实习过程的重点。听课是新教师成长的阶梯，听课中我可以联系自己的教学，发现自己在教学中哪些地方需要补充，并及时的写在教案中。正是这一次次地修正与补充，才能使得我们的教学越来越好。尤其是对于我们这样的实习教师来说，自身并没有经验，学习老教师的讲课经验便显得尤为重要，同时这也是新教师迅速成长的最佳方法。在听课的过程中，我们可以学习老教师多年的教学经验，比如，对课程的处理、对课标的把握、对学生在课堂上提出问题的处理，以及如何吸引学生的注意力，如何让课堂既有效率又有趣的进行。

其实，通过这几周的学习，我感受最深的是作为一名新老师的辛苦，相比而言，我需要更多的时间备课、处理作业、熟悉学生，需要更多的时间学习教学方法，寻找教学规律。有时候会感觉当老师好累，不仅要教好学生，完成自己的教学任务，还要像全职保姆一样要顾及班里的每一位同学。我感觉自己的空间都快被占完了，没有娱乐的时间，自己累的快要窒息。

虽然有很多牢骚，可是看着孩子们勤奋学习的样子，再想到自己当年为了考高中、考大学苦读的情景，就突然觉得现在的苦微不足道了。再者说，现在我也不是在大学里当学生的时候了。作为一名教师，我要肩负责任，要为人师表，以身作则，若是连这点苦都受不了，那我就对不住教师这个职业了，对不起我来这里实习的目的。我要加油，争取在这短短的几个月里迅速成长，由一个懵懂无知的大学生变成一名合格的人民教师，让大家看到我来这里实习的成长与收获，让大家见证我的进步、见证我的成长！

【学长拨雾指路】

“接下来的时间里我准备多听课……”说明小王老师谦逊好学；“我需要更多的时间备课，寻找教学规律。”说明了小王老师认真负责；“我要加油……由一个懵懂无知的大学生变成一名合格的人民教师。”说明了小王老师积极向上。相信顶岗实习一定会让小王老师在成长之余拥有美好的回忆。

小王老师说得很对，对于一名刚走上岗位的实习教师来说，听课是提高我们教学技能的首要方式，是我们走上讲台之前最有利的提升方式。但是听课也是一门艺术，针对听课的有效性，陕西师大张迎春教授曾经做出研究，给出以下建议：

（1）课前准备，重有的放矢。准备工作首先要提前了解所听章节，明确教学内容及教学重难点，结合听课者自己的体验、认识做听课前的思考准备。然后要在课前尽可能地与授课教师进行沟通，了解其教学设计意图和授课班级的学情。

（2）课堂听课，重观察思考。首先要观察教师，听课者不能仅仅抱有欣赏或者批判的意识听课，还需要通过思考，分析授课教师所做用意，其教学效果与教学目标间有无距离，教学手段是否科学合理等等，从中感悟提高教学质量的方法。然后要观察学生，真正研究学生的学习情况，可以在不影响授课的情况下尽量选择好观察研究学生的位置。

（3）听课记录，重思维生成。首先是听课堂实录，基本上就是对课堂情况的真实描述，包含听课的基本信息、教学环节、衔接过渡、教学内容、板书提纲以及教学效果。然后是课堂的实时点评，一边观察思考一边实时点评记录，正是听课者个人思维活动的具体写照。听课者有感而发，有悟而成的记录是教学研究中非常宝贵的一手资料。

（4）课后研讨，重互助发展。听课者在课后教学研讨活动中，尽可能地与授课教师和其他教师进行交流，使自己的认识和理解更加准确、深刻。在吸取授课教师在授课过程中闪光点的同时，用自己对课堂教学的理解和分析，促进授课教师的思考和发展，尽可能的帮助授课教师解决教学困惑，从而相互促进。

正如苏霍姆林斯基所言：“听课和分析课的目的，是为了研究和发展教师的经验，把个别教师的经验演变成集体的财富，用以丰富全校的创造性实验。”我们要好好利用实习中的听课机会，提升自己，为顶岗实习添上浓墨重彩的一笔。

3. 纪律护驾学习

邢台市威县某中学　李荣荣

【新手顶岗心路】

今天带学生去德育堂学习弟子规了，虽然不是第一次带同学们过去了，但是这场面我还是有点控制不住。

我们实习学校会定期组织每个班5名学生到威县孙家寨德育堂进行弟子规的学习。这就要求我们每天必须在确保同学人数，安全的前提下，将同学们带到德育堂学习，并且陪同他们上课直到安全返校。这一期我们选取的同学是平时违纪较多的同学，返校时，同学们就像脱缰的野马般一路跑回学校，连人数都无法确保。不得不承认，这次是我带队以来纪律最差的一次。庆幸的是同学们一路跑回来直接到了教室，好在没有出现其他的问题。

我对学校组织同学们去德育堂学习弟子规是持支持态度的，传统文化的精华是我们这个科技高速发展的年代所必需的。当今时代，物欲横流，人们往往失去了一些最纯真的东西，所以让孩子们学习弟子规是很有必要的。我们学校的孩子，在外人眼中，就是纪律最差的，素质也是相对较差的。可能是因为我与孩子们朝夕相处，在我眼里，他们就是最可爱的孩子。他们虽然有时候也很调皮，但我一想想他们毕竟还是孩子，也就宽容了他们。我始终忘不了第一次带着孩子们去德育堂时，看着平时在班里不太爱学习的那些孩子、爱说话爱打闹的那些孩子安安静静地坐在凳子上听老师讲课，他们姿势标准，说话礼貌。看到他们做手语时，我觉得他们真的可爱极了，从那以后，我就喜欢上了带孩子们去德育堂，因为我觉得在那里，真的可以让孩子们的心静下来。

无论怎么样，庆幸今天一切都顺利，如果以后我再带队，必须要强调纪律了。我也很感谢我的岗友，他每次都会陪我过去，或是找人陪我过去。能有这样的岗友，能有这样的机会，我真的感到很幸运。我会记得这一切，并且我要努力做到更好，去回报每一个对我好的人，加油!

【学长拨雾指路】

我国著名教育家陶行知说过："学生不应该专读书，他的责任是学习人生之道。"学习《弟子规》有利于学生学习在家待人、出外接物与学习上应该恪守的守则规范，为将来成长和发展奠定基础。从我们小李老师的描述中可以看出，小李老师不仅仅教授知识，更是一位关怀学生成长的教师，“在我眼里，他们就是最可爱的孩子”，这充分体现出小李老师对教育事业的满满热情和对孩子们的满心关爱，为小李老师加油！

我们小李老师带队对孩子们进行国学教育和道德培养是非常值得鼓励的，北京师范大学教育学院徐梓教授认为：“国学经典教育是通识教育、博雅教育和素质教育。”通过国学经典教育，让未成年人培养起良好的人文素养、心理品质、道德品质和人生修养，增强自我调控能力和社会适应能力，从而为未成年人的终身幸福奠定基础。但是鉴于孩子们的年龄特点，安全意识和自我保护意识较弱，因此，在带队过程中，教师一定要管理好纪律，保障学生安全。我们可以从以下几方面来做：

（1）申明纪律。在行动之前一定要向学生申明活动纪律，并提出相应的赏罚措施，提高学生的安全意识。

（2）赏罚分明。在活动进行过程中，对没有遵守纪律的学生，要进行适当的惩罚，让学生明白安全的重要性。

（3）互相监督。带队过程中，利用班干部的监督作用，对纪律性较差的同学，让班干部对其进行监督，维护纪律，保障学生安全。

苏联教育家马卡连柯说过：“纪律是教育过程的结果，首先是学生集体表现在一切生活领域——生产、日常生活、学校、文化等领域中努力的结果。”所以，时刻培养学生的纪律意识，有利于学生的发展。

4. 如何做好班主任
——听隗金枝老师讲座有感

北京房山区某中学　张璇歌

【新手顶岗心路】

怀揣着对教育事业的热爱，怀揣着求职的热情，在这明朗的早晨，我和我的小伙伴们一起来到了房山教师进修学校。果不其然，在灿烂的天空下，我们遇到了满是阳光的讲师，于是，愉快的一天就这么开始了！

隗金枝老师所讲授的内容是“如何做好班主任”，她说，要当好班主任的第一步就是开学时四问：第一问，我要带什么样的学生？第二问，我要带出什么样的班集体？第三问，我的班级建设目标的关键词是什么？第四问，我达成这些目标的方式是什么？对于这四个问题，隗金枝老师做出了详细的解释，这些答案都具有时效性，具有举足轻重的作用。接下来，和我们这些新手教师讨论一些学生们喜欢的教育方法和教学方法，通过讲述教育教学方法，她总结得出：告之，则恐忘；师之，铭于记心；引之，学以致用。关键在于“引之，学以致用”。简单地说，就是在游戏中，在轻松的氛围中学习人生的道理，学习学科知识，在这个过程中不免会有人犯错误，但也要在尊重的基础上，在轻松的环境里，让他们认识到自己的错误，并帮助他们改正和进步。最后，和我们分享了一下她在做班主任时候的精彩片段。在此次学习中，我最大的感悟就是：做人要端正自己的态度，待人应该真诚，热情。同时，班主任日志和成长手册很重要，我们要时常在班会上举行一些小的活动或者节目，比如《我型我秀》《小小百家讲坛》等，这样不仅能够为学生们搭建展示自己的平台，也能拉近师生间的关系。

隗金枝老师所讲的这些对于我们都非常有用，希望能在我接下来的实习生活中和未来的职业生涯中产生积极影响。如果可以再次选择，我依然会选择顶岗实习，它让我受益匪浅。

【学长拨雾指路】

“教师是太阳底下最光辉的职业”，每一个有经验的教师都有自己的风格。从小张老师的描述中我们可以知道，隗金枝老师是一位富有经验又善于总结的老师，她有自己独特的魅力和风格。而我们的小张老师态度认真，能用心听取隗老师的经验并进行总结，相信以小张老师认真的态度和饱满的热情，一定会在顶岗实习工作收获满满！

看小张老师的描述，让我想起了自己的顶岗实习做代理班主任的时光，当时也是一头雾水，但是，经过顶岗实习，我也总结出一些做班主任的经验：

（1）要严于律己，做出表率，不但要做好学生的思想工作，还要做好学生的心理辅导。

（2）平等对待学生。每个学生的成绩不会在一个层面上，在道德教育和课程教学上要努力做一个好老师，对所有学生一视同仁，不能有所偏见，要循循善诱，多多鼓励。

（3）要积极参与学生干部发动的各项活动。把班里的积极因素调动起来，让每个学生感受到班主任老师的亲和力。

（4）要与家长多沟通。多沟通并不代表打小报告，不要经常在家长面前批评学生，在家长面前，要多鼓励与肯定学生。即使是一点点进步，也要常鼓励，并要委婉地说出学生的不足之处，让家长一起配合，使学生逐渐提高。

班主任是一个班集体的组织者和指导者，是联系学生和各任课教师的纽带，是沟通学生与学校各级组织和社会的桥梁，是学校贯彻党的教育方针、对学生进行思想政治教育、引导学生德、智、体、美、劳全面发展的骨干力量。如果我们能够有幸成为一名见习班主任，我们应全面关心、教育和管理学生，通过深入细致的政治思想工作，把班集体培养成蓬勃向上、学风优良的集体，把学生培养成为有理想、有道德、有文化、有纪律的社会主义建设者和接班人。

5. 忙碌的家长会

石家庄市某中学　杨艳红

【新手顶岗心路】

从小到大，作为学生经历过大大小小，各种各样的家长会，但每次妈妈来开家长会的时候，我都不在场，因为学校要求学生不能参加家长会。所以，我对家长会的流程不是很了解。

真的没想到，来到这里顶岗教学，竟然有幸参加家长会。我以为作为一个实习的老师，我是不被允许出现在家长面前的，但是我的指导老师希望我出席，因为他觉得我对学生已经有了一定的了解。我知道我不太会说话，但是我的内心深处渴望与家长有一次沟通，我希望能让家长了解孩子在学校的表现，从而一同帮助学生进步。所以，我在指导老师的带领下到 9 班出席了家长会。

走进教室的时候，我都不敢看四周，但我能感受到家长期盼的目光，学生好奇的目光。我默默坐到老师身边，听着 9 班班主任主持大局。期间有学生家长、学生代表发言，他们逐一向老师表达了深深的敬意。我觉得在以后的时间，我唯有以更努力地工作才能回馈这份敬意。虽然剩下的时间不多，但是我想在有限的时间里留给学生一个美好的回忆。

家长会最关键的时刻是学生家长和老师交流的时刻。班主任刚说完话，家长一起涌向科任老师，语数外三大主科老师自然是被家长围得水泄不通，我也被紧紧围住。家长上前来问孩子的情况，我真的是很佩服现在的家长，对自己孩子那么关心，对孩子的学习了如指掌，而且连细节都很清楚，简直比学生自己还了解。

印象最深刻的是我们班经常考第一名的男生，他的成绩超棒，但是严重偏科，英语才考 60 多分，每次考试都让我为他捏一把汗。但令我开心和惊讶的是，该生带着他的家长过来向我表示感谢，家长从孩子那听说我很负责，说她把孩子交给我很放心，希望我能多多督促孩子，我很开心能得到学生和家长认可。

不管怎么样，我会尽心尽力做好自己的本职工作，不仅仅是为了这些可爱的学生们，也是为了这些望子成龙、望女成凤的家长们。我会再接再厉的，加油！

【学长拨雾指路】

家长会是学校教学工作的重要环节，它是连接老师和家长的纽带，是沟通学校和家庭的桥梁。小杨老师作为实习生就能够以老师的身份参加家长会，这将是他教师生涯中极其有意义的一件事。在家长会上小杨老师的付出得到了家长的肯定，我想其中的欢乐应该只有他自己能够体会。

可能很多实习生在实习期间也会和小杨老师遇到同样的问题“不知道该怎么样开家长会”，我们可以从以下几方面入手：

（1）摆正位置。虽然我们是实习老师，但是也是学校的教职工，在家长面前我们就是孩子的老师，即便我们比学生大不了几岁，甚至学生的家长也是咱们的父辈，但是还是要拿出一名教师应该有的气度和威信。在与家长交谈时更应该不卑不亢，冷静从容，让家长感觉到自己就是老师，而不是“实习老师”。

（2）做好准备。在家长会上避免不了要和家长交流孩子们的学习情况，而且肯定会有家长询问自己孩子的学习情况。这就需要顶岗实习生在开家长会之前对自己的学生有一个充分的、全面的了解。如果你是代理班主任，你不仅需要了解学生的学习方面，也要了解学生的生活、品质、思想各个方面。如果你只是任课教师，就要对学生的该科目成绩了解的较为深入透彻。这些准备不是一时能够完成，需要实习生在平时的工作中逐渐积累。

（3）一般流程。首先，对学校和班级简单介绍。其次，介绍班级学生的学习情况，针对班级里最近出现的问题与家长们分享，并共同制定解决措施。最后，可以请管理较好的家长上台介绍经验，或者家长提问。

德国著名的幼儿教育家福禄贝尔曾经说过：“家庭是孩子的第一个学校，父母是孩子的第一任老师。”家庭教育的重要作用可见一斑。要想学生有好的发展必须要综合家庭和学校的力量。作为实习老师，要像真正的老师一样严格要求自己，不仅要在家长会上做好与家长的交流工作，更要在平时多与家长沟通、协调，把一些不良问题扼杀在萌芽状态。

6. 师大慰问化解“累”

沧州市肃宁县某中学　胡亚慧

【新手顶岗心路】

今天，师大的领导前来慰问，让我们心里很暖，师大的老师对我们的关怀，让我们觉得并不孤单，我们不是孤立无援，我们还有依靠。

最近网上特别流行的一段话“对于现在的我们，实习学校就好像我们的婆家，而师大就像我们的娘家，师大领导来实习学校慰问，就像娘家人到婆家看你，看你有没有在婆家受气，师大教授来听课、指导、座谈，就好像娘家人担心你在婆家不懂事，什么都做不好，派个顶级教授，告诉我们怎样才能成为学生们的好老师，让实习学校这个婆家更喜欢我们，这种感觉仅仅在大学期间能体会到，学校还能再保护我们两年，珍惜剩下的时光!”当我看到这段话时，感触颇深，曾经不懂得大学的美好，一味地虚度光阴，现在只能感叹时光飞逝，而此时的我能做的只有珍惜现在，活在当下，珍惜我仅剩下的学生时光。

曾经的我，总是认为四年的时光很长，却忽略了时光的飞逝，现在剩下的只有叹息。在这里我们无依无靠，举目无亲，而师大领导的到来，是对我们最大的安慰，让我们体会到了温暖和关怀，让我们知道此时此刻的我们并不孤单，师大没有忘记我们，而是时刻关注着我们。

失去的总是美好的，但是我们能做的只有做好现在，把握现在，让未来不留遗憾。

【学长拨雾指路】

从我们走进实习学校的那一刻开始，师大就时刻牵挂着我们。驻县老师、慰问领导、巡回指导教师等每一位来自师大的“娘家人”都对我们贴心的问候，用心的指导、真心的关爱，正如小胡老师所说，师大总是在保护我们，这样的温暖值得我们感动与珍惜。

曾几何时，我们都被这样的关怀与温暖感动着，那时的我们还是刚刚登上讲台的“小老师”。没有经历过实践的我们，会遇到很多问题，有些问题让我们紧张，无措，就在这个时候，师大的老师们到实习学校来慰问大家，听取大家的想法，关怀大家的生活，解决大家的问题，鼓励大家继续努力。正如小胡老师说的一样，来自“娘家人”的关怀分外温暖，感动之余更告诉自己，为了这份温暖，我们要更加努力，更加坚持，让我们的母校看到我们的成长，让母校的老师们为我们自豪！所以，我们更应该珍惜接下来的实习时光，好好充实自己，收获成长。可以从以下几方面进行：

（1）观摩听课。实习学校的教师都是有一定教学经验的教师，他们各有所长，我们还未形成自己的教学风格，因此，多多听优秀教师的课，从中学习先进的教学理念和严谨的教学态度，逐步运用到自己的教学中来，努力提升自己。

（2）多样授课。我们在学校期间学到了很多的理论知识，如先进的教学理念，而顶岗实习就是我们将理论付诸实践的过程。在这一过程中，我们应该学会将所学知识运用到我们的课堂教学中，不断改变教学方式，运用多种教学方法，在实践中寻找适合的方式，积累经验，提升自己。

（3）总结反思。反思是我们了解自身优势和不足的很好的方式，通过课后反思，做到扬长避短，提高自己。

顶岗实习并不是简单的体验，而是我们真正由学生转变为教师的第一步。在母校的支持下，在学校老师的关怀下，让我们珍惜实习机会，好好利用实习的时间，充实自己，提高能力！

7. 辛苦化感动，追逐教师梦

邯郸市魏县某中学　耿凯旋

【新手顶岗心路】

不知不觉，来到这里已经很长时间了，自己也渐渐长大，看着自己的学生也一天天成长，这是我当老师感到特别欣慰的。或许他们在我走后不久就把我给忘了，但是他们是我的第一批学生，我不会忘记他们的，我也记住了我与他们相处的这段时光。

因为我上的学校是师范类的学校，以后的工作应该是当一名人民教师，当然这也是我小时候的一个梦想。所以我现在也很开心，我正在追梦的路上，在由一名学生向一名正式老师转变，这个转变我很开心。如果我以后成为一名老师，我不会要求我的学生学习多么好，我只要求他们可以出人头地，在以后的社会中可以立足，不被社会这个大学所淘汰，同时我也希望他们可以幸福快乐。

没有实习之前，我没有想到当老师原来也挺累的，他们并不是我上学时候看到的那样自由自在。他们也是每天都备课、上课、批改作业、批改试卷、课下给学生做辅导、对有问题的学生进行教育，我没有想到老师的事情这么多，以前的想法太单纯了。作为一名高中老师，教育高中的学生并没有那么容易，现在是高一，孩子们处于青春期，而且他们容易受外界因素影响。还有一大部分学生处于心理叛逆期，好多学生总是捣乱。老师只能慢慢引导，等待着，期盼着并教育着，希望学生可以早日明白老师的良苦用心，这也就是老师们的心愿。我们不求别的，只求祖国的花朵可以开的更灿烂、更美好。确实，老师们都非常辛苦，班主任也非常辛苦，这些苦都是我亲身能体会到的，也是亲眼看见的。但是反过来想一想，牺牲了自己，培育了一代又一代人才，也是挺开心的。

来学校差不多四个月了，我自己也在不断地积累经验，寻找一套属于自己的教学方法。我学到了很多，感谢我的指导老师给予我的帮助，使得我进步很快，感谢学生给我带来的感动，我会继续努力地向前走，而且会走好每一步。

【学长拨雾指路】

从我们踏入师大的那一天起，“怀天下，求真知”的校训便指引着我们向着“学博为师，德高为范”的目标努力前行。小耿老师作为一名师大人一直在自己的教师道路上努力前行，去追逐自己的教师梦，即便遇到了很多困难，也从没有放弃自己最初的梦想，反而是不断反思自己，不断地进步。作为顶岗实习生，我们应该学习这种锲而不舍的精神。

从高中开始，我的梦想就是成为一名物理教师。经过努力，我终于走进了河北师大的校园，在大三下学期参加了顶岗实习并开始走上讲台。回忆一个学期的顶岗实习，辛苦却收获颇多，就如同小耿老师一样，辛苦着，感动着，前进着。顶岗实习机会来之不易，我们要多多努力，提升自己：

（1）学会听课。听课是我们实习工作的开始，听课主要听指导教师的教学思路，教学重点和难点的处理，活动或实验的设计，教学语言的组织和课堂的管理等方面，为自己的后续教学提供有力参考。

（2）学会备课。备课并不是简单的设计教学流程，而是要在分析教材，分析学生的前概念、易错点和接受能力的基础上，进行教学设计，包括教学目标、教学重点和难点、教学媒体和工具、情景设置、活动和实验的设计、教学语言的使用、学生活动与问题的设计等等，通过多种形式激发学生学习兴趣，引导学生学习。

（3）学会讲课。讲课过程对实习教师是很大的考验。讲课并不是单纯的教学，需要教师兼顾学生。例如，在进行实验或学生活动时，教师在指导学生的同时，要管理好课堂纪律；在讲授知识时，教师要认真观察学生表现，了解学生的接受程度，以调节讲课节奏和知识的难易程度。

（4）学会反思。对于新手型教师来说，课后反思是非常必要的。通过反思，了解自身的优势与不足，然后做到扬长避短，逐步形成独特的教师风格，提升自身能力。

正如苏联加里宁所说：“教师每天都仿佛蹲在一面镜子里，外面有几百双精细的富于敏感的善于窥视出教师优点和缺点的眼睛在不断地盯视着你。”世界上没有任何人的工作受着这样严格的监督，世界上也没有任何人的工作能对年轻的心灵施以如此深远的影响。因此，顶岗实习的我们会更加努力使自己的言行举止更加严谨。让我们在辛苦中感动，在感动中追梦！

8. 劳碌成就平和心态

衡水市阜城某中学　张佟月

【新手顶岗心路】

毕竟是第一次实习，第一次真正的走进社会，所以在这个过程中，会想很多东西，也会有很多的犹豫和尴尬。短暂的实习让我认识到，工作不相信眼泪和承诺，发现做得不好，自怨自艾或是哭哭啼啼是没有用的，需要的是总结与改变，争取下次做得更好。工作和学习是一样的，没什么窍门可言，需要的是我们认真用心去完成一项项任务，哪怕是很小的一件事。细心认真做好自己的事情，才能成为一个优秀的老师。还有一点就是要用严肃的态度对待工作，严格要求自己及学生。

对于经常不守规矩的学生，我们要学会不怒而威，既要给玉米还要给大棒。有的老师说，在中学里，学生和老师的关系就像是猫和老鼠，顽皮的学生都是怕老师的。实习老师对于整天处于繁重作业负担下的学生们来说，无疑是他们的新鲜空气，他们捣蛋是可以理解的。如果你在管纪律时，学生不听，你就站在他旁边一言不发，生气地看着他，他就会很不好意思的停止，之后就会变得乖乖的。这一招特别有用，而且屡试不爽。

转眼间，我已经渐渐熟悉了这样的生活，很忙碌，很重要，我的心态也渐渐平和。

【学长拨雾指路】

小张老师是一位认真负责的好老师，作为一名年轻的老师，能够在工作中不断进行总结与反思，从最开始的尴尬犹豫，到后来的平和自信，都是小张老师反思与不断进步的结果。对于顶岗实习的工作，小张老师有着极大的热情，对于学生，小张老师有着强烈的责任感和爱心，这些都是值得实习生们不断学习的地方。

顶岗实习是我们的一次锻炼的机会，这样的机会来之不易，为了能做好充分的准备应对顶岗实习中遇到的问题，我们应采取以下措施：

（1）了解实习学校情况。我们应该通过驻县教师和实习学校老师对所要去的实习学校和年级进行大概的了解，主要包括学校所在地的风土人情，学校生源情况，学生毕业之后的走向，学校主要的教学模式。了解这些可以便于我们尽快地熟悉环境，融入实习生活，方便我们更好地进行人际关系的处理。

（2）了解班级情况。应该在接手新班级时，向班级现在的班主任和班委了解班级的状况、班风班纪，学习氛围等，也好根据不同的班级采取不同的教学方法，更重要的是要了解班级里一些“有名”的学生，能够细致的了解他们的心理和性格，便于提前想到课堂上可能出现的意外情况 。

(3) 要养成不断反思的习惯。一个老师进步最快的方法就是不断地反思。这样的反思不仅包括对教学的反思，还应该对课堂管理、处理学生关系等方面进行反思，最好能够在每节课结束之后写出对本节课的书面反思。只有通过不断地反思才能找出自己的缺点和不足，才能不断地进步。

顶岗实习的日子总是很忙碌，但是却非常的充实。伴着顶岗实习的进行，我们会遇到这样那样的困难，比如学生不配合我们的教学，和当地老师关系处理不好，实习学校恶劣的条件，这些都会影响我们的心情。当我们遇到挫折和磨难时不要忘记自己最初的梦想，不要忘记自己来顶岗实习时的美好夙愿。我相信，当你们离开实习学校时，看到学生们不舍的目光就会觉得原来一切都是值得的。

9. 生活忙乱，脚步依旧

衡水市饶阳县某中学　王晓霞

【新手顶岗心路】

来到实习学校不知不觉已经有一个月的时间了，在这里虽然遇到了很多生活上的问题，但是通过我们的努力，已经基本解决了。在工作上，我们也逐步适应了这所学校的作息时间，融入到了教学氛围中，有条不紊地进行备课、讲课，并得到了当地老师的认可。

身为组长，我对我的两位组员很放心，我们三人都很积极向上，对自己分内的工作没有丝毫的懈怠。我们都认真完成了师大以及当地学校给我们布置的各项任务，同时严格要求自己上好每一节课，让自己尽可能地得到锻炼。

在工作之余我们也不忘积极写博文，身为博文编辑部的一员，我也按时督促组员及时上传自己的博文，遇到好的博文我也会第一时间上传到我们顶岗实习支教的公共邮箱里，以便这些文章可以及时发表到师大的顶岗网站上。值得欣慰的是，我们组小青的文章已经在师大顶岗网站上出现好多次了。还有就是在九月份的博文统计中我们饶阳三人都光荣的位居前列。我们也积极配合老师完成了各项会议，如开展“就女大学生失联顶岗安全问题”“就纪律团结问题助顶岗和谐进行”主题会议等。我们还拜访了我们学校的孙校长，作为本次的访名师活动，向孙校长咨询了很多教学上的方法、技巧，从中收获颇多。十一的时候我们还积极参加了“三句情诗颂祖国”的活动。在九月二十六日进修学院老师听评我们三人的课，受到了老师们的一致称赞。

我们为取得的一个个成就而感到自豪和骄傲，今后我们一定会更加努力，不断进步，取得更好的成绩。

有句话说得好：“你的心能够走多远，你的脚就能够走多远。”如果你把自己的心灵禁锢起来，那你的脚步就会停滞不前。世上没有做不到的事，只有不敢去实现的愿望。因此，不管前方的道路是多么的艰难坎坷，只要你能够坚持不懈就一定能够走出美好的未来。

我坚信我们只要在这半年里踏踏实实、认认真真地干好每一件事情，讲好每一节课，一定会突破自己，取得理想的成绩。

【学长拨雾指路】

小王老师作为小组长，真正担负起小组长的任务。她们积极努力，充满热情。她们努力完成教学任务，认真配合顶岗实习工作，能够在工作中不断反思，不断进步，真是好样的！这正是我们很多顶岗实习小老师们的真实写照，她们的认真勤奋，她们的朝气蓬勃一定会为所在学校注入一股新鲜力量！让我们为她们的进步加油，为她们而高兴！

小王老师说：“你的心能够走多远，你的脚就能够走多远。如果你把自己的心灵禁锢起来，那你的脚步就会停滞不前。”这不禁让我想起了自己顶岗实习的生活。高中时候，我的梦想就是成为一名物理教师，也一直为此努力着。终于，我考入了理想的大学，学习了物理专业，在大三下学期参加顶岗实习工作。真正走上讲台的那一瞬间，我心情非常激动，那是一步步接近梦想的感觉，那时候，我就更加坚定了我的想法。于是，回到学校后，我毅然的选择读研，继续提升自己的专业水平，为成为一名合格的优秀的物理教师做好充分的准备！

科学家爱因斯坦曾经说过：“每个人都有一定的理想，这种理想决定着他的努力和判断的方向。”因为理想，我们充满热情；因为理想，我们无比勇敢；因为理想，我们无所畏惧！这就是理想的力量！在以后的实习生活或者教师生涯中我们还会遇到更多的困难与挫折，我希望你们在今后的日子里可以一直带着理想，带着激情，带着美好信念，完成教书育人的神圣使命，收获桃李天下的喜悦。

第三篇　我与我的学生

和学生相处一个多月了，师生关系也越来越密切。渐渐地，他们从别的老师的学生变成了“自己的学生”。不管在什么时候你们的心里想的都是自己的学生，备课时在想学生们会是怎样的一个听课状态，自己这样讲学生们能够听得懂吗？批改作业的时候会想这个学生是不是上课没好好听讲啊。睡觉的时候都会想最近谁谁谁表现不错，但是谁谁谁表现不好应该怎么引导他。茶余饭后和岗友交谈的话题也被这些可爱的学生们占据着。从别人的学生到自己的学生，我相信这是你们真心付出的结果。

1. 自信灯塔

天津市小淀镇某中学　张雪倩

【顶岗新手心路】

顶岗实习期间，学校组织了很多课余活动，这些活动丰富了学生们的生活，增加了学生们的见识，也使得我们这些实习生的生活多姿多彩。

今天学校就组织了一场辩论赛，参加比赛的是七年级和八年级的学生，我负责培训七年级的小辩手们。

由于七年级的参赛选手面对的辩论对象是八年级的学生，他们在心理上会有一些压力，考虑到这个问题我认为选择合适的辩手很关键。首先，我和七年级的各个班主任商量了该如何选择参赛选手。考虑到各种因素，每个班主任从有意愿参加比赛的学生中选出了综合素质较高的几名选手。然后，我们从这几名选手中挑选了四名同学参加比赛。我让这四名小选手在办公室集合，然后跟他们讲解比赛事宜。当他们听到比赛对象是八年级的学生时，一下子就没了自信心。针对这个情况，我先给他们做思想工作，告诉他们八年级的学生也就比他们大一级，只是在文化课上略占优势，而口才对辩论赛的输赢起到很大作用，所以年级的高低不是决定因素，只要你们努力训练，一样可以打败他们。经过几天认真的训练，我的小辩手终于要参与比赛了。

比赛过程之中，我的队员表现得很好，他们赛出了风格，赛出了水平。虽然最后不幸落败，但是依然展现了七年级学生的精神风貌。

比赛之后，我觉得这场辩论赛对七年级的辩手来说不只是一场普通的关乎知识和能力的竞赛，更是一场心理赛。帮助他们突破内心的障碍很重要，更要协助他们建立自信，而且这个过程中刻苦的训练是必不可少的。如果七年级的学生在竞赛中获胜，这对增强他们的自信很重要，但是比赛以失败告终。虽然失败是成功之母，但成功更容易引领学生走向更多成功。在比赛之前我就应该做好两手准备，如果他们成功了，我应该采用什么方法防止他们骄傲自满，让他们在成功的路上越走越远；如果失败了，我应该如何教会学生正确看待失败，重拾自信。

比赛不仅关乎荣誉，而且关系到学生自信心的建立。在比赛中，我们应该采用什么方法帮助学生正确对待比赛，做到胜不骄，败不馁是我较为疑惑的地方。

【学长拨雾指路】

该教师在培训低年级学生参加与高年级学生的辩论赛这件活动中，做得很好。挑选参赛队员的方式、方法科学合理。在鼓舞士气方面，从心理学角度树立学生的自信心也很有效。虽然结局还是失败了，这也丝毫不能否定培训的作用。如果能在以下两方面对学生多加指导和引领，会使活动本身对学生产生的积极作用有更大的提升。如何在赛前培养学生的自信呢？我感觉：

（1）应该在参加辩论赛的目的和意义上多引导学生。比赛中输赢是正常的。比赛的真正目的是学习、切磋、交流、进步。通过赛前培训，能更加全面、准确的了解学习综合知识，提高个人知识水平和文化底蕴。在比赛过程中，一方面学习他人综合应变表达能力，另一方面发现自己的不足、锻炼自己胆量。总之，这是一次难得的全面提升自己的好机会。

（2）应该在赛前对学生进行全方位的培训。比如：赛题专项知识的强化记忆、相关综合知识的运用、辩论技巧的应用、切入点的巧妙抓取、心理素质的提升、语言语气的表达方式等等。

（3）应该让学生知道相对其他比赛来说辩论赛是一个较高水平的比赛。它考察的是一个人的综合素质，是长期累积的表现，是厚积而薄发的体现。告诉学生要养成爱学习、多观察、善表达的习惯。若是小组辩论赛，还要告诉选手团队合作、补台的重要性。

燃料不被点燃，怎能推动活塞做功！青春没有梦想，哪会绽放烈火激情！“燃料”就是热机的自信，它因为有自信才能推动活塞，克服困难，使得机器达到很大的速度。

人也要有自信，这样才能更好地化险为夷，乘风破浪，朝着灯塔航行，最终达到理想的彼岸。

2. “1”比“0”更重要

邢台市隆尧县某中学 董方怡

【新手顶岗心路】

学生的压力关乎学生的身心健康，所以我在实习的时候也在想，我设计的教学对学生是否产生了许多压力呢?

在来实习学校之前，听说这所学校高一年级的一名男生由于心理疾病，在吃早饭期间从五楼跳下结束了自己的生命。这件事虽然是发生在高一年级，可是高一和高二在一栋楼里，所以这件事也对高二年级的学生产生了很大的影响。当天正好是高二年级考试，所以很多同学受到了影响。我班里的几个女同学特别害怕，考试成绩也有所下滑。高二年级的学生在心理上还不成熟，这件事使得他们的心灵也受到了伤害。尤其是平日里比较内向、不善言谈的女同学，她们的心理素质比较差，遇到事情有什么想法也不敢同其他人讲，这种行为加剧了她们的心理恐惧。与此同时，也有一批调皮捣蛋的同学，用类似跳楼的事情威胁老师，比如说：有一次我布置的作业有些多，有几个男生没有交作业，我问他们原因。其中一个同学说了句：“你留的作业太多，我们压力太大，压力一大就不想学习了，到时候就只能选择上五楼了。”听到这样的回答，我就有些不知所措了。还有一次，在课上回答问题，有位学生不会回答，我让他站着，他威胁我说要是让他站着，他就去上五楼，类似的事情很多。其实他们就是给自己找借口，拿跳楼的事吓唬老师。在他们眼里或许只是一个玩笑，但是，在老师眼里这种行为必须及时纠正。不只是我们班级，其他班级类似的情况也很多，这种现象也引起了学校的注意。

针对这件事情我思考了很久，也尝试了很多办法解决现状。首先，针对那些心里害怕的女同学，我时刻关注她们的日常表现，了解和关注她们的心理状况。我也都找过她们谈话，告诉她们不要害怕，要时刻保持放松、乐观的心情，不要想那件事情。然后从她们同宿舍的人入手，让同宿舍的人多关心她们。同时，我在班里会经常组织一些轻松的活动，活跃孩子们的学习生活，转移注意力。针对那些调皮捣蛋的学生，严肃处理，协同班主任纠正他们的错误言行，并告诉他们这种玩笑开不得，这不仅会影响自己，也会对周围同学产生错误的引导，还有可能伤害到家人。同时我们也为同学们播放了热爱生命的心理辅导视频。

这件事我自己反思了很久，在教学中不仅要关注学生的学习状况，更要关注学生的心理状况。心理对一个人的影响特别大，尤其是处于青春期的学生，他们心理尚不成熟、浮动大，我们要多关心他们的心理健康。若是自己解决不了，可以向有经验的老师请教，也可以多观看一些心理辅导课程。

【学长拨雾指路】

对于一名经验很少的实习教师来说，在遇到学生跳楼如此恶性事件后，能意识到问题的严重性，意识到许多学生存在心理健康问题，而不是一个学生的个例，是难能可贵的。其实这也是个社会问题。

社会发展迅猛，各行各业发展的脚步都很快，无疑会让一些人产生无形的压力，学生也是如此。但是如果学生能正确面对压力，化压力为动力，对于他们的成长发展还是有很大促进作用的。作为一名教师正确、适时引导学生就显得尤其重要，如何培养学生健康的心理，我总结为以下几点：

（1）我们应随时观察、了解学生心理状况，帮助他们解压，培养健康乐观的品质。具体做法是平时要定期召开班委、宿舍长、科代表等会议，全方位多角度的全面掌握、了解每个学生的学习生活状态，以便及时发现问题，解决问题。

（2）要多组织丰富多彩、形式多样的文体活动，并一定要以小组为单位进行。每个小组成员以不超过 8 个人为宜。活动既可以让学生在枯燥紧张的学习中增添乐趣，又可以让学生的个性得到彰显和发展，还可以全面提升学生的综合素质。那么以小组为单位的意义是，每个学生内心都有集体荣誉感，不愿因为自己影响整个集体的荣誉，从而会全身心地投入。同时，在活动中组员的交流沟通会影响个人的一些狭隘或偏激的想法。从而使得学生在积极向上的氛围里获得知识，收获快乐。

（3）要定期举行主题班会活动。如感恩教育、珍爱生命、诚实守信等等。用阳光向上的正能量教化学生，占据他们的心理，让消极的负能量无停留之地。

（4）老师尤其是班主任应做到以为人父母之心对待自己的学生。首先，和学生交朋友，通过谈心、交流及时观察、掌握他们的思想心理动态，帮助他们走出心理困境，把可能发生的不良事件消灭在萌芽状态。其次，老师要善于分类分层次关注学生，学会弹钢琴，抓住重点学生。对于心理问题严重的学生，老师可以借助家长的力量共同对其进行教育引导。

“一个人身体健康是‘1’，而财富、感情、事业和家庭……都是‘1’后面的‘0’，只有依附这个‘1’，后面的‘0’才有意义，如果没有‘1’，后面的有再多的‘0’都没有意义。”学生也是一样，身体、心理健康才是最根本的，如果没有良好的身体和心理，学生有再好的学习成绩也是白搭，我们做老师的教学生知识是次要的，主要的是保证学生身体和心理健康，肩负我们最基本的责任，还家长一个满意的孩子。

3."你真棒"

邢台市某中学　许梦瑶

【新手顶岗心路】

在我顶岗时期，我所教的三个班里，印象最好的是一个理科班，他们个个思维活跃并且爱问问题。尤其是我刚讲第一章内容时，学生们对宇宙以及天体等知识充满求知的欲望。每次我上晚自习的时候，理科班是问问题最多的一个班级。学生们积极主动问问题，作业中有疑难便举手示意让我讲解，当时虽然课业任务多，加上晚自习需要整理教案、备课，但我并没有觉得有多累、多繁重。反而当时我有一种莫名的感动，学生愿意去学，作为老师的我何不倾其所有将自己所学教授给他们呢。那段时间我觉得每天都在见证青春的力量。但有一次，学生们期中考试结束放假回来，我发现学生们状态很不好，地理考试成绩，全班有一半的人不及格。

当时，我拿着成绩单从上往下看，有一个 8 分的深深地映入我的脑海，我找到那位同学，让他在全班面前接受我的训斥。因为他的分数很低，又是男生，所以我觉得刺激他一下，让他以后好好看书用功学习，但是，结果却是徒劳的。我和这位男生交流后发现他并不在乎在学校取得的成绩。他说："我就是学不会，你让我怎么办呢?"他当时面红耳赤，我觉得情况没有想象的那么简单。于是，我让他先回去。后来，我找他在办公室好好聊一聊，心平气和地谈了谈。我问他，你的时间和精力去了哪里了，为什么分数差距那么大？同样坐在教室里学习，分数差距那么大，况且 8 分和 40、50 分根本就不是一个概念。经过一番交谈，他也明白我并不是盯着他的分数不放，而是他的学习态度有问题。自此，我在课堂上对这名同学多了些关注。先不说成绩，就光是听课的认真程度就好了很多。在这名学生取得个位数成绩时，我并没有因为他成绩低而将他冷置，而是和他心平气和地进行沟通和交流，增加对他的关注和鼓励，细心地观察学生的举动并给予指导。

我认为班里学习成绩差的不在少数，但我们并不能将势态扩大化，以偏概全，更不能因为学生不及格就否定他。其实越是后进生，他的提升空间越高。我们应该充分地关注和肯定他们的进步。教育的目的不就是让一个不完美的人逐渐完善自己吗?

学习是自己的事情，如何让学生认识到学习是自己的事情，这也是今天产生的疑惑。

【学长拨雾指路】

该教师反思的问题恰恰可能就是问题的根源，教师可能比学生更看重成绩。作为一名新教师，总有一种莫名的冲动与精力，总是想自己能轻松与学生打成一片，并能用学生喜欢的方式将知识在课堂倾囊相授，会幼稚地认为只要学生愿意听，自己精心准备，课堂气氛活跃，学生的成绩就一定会达到期望值。殊不知，学生的考试成绩受多种因素影响，当学生的成绩与教师期望值产生偏差时，教师往往会大失所望，无法接受。学生的成绩应该是学生最近学习状态的一个大致反映。8分的成绩告诉了我们无论理想多美好，现实也是残酷的。总体来说，个别的8分成绩多数是态度问题，但一半多人的不及格可能更需要教师去关注。我们管理班级时不应该只是考虑我们教师的自身情感感受，而应该多从日常双边行为中分析问题产生的原因。

期中考试且放大假回来，学生的晚自习学习状态不好是正常的事情。教师需要更多的是调整学生的状态，而不能是简单的说教。当前，很多学生的行为缺乏目的性和独立性，让学生意识到学习是自己的事情是非常难的一件事情。作为一名新教师，可能要多去跟学生谈谈自己的高中时代，拉近与学生的距离，在知识的学习与学生兴趣中找到最佳的契合点。既了解学生兴趣，又不脱离考试内容，毕竟学生学习的一部分目的是考试取得好成绩。

如何让学生认识到学习是自己的事情，必须从家庭、责任和职业入手，可以总结如下：

(1) 转变思想，更新观念。明确作为一名教师必须不断地提高自己，充实自己，要具有丰富的知识含量，扎实的教学基本功，否则就要被时代所淘汰。增强了自身学习的紧迫性，危机感和责任感，树立了“以学生发展为本”的教育思想，不断进行教学观念的更新，教学行为和学生的学习方式也有了根本性的改变。不断提高自己的同时也要改变学生的观念，让学生知道学习的作用和意义，提高“学习有用论”的地位。

(2) 积极研修，深刻感悟。新的课程理念、新的教学方法、新的评价体系都使自己对教学与教研工作不得不重新审视和重新思考。让学生在学习中克服惰性、力求勤性；克服无计划、力求有计划；通过各种学习，要力求解决教学中的实际问题，促进自己的健康成长，使自身稳步提高。

“滑轮组既能改变力的方向，又能省力”，因为他们各司其职。学生也要把自己的事情做好，学生的工作就是学习，老师也要各司其职，帮助学生更好的学习，提高效率，减少弯路。最终，在师生的教学相长下，达到“滑轮组”的效果。

同时，可以通过多讲述勤奋学习并且能够成名的人文故事，让学生处在好学的氛围中。

4. 打破心理防线

廊坊市文安县某中学　张嘉真

【顶岗新手心路】

我接手七年级 12 班将近 1 个月了，这段时间，我发现这个班有很多调皮捣蛋的学生。其中有一个学生肖某上课特别喜欢接话茬，而且在座位上坐不住，经常交头接耳，做小动作。有一次，我的语文课正好安排在上午第四节，我本来安排好的教学进度被他搅得一塌糊涂，一股难以抑制的怒火窜上心头。但是我没有指名道姓，而是间接批评了他。当时，这位同学知道我在批评他，但是他很不服气，我在讲台上大声说，他就在底下小声顶嘴。

当时下课铃已经响起，我认为他的做法是对一名老师尊严的侮辱与践踏，于是我当即让这位同学留了下来，其他同学先下课。我本来打算把他叫到办公室去解决问题，但是他很执拗，像是怕我在办公室体罚他似的。为了更好地消解我们之间的矛盾，我让他坐在教室里的座位上，借此消除他的戒备心理。我开门见山地说："第一次见到你的名字的时候，我的直觉告诉我你是一个听话懂事的好孩子，可是经过这么多天的接触，我发现我错了。"说到这里的时候，他的表情已经没有上课顶撞时的那种不屑与不服了。我觉得这正是一个攻入他内心防线的好机会，于是我抓住时机。进一步问道："知道我为什么把你留下来单独谈话吗？这么多人为什么我不留下其他人呢?"他很机灵地说："因为上课说话。"我接着说："不仅仅因为这个原因。"他听后觉得很疑惑。我借机说道："我一直很关注你，上课批评你是为了你好，希望你能成为全班学习的榜样，但是我对你的宽容不是你放纵的资本。"每一个孩子都有羞耻心，我说完这些话之后他默默低下了头。

这次谈话可以说是比较成功的，经过一番说服教育，他逐渐认识到自己的错误，并且向我保证以后上语文课遵守纪律。在今后的课堂中，肖同学再也没有扰乱课堂秩序。

经过这次谈话，我意识到学生不喜欢一开口就满篇大道理的谈话，因此，有效的沟通首先要打破学生的心理防线，教师可以先说说自己对学生的看法，或者谈谈其他的比较轻松的话题。然后，引出谈话的目的，让学生认识到自己的错误。有效的谈话必须是真诚的，其实，学生并不是不通情达理的人，他们的违纪行为只是无心之过，教师要给学生“讲”明白，而不是“骂”明白，否则会让学生不服气。但是，对于对峙的学生怎么办呢？

【学长拨雾指路】

从心理学的角度上讲，每个人都渴望得到认可、肯定、赞扬……因此“学生总是对教师的批评不服气或者不屑一顾”。张老师所讲的案例是难得的成功的案例，成功的因素有几个方面：首先，教师考虑了学生不到办公室去的心理，保护了他的自尊；其次，张老师在与该生谈话时充满了真诚和期待，才使“他默默低下了头”。张老师之所以能够进行有效沟通，是因为他深深地意识到“有效的谈话必须是真诚的，学生并不是不通情达理的人，他们的违纪行为只是无心之过，教师要给学生‘讲’明白，而不是‘骂’明白”。在实际教学中，违纪后能够低下头，并且再也不扰乱课堂纪律的学生并不多，他们一般都要经历口服心不服、以犯小错对抗到真心改正的过程，作为教师一定要有抓反复的思想准备。

要彻底解决“学生总是对教师的批评不服气或者不屑一顾”的问题，我提出几条建议：

（1）要提高自身素养。“学高为师，身正为范”，让自己人格魅力和广博的知识折服学生。在教学工作中，要勤奋探索适合学生学习的有效方法，使学生在每一堂课上都有超值的收获，学生自然就会爱学、愿学。

（2）要和学生用心去交流。每个学生都渴望和老师处好关系，这时，老师要利用学生的这个心理，把课余时间用在了解学生，“日久见人心”，学生在不断成长和进步的时候，让他“不服气或者不屑一顾”会很难，你即便批评他，他都会以歉疚的笑脸面对你。

“任何物理定律都有其适用范围”，这个范围是我们处理问题的界限。不管作为老师还是学生，我们都应该在这个范围内行事，这样才能肩负起自己的责任和使命，做一个“听话的人”。

5.“异中求同”生共鸣

天津市某中学　殷洪昊

【新手顶岗心路】

激励学生是老师的目的，培养学生自尊是我一直秉承的方法，我现在正在适当的应用于我的教学。

今天，在室外体育课教学过程中，学生们正在进行常规跑步训练。这时班级队伍最后一名男同学（体型较胖）突然说肚子疼，向我请假，表示他这次不能跑步，可是他的表情和动作都在告诉我这是装出来的，这位同学只是想要逃过跑步训练。并且我通过课下了解，知道这位同学以前就经常这样做，故意不参加跑步。

当我知道了这位同学的意图之后，首先明确地告诉他必须坚持跑完，肚子疼就是因为体质差，不经常锻炼的后果。并且我带着他一起跑，告诉他老师以前体型也比较庞大，同时还告诉他老师就是通过体育锻炼慢慢地瘦下来。这样做是想要通过自身的经历降低他对老师防备和抵触的心理，用共同点来激发他，鼓励他，以此达到让他对体育活动产生兴趣的目的。果然他对此很感兴趣，问我："坚持跑步真的能瘦下来么?"我回答："只要你坚持每次跑步训练不中途放弃，认真地跑完，肯定能达到目的!"这个孩子跟着我一直坚持到最后，完成了这次体育训练。他累得气喘吁吁，却笑着对我说："我第一次跑这么久，以后我还会尽量坚持跑的。"

之后这个孩子在体育课上一直都认真参与每项活动，和我保持良好的互动。不用严厉地去打击孩子，孩子们也能理解老师的用心。

面对这样的事件我没有用强硬的态度去拒绝他，因为，这样根本不能解决问题。强硬的态度甚至会加深孩子对跑步的排斥。因此，我通过用共同点来激发孩子的兴趣，用语言和事实来鼓励孩子坚持体育锻炼，收到了不一样的成效。师生之间的共同点可以降低学生对教师的抵抗，从而拉近彼此之间的距离。当然教师不能为了寻找与学生的共同点瞎编乱造，真实的经历才能使学生更加信服教师，进而激发学生的积极性。

学生对于体育课也有些抵触，这样的现状会对学生的发展很不利，作为体育老师如何克服呢?

【学长拨雾指路】

首先对这位老师的做法点个赞。亲其师，信其道，能走进学生心里，并能用你的言行去影响、感染学生，已经走在了一条成为优秀教师的道路上了。当然如果能让"坚持"转化为这个学生内在的品质，进而无论何事都能"坚持"，那这个孩子就因为这一件事情而受益终生，那你也将成为这个学生一辈子难忘的老师。

其实大多数学生应该最喜欢上的课就是体育课了吧。

如果能提升体育课的趣味性和参与性，多组织有乐趣、有意义的游戏，老师也亲身参与进去，学生既能从中锻炼了身体，也得到乐趣，并能锻炼自己的意志品质，团队精神等，那体育课一定是让学生流连忘返的。具体做法我有以下几条经验：

（1）通过体育游戏教学来提高学生对体育课的兴趣。首先，在准备活动中，把以前传统的做体操转变为游戏的形式。如“叫号行动”“警察捉小偷”“老鹰抓小鸡”等游戏，比常规的准备活动显得生动活泼，富有情趣，充分激发学生的活动欲望。其次，把体育游戏运用到基本部分中去，使枯燥单一的教学形式，变得生动活泼。如耐久跑教学，这是学生最害怕了，就像跑1000m、800m之类，一听到两腿就开始发软了。现在给耐久跑换个花样，以游戏的形式来代替，“创想花样耐力跑”，学生一听到这个名字，肯定来劲，摩拳擦掌，都想试试，这不就达到了一个很好的效果了吗？如在学习弯道跑教学中，可以利用“圆圈接力跑”“顺风，逆风跑”等游戏进行教学。最后，把体育游戏运用到结束部分，有助于消除学生的疲劳。在放松运动中用舞蹈动作形式来放松，如“漫游太空”。也可以以比赛的形式来放松，如“盲人过河”，更可以用瑜伽的形式来放松等等。放松的形式很多，不管游戏还是比赛，最终的目的是让同学们身体健康，对体育课充满向往。

（2）努力满足学生不同的学习需要。首先，尽量满足绝大部分学生的需求和爱好。其次是教学内容要符合学生的身心发展特征，适当选择竞技化，难度不是很强的动作，增加趣味性。教学方法可以多样化，可以通过生活中常见的运动项目，让学生感觉生活中体育无处不在，生活中处处有生机。

（3）从思想上转变学生对体育课的观点。通过各种有效的途径和科学的方法，转变学生对体育课的各种不正确的学习态度，使“运动”成为学生们自觉的行动。

“骑自行车是由于气流保持了人的平衡”，虽然这个气流不容易被人察觉，但是它却起着重要的作用。体育课虽然是教学中的陪衬课，但是它对于放松学生的身心，起着不可或缺的作用。

6. 身孤心不孤

廊坊市大城县某中学　闫星星

【新手顶岗心路】

如果不是今天在办公室和三班班主任特别地去了解他，怎么都不会想到这天真烂漫的孩童，竟然是一个无父无母的孤儿。以前从未想过会有孤儿出现在我的课堂上，这样的情况让我束手无策。

今天，在三班上物理课的时候，坐在第一排的一个留着子弹头发型的男孩，引起了我的注意。因为在上课的时候，他居然不拿出物理课本，课桌上有一摞整齐的书，没有一支笔。当时我很恼火，碍于还有四十多个学生等着听我讲课呢，所以我先是给了他一个眼神，但是他明显的把我的眼神忽略了。随着课程的进行，我小步挪到他的跟前，他才拿出课本，这个事我是十分不能理解的。下课的时候，我把他喊到办公室问他："是不是不喜欢我或者对我有意见。"他说："没有"，然后我接着问，既然没有意见，为什么不拿出课本呢？他笑了笑说，以后拿。然后我和他达成一个协议，也算是君子约定。在他走后，我向三班班主任询问了这个小孩的情况，班主任的回答把我震惊了。他说这位同学在三岁多的时候，他的父亲因为车祸去世了，母亲在父亲去世后不久就带着他唯一的姐姐改嫁了，这么多年都没有回来过。这位同学一直跟着七十多岁的爷爷奶奶生活，也没有大伯叔叔之类的亲戚，真的只能说是无依无靠了。这位同学从上小学的时候就不爱学习，生活习惯也不太好，还总是欺负同学，好多同学都反映说他上课太能闹了，但又觉得太可怜了，所以原谅了他。

话说到这儿，我很感谢我的孩子们那么善良，愿意原谅在生活中那么不幸的人。但另一方面，这个孩子的教育问题就这么赤裸裸的摆在我们老师的面前。当然，纵容是不可能的，但是，该怎么管，怎样把他拉到正常的人生轨道上来，是很严峻的问题。细细地想起来，这并不是我们这几个老师的难题，这种现象在全国普遍存在。对孤儿、留守儿童的受教育问题以及管理问题应把握一个度，也希望全国教师和管理部门，都能给这些孩子一份爱，让他们虽然身体是孤单的，但是心是不孤单的。

【学长拨雾指路】

孤儿可以说每个班应该都有，只是很多时候没有注意。死亡、疾病我们人类是束手无策，对于单亲的学生或者是孤儿，我们做老师的应该给予他们父母般的关怀，让他们觉着世界充满爱，让他们能够更好地感觉家庭的归属感与关爱。小闫老师的做法很好，无论学生的家庭情况如何，你都是给予了他关爱和尊重，让他感受到了老师的爱，即便一次两次可能没有效果，但是时间长了，总有感化他的时候。

面对留守儿童和孤儿，我们实习老师应该这样对待他们：

（1）老师应有爱心。"留守学生"本身缺少父母的爱，所以他们更需要爱，班主任、教师要给予"留守儿童"特殊的关爱，并使他们切实感受到老师的关爱与班集体的温暖。减少"留守儿童"受教育的断层与真空，让"留守儿童"的生活充满"阳光"。"爱的力量是无穷"，学生在师爱的沐浴下才能够轻松快乐地学习、生活。即使他们违反了纪律，老师严厉批评时，也要动之以情，晓之以理，更要让他明白：老师是关心你、爱护你的，是为你着想才如此严格要求。这样，在"严师"面前他就不会产生逆反心理或负面情绪，而理解了老师的苦心。

（2）作为班主任，要随时洞察学生心理，要随时随地倾听留守学生的心声。要有针对性对"留守学生"进行心理引导，用真情推开一扇扇幼小的心门，解开一个个心结。其实，多数的“留守学生”不能和父母生活在一起，所以因长时间失去父母的呵护和管教，学业和身心都受到不同程度的影响，他们易产生性格孤僻、寡言少语、情绪低落等现象。这种现象，对“留守学生”的教育、心理发展等都会产生巨大的影响。对于他们，首先教师可通过家访、座谈、结对帮扶等办法，给这些学生以更多关注，激发其热情。平时，细心观察学生的表现，多与学生交流、谈心，了解他们的喜怒哀乐、爱好兴趣。了解学生的家庭情况，分析其思想动态。同时，关注学生点滴的进步，及时给予鼓励、表扬，使学生各方面情况均了然于心。再次，开展一系列丰富多彩的班队活动，如“体谅父母教育”活动、“感恩教育”活动、“交往辅导”活动等。让“留守儿童”在活动中亲身体验，受到教育。同时，要经常组织“留守儿童”参与文体娱乐活动，充实业余生活。以此来弥补亲子关系缺失对其人格健全发展的消极影响。此外，在活动中可以培养学生多方面的兴趣，让学生养成多种良好的习惯：即切实加强应试教育向素质教育的转化，使学生的特长得到充分的体现和发展。“兴趣是最好的老师”，学生有了良好的兴趣后，课余时间不但过得充实，而且还富有意义。关注“留守学生”的教育，关爱“留守学生”的成长，才能真正实现教育事业的健康快速发展，才能使我们的社会更加和谐。

孟子曰：“幼吾幼以及人之幼”，不仅是留守儿童，我们的所有学生都是我们的孩子、朋友。在学校里要每时每刻对他们进行关爱，让他们在家庭里缺失的到学校里得到补缺。他们都是祖国未来的花朵，在造就人才的时候，最起码让他们在爱的关怀上应该是平等的，让他们身孤心不孤。

7. 浅谈“顽固”生

邯郸市临漳县某中学 赵龙飞

【顶岗新手心路】

初为人师，我便成了初二年级 6 个班、500 多名学生的老师。在和孩子们接触的过程中，我遇到了很多棘手的问题。有一个例子，我至今都心有疑惑。案例中的主人公是我所教的一个班的男生。第一次上课的时候，他并没有引起我的注意，但是上第二节课的时候，他的种种表现都和其他的孩子不一样。比如说，当我正在上课的时候，其他的学生都在认真地听讲，他会突然打别人一下，或者当你说话的时候，他会接话茬，并且他所接的话茬都是令人无法忍受的。开始的时候我认为他所做的这些只是为了引起我的注意，于是，我找他进行了谈话，他也答应了以后要认真上课，并与我签订了一个书面协议。但是，从后面的表现来看，效果不明显。上课的时候，他的状态还是那样，有一次，他甚至和老师起了冲突，打了起来，这确实是不应该发生的。当时我也在场，于是，我想更深入地了解这个学生。通过多方了解，我发现这个孩子小时候学习特别好，从上初中开始就不学习了。他的父母对他管教太少，平时不重视他的学习，但是对他的成绩要求却很高。而且，家长和老师沟通的也很少，在教育孩子这一方面意见不一致，以致孩子出现了问题。后来，我上课时经常提问他，和他进行交流、沟通，情况有所改善。可是，后来，他又出现了“爱咋咋地”的态度，这种情况的出现让我有了挫败感，我不知道如何去面对，以至于后来这名男生被劝退回家，我也没有再为他做点什么。

因为之前我对这名男生不了解，所以我找他谈话，并达成协议。但却没有收到理想的效果。之后，我对他进行了深入了解，更加明白了他这样做是为了引起大家的注意。于是，我上课的时候会经常提问他，他渐渐地也认真了起来。但是他后来的反差让我几乎崩溃，不知如何是好。

在这件事的处理过程中，我根据心理学知识跟孩子进行沟通和交流，收到了一点效果。但是该生后来的表现让我反思良多，这也许是和学生家长有关系。其实，中学生的健康成长和多方面因素有关系，朋友、家长、老师都应该对其进行关怀。他们种种异常行为的表现说白了不过是为了引起他人的注意。这时候，他们需要正确、合理的引导和关爱。而家庭教育的关怀和影响就更重要了，我所教的这名男生正是因为缺少家庭的温暖和教育，才表现出种种异常。这时候，我们不禁要问家长，到底什么能比孩子的教育更重要。家长不仅是孩子的第一任启蒙老师，更是他人生路上的指路人。不仅学生要不断地学习和接受教育，其实家长也是一样。

【学长拨雾指路】

初为人师的你利用大学所学知识与学生进行谈话、沟通，并达成协议，初期起到良好的效果，这种做法值得肯定。但是针对这种家庭温暖缺失的孩子，对于初为人师的你，仅仅采取这几种方法和手段，只关注了眼前短时期的效果。在后来学生反复出现不良倾向的时候，崩溃，放弃，但是“后来，他又出现了“爱咋咋地”的态度，这种情况的出现让我有了挫败感，我不知道如何去面对，以至于后来这名男生被劝退回家，我也没有任何可以为他做的”。出现这种结果肯定是教育的失败，家庭教育固然重要，但是学校教育更重要，教师最后放弃对该生的教育是不可取的，乃至学生不是主动放弃学业，而是被劝回家，丧失学习的机会和权利。其实，所谓“调皮学生”就是师生之间没有协调好、不能很好沟通而生成的“不听话”的学生。如果我们教育实践中采用正确的教育方法，对调皮学生多一些理解、信任、宽容，会收到意想不到的效果。

尽管在教育学生的道路上有许多客观因素，但是身为教育者还需在青少年成长的道路上引导他们建立正确的人生观和价值观。教师不仅要用心与学生交流，赏识与激励学生，理解和宽容学生，更要做好家校联系工作。教师有耐心，学生就有耐力，不可操之过急，否则会事倍功半，得不偿失。如何引导学生树立正确的人生观、价值观，我总结如下：

（1）引导学生学会做人。如何引导学生做人，仅靠说教式的灌输很难达到预想效果，必须要结合学生的特点，贴近学生生活进行教育。每一个教育工作者，都应该充分认识加强青少年的品德教育的重要性。要树立长期育人的思想，遵循中小学生身心发展的规律，坚持与社会实践相结合；理论与实践相结合；教育与严格管理相结合。要把最经常、最有效的品德教育寓学科教育之中，我们每一位教育工作者都要有“智育兼施德育的意识，”努力根据学科教材所蕴含的思想品德因素，有机结合，自然渗透。在学科课堂上，可以多举一些有道德、有理想的故事做课堂的例子，潜移默化地影响学生，还可以在主题班会中多增添道德楷模等等。

（2）多看学生的闪光点。在一些学校中，教师对学生的行为引导上还存在着一些不容忽视的问题，个别教师对少数行为不良的学生的管理上方法简单，态度生硬，诱发了师生之间一些不愉快的事，究其原因：我认为还没有端正对学生的根本态度。

一些年青教师，对待那些刺头的学生，时不时地将他们的缺点拎一拎，美其名曰：小和尚木鱼一常敲，其结果往往适得其反，既伤了学生的自尊心，又给我们自身工作带来诸多不便。处在青少年期的学生，自尊心和好胜心都比较强，对外界的反应很敏感，同时心理承受力又较脆弱，遇到批评，很容易灰心丧气。苏联文学家高尔基说过：“给别人以赞美，比责难要好得多。”我认为，每一个教育工作者在教育青少年学生过程中，应多看学生的闪光点，注意调动和爱护他们的积极性，允许他们犯错误，也允许他们改正错误，切忌在众多学生面前翻陈年老账。美国实业巨子雅科夫说过一句耐人寻味的话：“表扬某个人，用公文；批评某个人，用电话。”这形象的说明，受到尊重是每一个人的普遍愿望，更何况是青少年学生。当学生做错事时，批评要及时，一定要给他点面子，特别是对心理脆弱者不妨循循善诱，和风细雨，以收润物细无声、点滴入泥土之效；对妄自尊大者，不妨抓住要害就事论事，促其诚服。无论他做了什么，都有值得表扬的地方，赏识教育要比批评效果更好。

（3）发挥家庭对学生的管理作用。青少年学生大多是独生子女，在家中犹如“小皇帝”。加上单亲家庭增多，一些单亲家长对孩子的教育更是放任自流。故出现了“智力第一等，操行是末流”“学好学坏无所谓”的情况。明末清初学者王夫之曾说：“人字两撇捺，原与禽兽异。”他立下了家规，子孙若品德不高尚，“不可令弄笔墨以售其不肖。”他的做法与今天“智育第一”的崇奉者决然相反。因此说，家庭对青少年学生的成长影响极为重大。特别是今天，人们的生活日渐富裕，众多家庭都是对子女管束不严而溺爱有余，甚至有的单新家庭家长对孩子不能起到第一监护人的作用，出了问题就想方设法推卸责任，不能从孩子身上找问题，再加上社会上精神污染实在堪忧。从这个层面上讲，育人问题，就显得更为紧迫，必须应对新情况、新问题，强化家庭德育，人同此心，心同此理，势在必行。多与家长沟通，让家长了解学生在学校的情况，家校结合，共同面对学生的问题。

“摩擦力既可以是动力，也可以是阻力”，任何学生都是一样的，没有好学生和坏学生，就看你是把他当作“好学生”还是“坏学生”。不要把他们任何人当成班级的包袱，应该把他们融入班级，发挥各自的特长，这样就能把班级建设成最优秀的班级。

8. 走进学生内心

天津市某中学　刘晓丹

【新手顶岗心路】

天渐渐冷了，随着北风的吹来，学校也进入了冬季。为了增强学生体质，学校举办了长跑活动，要求队列齐整。同学们对这个活动比较重视，因此天天训练。今天训练时，一位女同学，平时动作比较慢，而且比较敏感、内向。在站队时，别的同学提醒她往后站站，但她认为自己已经站齐了，因此与同学发生了摩擦和口角。

虽然这位女同学认为自己站齐了，但实际情况是她确实站的比别人都靠前。带队回班的时候，我发现其他同学都在跟随队伍向回跑，只有她低着头慢慢地走。我感觉到她的情绪不太对，于是上前询问原因。了解到事情的经过后，我意识到这个女孩子有一颗无比脆弱和敏感的内心。我立刻安慰她，告诉她认真做好自己应该做的事情就可以了，不必为这样的小事和同学起冲突，并且帮她擦去泪水，通过一些肢体与她接触，比如搂住她的肩膀或者轻轻拍拍她的后背，帮助她舒缓心中的不良情绪，避免这种情绪影响下一节课。之后，在每一次集体训练的时候，如果她再出现站不齐的情况，我就会轻轻走到她的身边，轻声提醒她，尽量不引起其他同学的注意。

后来我发现，这位女同学在我的课上渐渐开始举手回答问题，而且也明显地感觉到她的心门在慢慢打开，少了一些羞涩自闭，多了一些从容自然。

通过这件事我发现，学生的很多问题其实有时候并不在于事情本身，而是学生的心理状态。像这个小女孩，她本身就是比较敏感，也许同样的一件事情放在别人身上没有什么，在她身上却是个问题。所以，我选择了从根本上帮助她，帮助她逐渐释放自己。

但是，我意识到，我的帮助是有限的，而且我对她的关注也是有限的。她的性格就是那样，要想改变其实很难。所以我不知道还有没有更好的方法帮助她。

【学长拨雾指路】

小刘老师能够注意到学生细微的心理变化，而且在事后能够觉得自己的帮助是有限的，说明这是一个十分细心且负责任的老师。这样的学生让老师解救于水火之中，希望以后这位同学会在小刘老师的指导下成为一名优秀的学生。对待这样的敏感学生，我也有一些方法，我感觉：

首先，对敏感的学生，关心和鼓励是必需的，因为他们最在意别人对自己的看法。有时与别人的摩擦，正是他们过于敏感，以为别人会伤害自己的表现。这位老师在这方面做得很好，亲切的肢体语言舒缓了该生的不良情绪，她愿意将老师看作一个可以信任的人。

其次，缓解敏感并不是就消除了敏感。她对你不再敏感也并不意味着对别人也如此。她只是在你的课上举手回答问题，恰恰说明这一点。我们要挖根源，了解这个学生为什么会如此敏感。这种敏感不是与生俱来的，一定是因为在生活中曾经发生过的什么事情造成的，心结不能打开，问题就永远存在。

对于这样的学生，还是要多交流、多劝导，让她认清问题的本质，不再沉迷在自己的认识中。并且，在生活中，鼓励她多观察，看看别人在面对和她同样的事情时，有哪些不同的做法。经过比较，她就能够逐渐认识到自己的想法与做法太偏激了，从而有意识地去改正。

“潜水艇靠改变自身重力来改变自己的浮沉”，外界条件是固定不变的，你无法改变，但能改变的是自身。这样的学生只是冰山一角，以后的学生多种多样，你应该增长自己的能力，多学习和学生相处的方法，使自己在学生的海洋里浮沉自由。

9. 偶患感冒得关心

邯郸市曲周县某中学　连蓓蓓

【新手顶岗心路】

可能昨天太疲惫，晚上没有休息好，今天上课的情绪没有以前好，还有一点点感冒，说话有气无力。

下课后，九班的小学委追出来问我："Teacher，are you sick ?"我顿时有些吃惊，是不是我上课时情绪很差，学生们都看出来了？还特意追出来问我，不过让我很欣慰的是这个孩子平时很腼腆，估计当着这么多人的面追出来问我也是鼓起了不小的勇气。并且他是用英语问的我，我很开心，很少有学生在课下试着说英语的。我就回答他说："I am ok ，just have a cold."他又问我："Why are you not so happy?"我回答说："Because I have a little tired，no worry."我回答的语速比较慢，加上他平时英语也很好，应该能听懂。交流几句后，我开始笑着跟他说话，他知道我没事后就笑着去玩了。他甜甜的微笑，白净的脸上总是闪烁着无瑕的目光，真心让人喜欢。

这个学生上课话不多，但回答问题挺积极，总是很配合老师，课下也比一般的学生懂礼貌，每次见面都笑嘻嘻地说老师好。每次看见这些孩子天真的面孔，听到他们真诚的礼貌用语，虽然简单，但心里真的很开心。有一点，这孩子虽然学习成绩很好，但学习态度有些散漫，上进心不是特别十足。晚上回宿舍提起他，数学老师也非常喜欢他，不仅学习好而且有礼貌，应该是每个老师都会夸的孩子。但是我希望他能做得更好，可以的话希望我能给他一点推力。

【学长拨雾指路】

老师这个职业本身蕴含着"桃李天下"的幸福感，其他职业无法体会。学生是单纯的，是有心的，他们心中感恩老师的含辛茹苦，感谢老师的谆谆教导，连老师身体有恙，学生也能慧眼识穿，课下还送去了亲切的问候，这样老师瞬间疾病痊愈，我们没必要抱怨教师的辛苦，我们应该慢慢品味教师的幸福，我们还有一个共同的节日"教师节"。连老师也很有心，察觉了每位学生的个性特点，也能发现学生的感恩之心。

老师的幸福其实很简单，我分享一下我的感悟：叶澜教授是这样说的：幸福是一种体验，是对教育中生存状态的一种高级的、愉悦的情感体验。教师的幸福是一种精神享受。有自己清晰而成熟的教育教学理念，是一种幸福；有自己有魅力的教育教学艺术，是一种幸福；有自己的教育理想和信念，是一种幸福。

（1）幸福感来自学生的成长与进步。对教师而言，幸福的感觉主要来自于学生的成长。教育是一项充满激情、关爱和生命体验的活动，是师生双方共同成长的过程。记得，曾有个学生，在大家看来是那种无药可救的类型，于是我采用找优点，多谈心，及时补功课等方法，让他始终跟上班级其他学生的学习。到最后测试时，我教的学科他竟然得了优秀，其他的学科进步也不小，看着他脸上开心的笑容，我也被感动了，这是一种收获的幸福。

（2）幸福感来自自身的专业成长。教师的专业成长，是教师生命成长的重要内容，就教师个人而言，职业幸福感来源于自身的专业成长。如果家长非常信任、肯定和尊重教师，那教师同样肯定会觉得很幸福。幸福从来不会光顾一事无成的人，把教师当作谋生职业和饭碗的人，很难享受到教书育人的快乐。教师应当像一条河，源源不断地充实自己，将涓涓细流汇入大海；教师应当像一条路，将无尽的希望铺向远方。作为教师，从来也只应当在自身的专业成长中才能创造出绵延不断的幸福。

（3）幸福感来自自身平和的心态。现代诗人何其芳说："凡是有生活的地方都有快乐和宝藏。"这是一个永恒不变的真理，而拥有这个快乐和宝藏的法宝就是要有一个良好的心态。幸福总是相对的，幸福也是一个易碎品。

"空气阻力是任何运动物体必须受到的作用。"我们在教育行业中，学生问题、教学问题等，从你上课那天就接踵而来，是无法避免的，但当你到达目的地的时候，那时你只有幸福，回忆挫折也是一种别人无法感受的幸福，有阻力不怕，我们依旧前行，直至到达幸福的目的地。

10. 融入学生，体会幸福

张家口市康保县某中学　庞建娜

【新手顶岗心路】

不知不觉顶岗实习已经将近两个月了，这也就意味着我们过了顶岗实习的三分之一了。细细体会顶岗实习的这段岁月，真的是感慨万千。

最让我心里温暖的日子是和岗友们在一起的时候。虽说条件比较艰苦，但是正是因为这艰苦的环境才让我们更加团结，更加珍惜这来之不易的生活。六个人一起做饭，一起吃，每天在饭桌上乐呵呵地谈论着彼此的所见所闻，以及当天的工作进展。顶岗实习支教不仅锻炼了我们的教学能力，还锻炼了我们的厨艺。有的岗友一开始连菜刀都不会使，而现在是"大长今"的风范，这样小资的生活让我们感到非常幸福。

还让我感到温暖的就是我的学生们了。刚开始接手班主任时，有的学生打架、丢东西。我在政教处、班级、办公室之间跑来跑去，而且还有很多的课要上。那几天真的感到委屈。就在那几天县委书记要莅临实习学校检查，学校让班主任组织大扫除。我没有把自己当成一个高高在上的班主任而是和孩子们一起劳动。教室外围的白墙上有许多的脚印，我就和孩子们一起用砂纸把它们擦掉。擦完之后孩子们的脸上，衣服上和头发上都是白的，看着他们的样子我笑了，他们也笑了。那一刻我真的想把他们的笑容留下来，那是一份童真，那是一份可爱，那更是一份真情。然后我们分工，有擦玻璃的，有扫地的，有擦地的。孩子们干得很起劲，而且很开心，我们心里暖暖的。这是我第一次和孩子们一起劳动，虽然是干活，但没有一个孩子偷懒，也没有一个孩子喊累，都乐呵呵地干着自己的事情。不一会儿我们就完成了自己的任务，而且效果非常好。这也许就是老师曾说过的："一个班集体要做到人人有事做，事事有人做。"通过和他们一起经历这次大扫除，我真心感觉到我已经融入了这个班集体。我爱这群可爱的孩子，我也坚信我可以把他们管理好。

在这之前的两个月中，我收获了许多的感动和经验。从开始的一只朦胧的雏鸟，一直学习，一直努力，终于有一天会成为一只翱翔天空的雄鹰。我相信在未来的三个月中，我不仅要把我的课程教好，还要把我的班集体管理好。希望我们的顶岗之路会更加的充实，更加的快乐，加油，岗友们，加油，孩子们！

【学长拨雾指路】

从小庞老师的字里行间，我们看到了小庞老师积极的生活态度和对学生的热爱，两个月的实习生活虽然短暂，但是小庞老师和所有的实习老师都没有抱怨，而是在积极的生活和实习，大家都在不断地成长。虽然学生们调皮，但是小庞老师却没有生气或者放弃，而是以看待孩子的眼光看待学生，真正用爱心关注学生，赢得学生的尊重和喜爱是情理之中的。

小庞老师通过与学生一起劳动很快地融入学生之中，我们作为顶岗实习老师，开始很疑惑怎样尽快地融入学生之中呢？这就需要我们做到以下方面：

（1）要理解学生。只有了解学生的心理，才能适应学生活跃的思维和易变的情感。我们要把自己融入学生中去，站在学生的角度看待学生的需求和期待，只有真正的了解学生，学生才会把我们当作自己"永久的朋友"，他们才会把自己心中的疑惑毫不保留地告诉我们。同时，只有结合同学们反馈的信息，积极主动的调整教学模式和方法，这样才能真正地达到有效教学的效果。

（2）要尊重学生。日常尽可能多一点慈母般的温和，少一些教育者的威严；平时多一些两人世界的情感沟通，少一些课堂场合的批评指责。尤其在课堂外，可以适当的和同学们嬉戏打闹，而在课堂上要尽可能的改变课堂由教师主宰的局面，要与学生建立互教互学的关系，彼此建立一个学习共同体。

（3）要宽容学生。学会宽容是一个教师必备的品格。中学生毕竟都还是孩子，各方面都还不成熟，犯错是难免的。这时候我们要学着将心比心，只有站在学生的立场去看待学生，以宽容的态度去对待学生所犯的错误，才能真正赢得同学们的尊重和信任。

每个学生都是有待雕琢的璞玉，每个孩子的内心都住着一个纯洁的天使。亲爱的实习生们，将自己对教育事业的爱融进孩子们中去吧。相信孩子们最纯真的笑容会让你忘却所有艰辛。

11. 致高二文班的一封信

衡水市五公镇某中学　宗秀娟

【新手顶岗心路】

亲爱的同学们：

大家好！想必此时你们已经进入了梦乡，而我在这个深夜里失眠了…辗转反侧，难以入睡，脑海里都是你们的身影。于是我起身，打开了台灯，拿出了笔和纸，决定写些什么给你们。

今天下午在理班上完课，刚回到办公室，我的指导老师，也就是你们的原政治老师庞老师，递给我两张折叠着的纸，她说："文班的同学给的，说是给他们的小班。""小班"，多么熟悉而又亲切的称呼啊，这是你们赋予我的，我很喜欢。放下了课本，打开了折叠着的纸张，是咱们班的班长李飒和政治课代表贾学发写给我的。

李飒是一个很懂事、很独立的女孩子。她作为咱们文班的班长，身上担负着许多责任，她的认真负责大家都有目共睹。那次拔河比赛，她忍着疼痛参加决赛，我看着都心疼。我希望大家可以支持、配合她的工作，相信在大家的共同努力下，咱们文班一定会变得越来越好的。学发现在是咱们文班的政治课代表，由于王硕事情多忙不过来辞掉了这一职务，所以学发就成了咱们班的新政治课代表。正像学发说的一样，这是我们的缘分（我给大家上课以后学发担任的政治课代表）。学发是个很认真、很踏实的男孩子，第一次与他接触是我刚担任咱们班的实习班主任时，他去我宿舍找我签假条。他说他要出去换药，我看见他的手腕用纱布包扎着，在请示了你们的班主任杨老师之后，我给他签了字并把他送出了校门，叮嘱他路上小心。他回来后到办公室告诉我他回来了，让我放心。我想，这个孩子真懂事！作为政治课代表，他很负责，也很有耐心，我希望大家可以配合他的工作，别总是让他催着大家交作业，作业是做给自己的，希望大家可以认真对待。

昨天在咱们班上课时，大家的状态很不好，我在讲完题后说了一些话，告诉你们那是我在咱们班上的最后一节课，你们的表现让我有点失望。当时，我就听到有学生在低声抽泣，其实我也哭了，只是没敢让你们看见……李飒和学发都告诉我你们是喜欢我的，你们不舍得我离开咱们文班。李飒说让我别生大家的气，她代表全班同学向我道歉，让我在走之前一定要去咱们文班看看大家……

傻孩子们啊，我哪有真生你们的气！只是当时看到大家不认真听讲、不遵守课堂纪律，有点着急罢了。我不止一次对大家说过，学习是自己的事情，以一个学生的身份坐在教室里，身上担负着的责任和使命就是努力学习，即使不为回报父母，也要对得起自己。我想，这些道理大家都明白，只是有时自制力稍差了些，所以我偶尔督促大家也是为了你们好。如果我哪里做得不好，还请大家多多包涵。但是我做的一切的初衷都是为大家着想，我只是希望你们可以踏踏实实的学习、健康快乐地成长，别无所求。

与大家相处的几个月中，有过欢笑，也有过泪水。你们这些顽皮可爱的学生，可谓是让我欢喜让我忧。你们的懂事、你们的支持带给我一次又一次的感动；你们的顽皮、你们的淘气有时又让我担忧。这两个月的相处给我留下了今生难忘的回忆，我的顶岗实习也因为你们而变得丰富多彩，我会好好珍藏这笔宝贵的财富。

前天我说那是我给大家上的最后一节课，其实我并不愿意告诉你们，但那毕竟是即将面临的现实。我们的必修 3——“文化生活”已经学完了，接下来咱们文班要学习的是选修 2，而理班要进入复习阶段，复习的内容是已经学过的经济生活、政治生活和文化生活。庞老师说接下来她和我每人带一个班，这样效果可能会更好，也可以减轻一些备课的压力。庞老师让我自己选择带哪个班，经过仔细考虑，我选择了带理班。政治是咱们文班的必修课，而庞老师已经有两年多的教学经验，相信在她的指导下，大家一定可以取得优异的成绩。还有，庞老师的孩子还小，孩子需要她这个母亲的照顾和陪伴，希望大家可以多多支持她的工作，不要给她带来太大的压力。我相信懂事的你们一定会理解的。

希望大家不要埋怨我的选择，没有选择不代表放弃。我依然是大家的小班，学习上、生活上有什么问题，你们依然可以找我，我一定会尽我所能去帮助大家。我不仅是大家的老师，还是你们的朋友，同样像李飒和学发说的一样，我还是你们的姐姐。所以，即使我不给大家上课了，也不要忘记我时刻在你们身边。

李飒说让我在走之前一定要去咱们文班看看大家，千万不要悄悄走掉。傻宝贝们呀，我怎么会悄悄走掉呢？我怎么忍心、怎么舍得呢！再说了，我还有将近两个月才走呢。在这剩下的一段时间里，我会常去班里看大家的，我会陪同你们一起一步一个脚印地走下去，请大家相信我！

咱们高二文班是高中部人数最多的一个班，也是很受领导关注和重视的一个班。咱们班的班主任杨老师是一个认真负责的好老师，她在工作上的兢兢业业大家都看在眼里。杨老师对大家的期望很高，希望大家不要辜负她的期望，齐心协力、团结奋进，把高二文班建设成一个优秀的班集体。我相信大家一定可以的！

另外，天气越来越冷了，大家一定要记得适度加衣，注意保暖。还有吃东西的时候，尽量吃热的饭菜，少吃些方便面（总是看到你们吃泡面）。这个季节闹肠胃病的人很多，大家一定要注意身体，照顾好自己，别让父母担心。

我就写到这里吧，最后，我祝大家学业进步，开心每一天，希望大家可以健康快乐地成长。我爱你们，我亲爱的同学们！

【学长拨雾指路】

两个月的时间不长也不短，小宗老师在两个月的时间里，与学生们建立了深厚情谊，这种情谊弥足珍贵。感情需要双方的付出，孩子们对小宗老师的不舍更说明了小宗老师对孩子们的感情至深，这种感情体现在很多地方：小宗老师在大家都入睡的时候还在想着孩子们，写下这封信；虽然自己不再上课，但是依然关心着学生，提醒大家要互相帮助，互相理解；选择班级的时候愿意让更有经验的老师来教育孩子们；让大家明白每一位老师都是良苦用心……这样的小宗老师怎么会不受到学生们的喜爱呢？

很多人都说青春期的孩子很难相处，因为他们还不懂得理解，比较自我，有些叛逆。可是，大家并没有真正走进这些孩子心里。其实，他们无比渴望被关爱，渴望进步，渴望成功，可是他们又有些自卑，所以表现的满不在乎。一旦让孩子们感受到教师的关注和关爱，孩子们都会拿出真心来对待。在真诚的基础上与孩子们相处，是我们作为教师最应该做的事情。苏霍姆林斯基在《和青年校长的谈话》中说道："教师基于他教导学生的道义上的权利，对学生怀着真挚诚恳的感情，这正是激励学生要实现成为一个好人的志向的生气蓬勃的力量。真正的教育者很少直接对自己的学生说：你们可要成为好人啊。学生是从教师深厚而真挚的感情中体会到他的善良用心的。"读完小宗老师的这封信，我更深切地明白了这个道理，因为爱，因为真诚的沟通和交流，孩子们都会渐渐懂得理解，懂得宽容，懂得尊重，懂得努力，懂得勇敢……而这些，不是所谓的"谆谆教导"就能做到的。

鲁迅说"教育植根于爱"，让我们带着期待，带着感动，与这些可爱的孩子们一起努力描绘一幅美好的图景吧！

12. 既"教书"也"育人"

邯郸市大名县某中学　张芳芳

【新手顶岗心路】

迄今为止，实习已经差不多两个月了，心理上已经把自己从实习生的角色定位到教师这一角色，也日渐习惯于教师的言行举止。在这里浅谈一下我自己对教师这个职业的理解。

《师说》中有对教师这个职业的完美解释“师者，传道授业解惑也。”在古时候的大教育家韩愈就已经对教师的职责有了明确的了解，即“老师就是传播道理，传授学业，解疑答难的人。”

“教书”和“育人”都是教师的职责，教书育人换个说法就是教学，品德的培养。在自己两个月的实践感悟中，认为这两者之于教育都很重要，不这样就做不到培养全面发展的新一代接班人。

我觉得，教书和育人是分不开的。之所以把教书和育人分开来说，是为了引起我们广大教育工作者对这两者之间关系的关注，教书和育人是联系在一起的，也可以说是通过教书来达到育人的目的。

教书之所以必须教人，是因为首先我们是有别于搞科研的，我们的工作对象是人，是正在长知识，长身体的青少年。在我们传授知识的过程中，作为教师的我们，我们的思想观点和职业道德势必影响学生的性格和成长。从这个方面来讲，教师总在有意无意地教人。

所谓育人即品德的培养，它是一个抽象的教育，也是最重要的最难教的一项。现在，我们的教育对象是正处在青春期的初三学生，虽说在这个学校他们是年纪最大的一批学生，但是他们毕竟是孩子，处在青春期，性格和品质都处在可塑期。他们对于一些事情分不清楚是非曲直。对于这些学生，单单凭借空洞的说教是无济于事的，甚至会产生相反地作用。我们应该凭借的是知识和对社会的认识，来赢得学生的尊敬。通过知识教学，可以引导学生去获得这些认识。之前总听一些教育工作者责备现在的学生精神空虚，缺乏思想。其实，在责备之余我们应该反思自问，作为老师的我们应给学生如何树立榜样，让自己的品德成为学生的思想标杆。

“德高为师，学高为范。”对学生，既教书，又育人；对自己，既有品德的修养又有知识的积累。

【学长拨雾指路】

“师者，传道授业解惑也。”是古人对为人师者的诠释。教师，肩负教书育人的重要使命，被人们称为是天底下最高尚、最纯粹的职业。在长期的应试教育的环境下，一直以成绩作为衡量学生和任课教师的一条金科玉律。我们过于注重教书，很多时候忽视了育人的重要性。自己尚未走出校园的小张老师能够意识到育人的重要性，实属难能可贵。

作为教师在教书育人的问题上，要摆正位置。教书是为了育人，教的目的是为了育——教育。不教则难育，要想处理好教书和育人的关系，我们应该注意以下几点：

（1）要是非分明。对学生要进行爱国主义教育、集体主义教育、社会主义教育。要培养出有道德、有理想、守纪律、懂法律、维护民族团结、具有国防意识的公民。培养的学生要具有与时俱进的思想和境界。

所以，教书的同时，更要重视育人。对于大是大非问题，教师要讲清楚，而且要“年年讲、月月讲、天天讲”，要融入你所教的每一节的课堂之中。

（2）要以身作则。身教重于言教，说到不如做到。如果教师要求学生做到的事情，或者教师认可和推崇的东西，自己都做不到，学生怎么会认可和接受呢？“说得好，不如做得好。”“事实胜于雄辩”，都说明为人师表要求教师在待人接物，为人处事方面要以身作则。

（3）要因材施教。要注意因材施教，因人施教。每个学生都是有独立特点的人，不同的孩子有不同的性格，也对应着不同的教育方法。因材施教就是要根据受教育者的不同，要采取不同的教育方式、方法。

就像我国知名教育家陶行知先生说的那样：“先生不应该专教书，他的责任是教人做人；学生不应该专读书，他的责任是学习人生之道。”教书和育人是教师从教生涯的主旋律，但教书与育人是有区别的。教书是传授知识和技能；而育人是指培养学生的人生观、世界观、价值观，教导学生今后如何做人、做事。教书育人二者又是因果关系，又是互动关系，又各自独立。教书比较容易做到，育人难以实现。作为教师，为人师表就是为了育人。所以，为人师表更加重要。

第三乐章
顶岗末期之甜与醉

时光荏苒，转眼间，半年的顶岗支教实习生活已接近了尾声。你们已经能够适应百味的生活并从中找到乐趣；你们已经能够营造出绿色的生态课堂并沉醉其中；你们和学生们的关系更进一步或许已经把他们当成了“孩子”和“弟弟妹妹”了。马上就要离开了，离别之际天空里也弥漫着悲伤的气息，回忆起顶岗实习支教的整个过程有快乐、有悲伤、有欣喜、有彷徨，到现在只有甘甜与陶醉。可能每个实习生在这个时候都不愿离去，哪怕再多受点苦也想在这里再多待一些时日。但是天下没有不散的筵席，该离去的总是要离去，实习生们擦擦眼角的泪吧，前方还有更广阔的天地等待你去开拓！

第一篇　我的绿色课堂

从初登讲台的紧张拘谨到现在的挥洒自如，从讲课内容的东拼西凑到现在的逻辑清晰，从处理突发事件的手足无措到现在的处乱不惊。这一切的进步都是你们不断努力、不断总结的结果。现在的课堂已经具有绿色课堂、生态课堂的雏形了，在这些课堂上导入新颖、兴趣盎然、教学得法、氛围活跃。甚至你们已经能根据当地学校的教学条件再结合自己的特点创造属于自己的教学模式。希望这样的绿色课堂可以伴随你走过整个教师生涯。

1. 备教材是备课之重

邢台市宁晋县某中学　许婷

【新手顶岗心路】

说到备课，相信对于很多老师来说肯定是一件非常熟悉的事情，因为老师只要上课就要备课。所谓备课，简单的理解就是上课前的准备，根据一些具体的条件和情况来安排整节课。而这些具体的情况和条件是备课的中心，比如：学生的学情，教材的内容和编写的顺序，现有的教学条件等等。对于这一点我是深有体会的。

在上周，师大老师巡回指导时，我的讲课赢得了众多老师的好评。经过课后反复思考、总结，我认为这节课之所以成功，原因在于我精心得备课：备这个只有四十五分钟的课我就将近用了 2 天的时间。真的印证了那句话：台上一分钟，台下十年功。那么怎么样才能备好课呢，我认为备课的第一步在于备教材，我从中总结了以下几点：

（1）备课首先要备教材。教材是学生学习的依据，也是考试命题的依据，所以备课首先要备好教材。在课前老师要认认真真地研读教材，其中包括课标、教科书还有参考书。首先说课标，读课标可以明确教学目标、教学要求，明确所教的知识点的深度和难度。比如：初中地理和高中地理的课标要求是不一样的，高中课标要求注重与实际相结合，要求学生在梳理、分析地理事物的基础上，逐步学会运用地理原理探究地理过程、地理成因以及地理规律。而初中地理原则上不涉及较深层次的地理成因问题的分析。我在讲述温带海洋性气候的时候涉及其成因时，只是一笔带过，没有进行较深层次的探究。如果我们对课标不明确，那么可能在给初中讲课的时候一不小心会讲到一些关于气候成因的问题，而这类问题则是属于较深层次的成因问题，所以对课标的解读是非常有必要的。

(2) 另外教科书和参考书也是非常关键的。首先，要读懂教材的基本思想、基本概念，另外还要透彻地了解教材的结构、重难点和知识的逻辑。读参考书便于了解一些知识点的考察方式。例如，《欧洲西部》这节课，我在备课的时候发现课本上的知识非常的零散，没有逻辑性，如果按照教材的顺序来讲的话，不太符合学生的认知规律，学生不太容易接受，所以我在备课时认真对教材的内容和结构做了剖析，对教材的知识进行了重新地组合，打破了原来的顺序，整理了知识结构体系，使其结构更加的清晰，学生更容易学，老师更容易教。另外我还对平时学生使用的课时练进行了分析，了解了考点、重点、难点，在讲课的时候根据这些适当地进行强调。

(3) 除了做好以上几点之外，还要做到“背”教材，所谓“背”教材就是要熟悉教材的编排顺序，以及背诵一些重要的知识点，以便在讲课的时候能够引导学生进行分析、阅读书中的内容，节省时间，提高教学效率。

备课除了备教材外，还要备学生、备教法，但是备教材是万里长征的第一步，只有走好了第一步，才能走得更稳、更远，课才能上得更好！

【学长拨雾指路】

顶岗实习是我们参加工作前提升自己教学能力的关键时期。其中教学设计能力主要考察了教师对教材以及学生学习等情况的分析、把握能力，也是保障课堂教学活动能够顺利展开的关键。

初登三尺讲台，小许老师能够对备课有如此深刻的理解，尤其是对课标的理解（这是实习老师很少能够做到的，甚至是经常被忽略的）非常难得。这种摸索与坚持的精神是值得我们其他实习生学习的。

备课在于追求物的（教学知识、教学设施、学生特点和教师自己的水平等）和精神的（思想方法、兴趣、情感、意志等）艺术。而备教材作为备课重要的一环，不容被忽视。所谓备教材就是加工处理教材。关于备教材我们可以从以下方面着手：

(1) 熟悉课标，吃透教材。备课应明确教学的目的、任务、内容，弄清重点和难点，对知识的结构体系，与相关学科的横向联系，做到心中有数。既清楚知识和能力的要求，又注意渗透人生观和世界观的培养。

（2）广泛阅读，积累素材。教学要求既有知识的纵向联系，也有知识的横向联系，要想轻车熟路地备课，首先要有丰富的知识面。苏霍姆林斯基曾经说过："只有当教师的知识视野比学校教学大纲宽广得无可比拟的时候，教师才能真正成为教育过程的真正能手、艺术家和诗人"。

（3）精巧加工，消化教材。在符合学生的认知规律的前提下，对教材结构、顺序进行调整，优化教学过程。把精巧加工的教材内化于心中，即要做到明、懂、化：明——明确教学目的、内容，重难点。明确教材与学生之间生动活泼的接触点。明确预设的教学过程，及可能出现的与教材有关的突发事件。懂——自识清楚，教师要把教材内化为自己的东西，把加工好的教材系统纳入自己的认识中。当教学对象产生差异或学生前期达到的目标与预定目标相比过低或过高时，才能灵活地修正教案，因材施教。化——心中有书，这是备教材的最高境界。教案存于教师心中，教师上课就能做到轻车熟路，信手拈来。

善于摸索、善于总结的教师才有可能成为一名合格的教师。在教学中，无论遇到什么问题，都不要忘了自己最初的梦想——教书育人。正如苏霍姆林斯基所说："教育者的个性、思想信念及其精神生活的财富，是一种能激发每个受教育者检点自己、反省自己和控制自己的力量。"

2. 多媒体，我的"救星"

秦皇岛市海港区某中学　赵鹤宾

【新手顶岗心路】

实习快结束了，我也已经能够比较从容地走上讲台和走下讲台了。每次上课前，我都精心备课，认真的准备 PPT 课件，感觉只要把 PPT 课件做好了，我就能够轻松地把整堂课顺利讲下来。有一次，学校停电，多媒体不能用，正赶上我有课，本来精心准备的课件，也不能讲了。于是我赶紧抓紧时间熟悉内容，备一节不用多媒体的课。由于习惯借助多媒体讲课，在多媒体派不上用处的情况下，我跟盲人丢了拐杖似的感到不知所措，后来这节课上的很凌乱。这不禁引起了我的反思：作为一名实习老师，是不是对多媒体太过依赖了呢？

就"在课堂上该如何高效利用多媒体"这个问题，我特地请教了我的指导老师。指导老师的一席话，使我渐渐明晰了这个问题。老师说："给你举个例子吧，以前我在听一节优质公开评比课时，有位老师课件做得非常的好，他熟练地利用了多媒体技术，我们都以为他能取得此次比赛的一等奖，可是结果他却得了一个三等奖。”在我也很诧异的时候，老师接着说：“评委老师给出的评分理由是：PPT课件做的固然精彩，可是学生们的注意力完全集中在这动态的课件上了，大都对老师所讲的兴趣并不大，这就是所谓的‘喧宾夺主了吧’。PPT课件可以精美，但只能辅助你的教学，不能完全依赖它。”

诚然，随着科技的迅猛发展，一支粉笔、一本教材的教学模式已逐渐被淘汰，取而代之的便是轰轰烈烈的多媒体辅助教学。多媒体辅助教学的出现，打破了封闭的课堂教学模式，它以动态的、开放的、交互的思维方式，有效地提高了课堂的教学效率。可是，多媒体作为辅助教学的一种工具，他的作用是为教学服务的，而当多媒体成为课堂上的“主力”，学生们则将注意力完全集中在多媒体上。这样，即使课件做得再精美，学生对老师所讲不感兴趣，那么这堂课也是失败的。

如今，把PPT做得出彩已经不再流行，许多一线老师也都在强调“白底黑字”那种最简单的设计。我想这种“由简单到复杂再回归简单”不是一种倒退，反而是一种进步。记得我上第一堂课的时候，为了吸引同学们，我把课件做得简直“美观”极了：有插图，有动态图，各种效果，各种颜色的字体，好不热闹。可课后，听课老师却对我说：“课件做得太花了，后面的同学都看不太清。我建议以后白底黑字即可。”确实，课后，我找一些同学聊天，他们也向我反映了课件看不清楚。我不得不反思，精心为学生做好的课件，却不适用于学生，是不是我太过注重课件的效果而没有很好地利用多媒体辅助教学呢？

经过反思，我懂得：多媒体只能作为辅助教学的工具，而不能“喧宾夺主”，成为课堂的“主力”。所以我们要认识它的作用，学会合理利用多媒体，为我们的教学增添色彩。

【学长拨雾指路】

在素质教育的今天，我们应该充分认识到多媒体信息技术在教学中的巨大作用，使传统的接受式学习转变为主动学习、探究学习和研究性学习，体现新课程的理念。在顶岗实习期间，小赵老师能够摆脱满堂灌的传统教学模式，能够结合多媒体信息技术进行教学是值得肯定的。

可是，为什么会出现上述问题呢？其实，在上述问题中，离开多媒体就不能很好的教学，是对教材、教学目标、教学内容等不熟悉的表现。试想，多媒体课件能够代替教学设计吗？如果认真准备了教学设计，还会出现过分依赖多媒体的情况吗？所以，在使用多媒体课件的同时，应该做好完善的教学设计。那么在使用多媒体进行教学时，究竟应该怎样做呢？

在使用多媒体进行辅助教学时，我认为需要注意以下问题：

（1）多媒体教学并不排斥传统教学模式。多媒体教学手段是新生物，其课堂教学的直观性、趣味性可以提高教学质量和效果，其进步性与优越性无可置疑，但其并不能完全取代传统的教学手段与方法，传统的教学模式是广大教育工作者经过长期的课堂实践所总结出来的行之有效的一种教学模式。其教学经验、教学方法、教学手段是中国教育乃至世界教育的几千年发展的结晶，具有一定的科学性与实用性。如果我们一味地去追求表面的奢华和大容量，一味地追求新颖和现代化，结果不是分散了学生的注意力就是搞得学生在课堂上顾此失彼，反而降低了课堂效率。

我们在应用多媒体进行辅助教学的过程中，要客观地考虑传统方面的因素，如传统的教师的板书、演示、讲解、指导、引导、学生讨论、理解、消化的过程和环节等，合理运用教学手段，使得教学效果达到最佳化。

（2）灵活地处理好教师、学生、教材、媒体的关系。教育哲学家赫斯特认为：学习是行为的变化。所谓“行为变化”是指由于选择不同的策略处理相同的教材，就产生了不同的反映行为和不同的反应。在有效教学中就是，教师应考虑怎样合理地运用不同的教学模式可以使得学生学到更深、更多和更广的知识。现代化课堂教学过程主要包含四个要素：教师、学生、教材、媒体。其中教师主导，是教学过程的组织者、指导者，是知识意义建构的帮助者、促进者，而不是主动施教的知识灌输者。学生是主体，是知识意义的主动建构者，而不是外界刺激的被动接受者、知识的灌输对象。教材所提供的知识是学生主动建构的对象，而不是教师向学生灌输的内容。媒体是创设学习情境、学生主动学习、协作、探索、完成知识意义建权的认知工具，而不是教师向学生灌输知识所使用的手段、方法。

（3）运用多媒体教学时，要注意学习态度和方法的指导，加强教学反馈。研究表明，记笔记不仅可以监控学生的注意，促进学生对知识的理解，而且有助于学生发现新旧知识的联系。因此教师在运用多媒体进行辅助教学的过程中，要注意屏显的速度和时机，实时提醒学生主动记录摘要，培养他们思考和讨论问题的习惯。

多媒体教学作为辅助教学的一种手段，应充分体现它的优势，从而实现教育的信息化、现代化。同时在教学中，要做到以学生为中心。正如陶行知所言：活的人才教育不是灌输知识，而是将开发文化宝库的钥匙，尽我们知道的交给学生。

3. 导入紧抓学生眼球

邢台市宁晋县某中学　刘影

【新手顶岗心路】

很多老师一直在强调教法和课堂气氛的重要性，从实习到现在我也在不断地摸索经验。教法和课堂气氛固然重要，然而上课开始的时候能否抓住学生们的眼球，吸引学生们的注意力却是一堂课成功的关键所在。如果一堂课的开始不能将学生们的心紧紧地抓住，那么这一节课学生们的心都会是“游离”状态，课堂气氛也就不能搞好了。英语是一门知识点较细、较多的学科，所以在课堂开始的时候抓住学生们的注意力就更为重要。

实习以前我觉得导入无非是课堂的开始，甚至有的时候觉得导入根本就没有什么作用，只会耽误时间，白白浪费掉宝贵的课堂时间。但是当我亲临“战场”进行实践的时候却发现没有一个好的导入，学生们的兴趣不足，上课的时候根本不能集中注意力听讲，反而一直在走神和游离。实习开始的时候我不用导入，采取“开门见山”的方式进行教学，结果发现这一节课有的同学总是抓不住重点，不知道老师在讲什么。后来指导老师指出了我的问题所在，我也意识到自己想法的错误，在接下来的教学工作中对我的问题进行了改正。如何让导入抓住学生的眼球，让课堂气氛活跃起来？针对这个问题我进行了反思和改进，为了改正坏习惯，我每节课都要用心去设计一个有趣的导入。开始的时候我感觉导入的设计很难，甚至有时会为了设计一个导入而花费两三天时间。针对这个问题我又请教了指导老师，寻求指导老师的帮助，指导老师给了我相应的建议：导入不应该太高大上，最好能够有趣生动，应和同学生们的日常生活紧密相关。而且导入设计有困难说明我对教材理解不透彻，还不能很好的抓住重点，老师建议我去透彻地研读教材，然后针对教材设计导入。果然，老师的这些建议很受用，我首先去认真地研读教材，然后针对教材和教学目标设计导入。结果，课堂效果非常好，一开始就能够抓住学生们的眼球，吸引学生注意力。

今天英语课上设计的导入深受学生们的喜爱，在课堂开始就引起学生们极大的兴趣。由于第九单元要讲描述人物外貌和肖像的单词和短语，为了使课堂更加生动形象我在黑板上分别画了三个高、矮和中等身高的人并且画了长直发，短直发和短卷发让学生们对这三个人进行描述，从而引出本节课的教学内容，学生们一看我黑板上画的三幅画立刻你一言我一语的纷纷讨论和猜测起来。于是，本节课在欢乐中开始了。

【学长拨雾指路】

顶岗实习，是顶岗实习生成长的关键阶段。通过顶岗实习能够使我们快速成长，有的教师用几年甚至十几年的时间去验证一个问题，而我们在如此便利的平台上，很快就能够获得一些经验。小刘老师不断发现、不断追问、不断学习的精神让人钦佩。

一般来说，导入新课的具体方法有：

（1）热点导入法。热点导入法就是把学习内容与当前受关注程度高的热点联系起来，巧妙而大胆地引入课堂。通过学生的讨论，以启迪学生的心灵，启发他们探求新知识的主动性。

（2）故事导入法。运用历史典故、名人轶事、寓言故事，民间传说等方面的素材导入新课。这种方法更容易吸引学生的眼球，给同学们留下深刻的印象。例如在讲“主观符合客观”这一节时就可以讲述“画家画牛”的典故，通过典故反映出的道理来引出将学的内容。

（3）多媒体导入法。巴甫洛夫说过：“科学随着方法学获得的成就而不断跃进，方法学每进一步，我们仿佛上了一个台阶，于是我们有了更广阔的视野，看到从未看到的事物。”多媒体用于教学活动，为常规教学开辟了广阔的前景。用多媒体导课，有利于把学生引入教师设置的情境之中，吸引学生的注意力。例如在讲“人类面临严重的环境问题”时可以用多媒体放一段环境污染的录像。就能先声夺人，把学生的注意力牢牢把握住，从而开启学生积极思维的闸门，使学生感到政治课就在生活中。

（4）活动导入法。通过组织学生自导自演一些与教学内容有关的小品，小短剧等导入新课。这种方法更适用于初中生，方法新颖活泼，容易使学生产生共鸣，活跃气氛，调动学生学习的积极性，让学生乐于学、爱学。还可以充分利用教材上的一些小活动。比如，在讲“消费者权益”时就可以编演小品，如小丽买鞋时遭到店主怀疑，无礼搜身、强买强卖等侵害消费者权益的故事。

（5）自主导入法。在上节课结束后，将下一节课学习的内容，让学生在预习的情况下，自己归纳成几个问题，在上课前，再让学生自己论述解答，然后由老师纠正答案。这样既培养了学生的胆识，语言表达和交流能力，还有益于发挥学生的主体性，增强学生自信心。

（6）提问导入法。在讲新课前，有针对地提问上一节课所学的知识，然后自然而然地引出将要学习的内容。因为，知识是一个有机的整体，前后是环环相扣密不可分的。提问导入法有利于学生形成系统的知识，把人为分割的知识再次结合在一起，使学生掌握的知识更系统、更科学。

写文章要求“凤头、猪肚、豹尾”，凤头意指文章开头要美。课的开头多种多样，无论何种导入，都要以学生为中心，以学生的认识为重点来设计，融科学、艺术、教育于一体，这样才能激发学生的学习兴趣，充分调动学生学习的主动性，使得师生间达到知识同步、思维同振、情感共鸣，最终使得课堂教学过程富有生机，焕发生命的活力。

4. 课堂作业的布置

秦皇岛市卢龙县某中学　李娜

【新手顶岗心路】

如果说课堂的教学是一篇优美的乐章，那么作为每节课收获与总结部分的作业布置则是这一篇乐章中不可或缺的一段旋律。它重复着主旋律部分，暗含着一堂课的重点、难点，提醒学生注意。它又留下让人回味的余韵，用不同的形式完成了整节课的升华。

那么，如何谱写这乐章中起到画龙点睛作用的一部分，给学生布置恰当、适量、有效的作业呢？这也是我们应该在实习中不断学习和思考的。

实习之初，我曾经秉承着给学生减负的原则，尽量不留那些机械抄写的笔头作业，只是督促他们自觉预习、复习、完成练习册。可是不久之后，我就发现，孩子们自制力很差，那些口头上的作业他们都选择了自动忽略。最后课上学习的知识完全得不到消化和掌握。这使我认识到，初中的孩子们绝大多数不能自觉地主动完成学习任务，他们还需要一些实质性的作业去督促他们复习功课，以达到巩固知识的目的。

于是，我请教了我的指导老师，并且结合我在学校里学习的理论知识，渐渐总结出了一些布置作业的有效方法。

首先，作业的数量要适度，要适应学生的学习要求。通常情况下，初二的学生每天至少要完成六科的作业，同时还会有一些课外的学习任务。这就使得孩子们的课后时间极其有限，过量的作业不仅成为学生的负担，还会加重学生对某一学科的反感。

其次，作业的设计要分层次，以满足不同学习水平学生的要求。要面向优、中、差不同层次的学生布置不同要求的作业。为中等偏下的学生布置训练基础知识的作业，帮助他们巩固必会知识，达到大纲规定的基本要求。为中等偏上的学生布置具有提高作用、培养思维和创新能力的作业，从而满足这部分学生更高层次的学习要求，提高他们的学习能力，为接下来的学习奠定基础。这样就可以使不同层面的学生都有了明确的学习任务，不至于不学习，也不至于学不到。

最后，作业的内容也要典型。我们应该选取练习题中最能反映学生理解程度和应用能力的题目，做到“少而精”，从而用最少的训练达到最好的学习效果。同时，布置的作业也要让学生感到学习的乐趣，激发他们学习的兴趣。

课堂的教学是一门艺术，即使是很小的一个组成部分都需要我们去潜心研究。作为实习生，我们探索教学的道路还很长。

【学长拨雾指路】

布置作业尽管是教学过程中的最后环节，却是教学过程中的重要环节。合理的布置作业能够让学生及时巩固知识，起到查漏补缺的作用。而在顶岗实习期间，许多实习老师为了能够和学生处好关系，取得学生的“芳心”，就忽视了布置作业这一重要的环节。殊不知丢掉了让学生及时巩固，查漏补缺的机会。小李老师在顶岗伊始没有对布置作业有足够的重视，但是由于自己的细心观察，发现布置作业不可忽视，经过请教指导老师并结合自己的理论知识，逐渐总结出了布置作业的注意事项。小李老师的这种善于发现、善于请教、善于总结的品质是作为一位教师最珍贵的品质，值得我们学习。

其实，在顶岗实习期间，我们会学到许多教学知识，有些本领是从其他教师身上学到的，有些经验则是靠自己不断摸索，不断尝试所收获的，需要自己有一颗善于观察，善于发现的心，而所有的这些都是自己教师生涯中一笔重要的财富。对于布置作业，我也有一些想法，希望可以提供参考。

（1）课前布置。这样可以增加对作业的预习因素及思考时间，不仅可以提高学习效果及作业的正确率，而且能培养学生自学能力，可谓一举两得。

（2）对写作业采取措施。在实习期间，会发现有些学生的作业并不会去修改，这时老师就要督促学生自行订正，根据批改的次数给予适当评分，记载于册。这样既能培养学生自己发现错误，改正错误的习惯，同时也增强了学生对教师批改意见的重要性，增强了教师批改作业的有效性。特别是对一部分差生，作业错误较多，往往要多次修改，这就在最大程度上减少了本子上的“不及格”。苏霍姆斯基在《给教师的建议》中提到：“你在任何时候也不要急于给学生打不及格的分数……”这样，才能使学生在修改的过程中体验到一种亲自参与掌握知识的情感。

（3）展开“小老师”活动。心理学观点认为，中学生有着较强的发现能力、好胜心和支配心理，为此每周进行一到两次的“小老师”活动，可培养他们的正确处理问题能力，培养他们的责任感和荣誉感。“小老师”活动即先让“小老师”批改小组作业，而“小老师”作业由课代表批改，批改者要改题、评分、签名。若发现错误，教师先要追查“小老师”责任，然后第二步再由老师批改、验收。

（4）作业要有评语。批改作业时，不要单单用传统的方法，打“√”“×”，还要特别注重写评语。评语有一种声音效应，犹如老师就在眼前指点，给人强烈的听觉刺激和想象余地，增强了触动力。且评语多以鼓励型为主，以使他们更热爱学习，从而对所学课程表现出兴趣和信心。

教学是一门艺术，每一个环节都不可忽视，每一个环节都需要我们细细品味，体会其中的奥妙，感悟其中的神奇。在今后顶岗实习的道路上，总会有或大或小的困惑与障碍，各种突发事件，这就需要我们要做好心理准备，迎接挑战，随时保持怀揣一颗不断学习的心。教育家陶行知说过："要想学生好学，必须先生好学。唯有学而不厌的先生才能教出学而不厌的学生。"让我们和学生一起翱翔于知识的海洋中。

5. 让语文课更有味道

张家口市康保某中学　李中豪

【新手顶岗心路】

近些年来，中、高考不断改革，各科考试方式和分数比例也不断发生变化。其中，语文科目的变化是比较大的，分数值不断提高，语文教学的内容也有很大的变革。

国家如此重视语文学科的发展并不断强调语文学科的重要性，这恰恰说明了语文学科在现阶段的发展中出现了问题，甚至，我们也可以这样说，语文学科在教学过程中没有得到学校、教师、家长以及学生的足够重视。无论是活跃在教学一线的语文老师，还是那些在幕后工作的教育专家和教研究员们，都清楚地看到了语文学科的问题：大部分学生不重视语文的学习，很多学生也没有学习语文的兴趣。这种不重视和兴趣的缺失是语文学科在教学过程中必然要面对和急需解决的难题。

语文学科与其他学科有很大的不同。很多学生对其他学科其实都没有产生所谓的兴趣，但像数学、物理等学科，虽然学生对其不感兴趣，但这些学科却能够让学生产生足够的重视，甚至不少学生在课外还会报一些补习班进行学习。然而，语文学科到目前为止，既不能吸引学生，也不能让学生产生足够的重视，或许是由于语文学科自身的特点，语文学科在考试中似乎并不是一个能拉开分数，区分成绩的学科。无论重视与否，无论认真与否，成绩似乎在短时间内看不到有明显的区别。但当这种区别产生时，学生再想迅速提高语文成绩，就变得困难了。由于语文成绩并不会像其他学科一样，可以通过短时间的练习来提高，所以就会打击学生的学习积极性，从而形成一个恶性循环。要解决这一问题，最有效的手段，就是从根本上改变语文教学的方式，让语文课更加出彩，让语文课吸引学生，让语文课充满语文的味道。那么，我们如何让语文课堂变得有味道、更出彩呢？

我认为，要让语文课堂有味道，最重要的就是知道语文课应该有什么味道。这里我所谓的味道，实际上就是指语言汉字和文学的味道，也就是语言和文学的美。所谓“爱美之心，人皆有之。”只有让学生感受到语文的美，学生才会为之向往，才会产生兴趣。

那么，首先我们要从备课入手。语文教师备课，不能只是备课标、备教材、备学情等，语文教师在备课时，还要做好备语言这一工作。语文课不是数学，也不是物理，语文课学的是语言和文学，那么我们语文教师在教学时，就要有意识通过自己讲课的语言，要有意识地用优美的、富有感染力的词汇和语句组织自己的教学语言。在潜移默化中培养学生的语言和文学素养，让学生在优美的语言中感受到语文的美，从而产生对语文的向往和兴趣。

其次，语文教师要注意提高自身的语文素养。俗话说：“打铁还需自身硬”，在实际教学中肯定会遇到各种各样的情况，那么我们的课堂教学也不可能完全按照教学设计进行，在实际教学中会出现很多无法预知的“剧情”，所以很多时候需要我们教师自由地发挥，这就对教师自身的素养有一个很高的要求。

再次，语文教师为了让课堂变得更有味道，更活泼，更有感染力，就要放开自己，要敢于在学生面前展示自己。学习语文的兴趣很大程度上要来源于阅读和朗诵，而在语文教学中，朗诵也是一个很重要的方面。想让学生积极，教师首先就要动起来，如果连教师都扭扭捏捏的，那么学生又怎会大方起来呢？所以，只有教师首先放开自己，勇于展示自己，甚至参与到学生的朗诵活动中去，才会让学生更加放松，对语文的兴趣也会因此而更加浓厚。

最后，就是改变语文教学中讲读课文的方法。不要把课文讲的七零八落，应该让学生从整体上感受课文带给我们的艺术享受。我认为这也是语文教学改革中最应该注意的问题，无论是现代文还是文言文，无论是小说、散文还是诗歌，我们在教学中过多的重视对文本的分析，而忽视了对文本的欣赏。但加强对文本的欣赏，说起来容易，在实际教学中操作起来就难了，这关系到对语文学科考察方式等一系列的问题。

以上，只是我对如何营造出彩的语文课堂的一点浅薄的见解，希望大家多多指正批评。

【学长拨雾指路】

顶岗末期是我们收获较多的阶段，无论是教学实践能力，还是其他方面都有一个不同水平上的提升。有心的教师，是一名善于总结、善于反思、善于改进的教师。小李老师通过自己的实习经历，总结出了语文课，要上出语文课的味道，说明小李老师真正去分析了语文这一学科的当前形势，以及怎样做才能激发学生学习语文的兴趣。做到这样的程度，也说明小李老师是一名善于钻研的老师，是我们大家学习的榜样。

无可厚非，无论是语文学科还是其他学科，都需要激发学生的学习兴趣，营造出彩的课堂。下面就如何营造出彩课堂谈谈自己的想法：

（1）广闻博采，用自己的知识魅力使课堂充满活力。当今世界科学技术突飞猛进，知识更新换代异常迅速。当教师的“道”不够“精”、不够“深”的时候，不能以一桶水来浇灌无数朵花的时候，学生势必会对你产生怀疑，势必会影响学生的学习积极性。因此教师必须善于接受和消化新观念、新知识，认真钻研业务，不断提高自身素质。必须积极探索教学方法和教学艺术，活跃课堂气氛，激发学生学习兴趣。必须勤奋好学，孜孜不倦，努力做到学识渊博，业务精良。既有精深的专业知识，又具有广博的相关知识，还具有坚实的理论功底和较强的业务能力。

（2）用自己的情感魅力让课堂充满活力。从教育心理学的角度出发，情感在学习过程中起着十分重要的作用，它是信念的催化剂。热爱学生，尊重学生，信任学生，严格要求学生是教师道德威信形成的根本保证。只有以良好的感情，崇高的道德去关爱学生，才会激发学生积极向上的力量，受到学生的尊敬与爱戴。只有发自内心的真情实感去打动学生，感染学生，学生才会在情感上与教师产生共鸣，才会“亲其师，信其道。”教师要了解他们的爱好、才能、个性特点和精神世界，并一视同仁，把每个学生视为自己的孩子，让每个孩子都能享受到教师的阳光雨露。

（3）尊重学生，以人为本。学生是学习的主体，又是自身发展的主体。课堂教学既是学生的认知过程，更是学生生命活动过程。学生的主体性，包括其学习的积极性、自主的意识、自理的能力，以及学生的创造性等。在课堂教学中，教师要面向每一个学生，照顾每一个学生，承认每一个学生都有自己的特殊性，真正贯彻因材施教的原则。同时，要突出学生在学习活动中的主体地位，即其学习的自主性、能动性和创造性，要为学生获得终身学习的能力、创造的能力以及生存和发展的能力打好基础。

（4）营造一个民主、平等、和谐、合作的学习氛围。课堂教学是师生之间多形式、多维度的相互作用，相互影响的互动过程。师生间应该建立民主、平等、和谐、合作的关系，教师热爱学生，学生尊敬教师，教学过程要体现主导与主体的辩证统一。

（5）启思导学，积极改进教学方法。随着新课程改革步伐的加快，要求每一个教师在教育方法上应该有一个重大的转变，教师针对创新教育及时代特点，要一改粉笔、黑板、嘴巴等简易的教学手段，充分利用演示仪、投影仪、录音机、录像机、多媒体电脑等设备辅助教学，让课堂实现教学手段的现代化，把教学同提高学习效率结合起来。

（6）让学生的错误成为再生资源。人不是十全十美的，更何况是学生，我们应该允许学生出错，但出错后，不是让斥责声充满课堂，而应是合理的利用这些差错，给教学平添一些美丽。首先，要肯定学生的积极参与。其次，要弄清错误的根源，找到解决问题的好办法。这时，教师也可利用学生的错误资源，“将错就错”拓展学生的思维，使我们的教学环节更精彩。

总之，教学是一门艺术，只要我们刻苦钻研，潜心设计好课堂教学的每一环节，充分发挥学生潜能，我们的课堂就一定会绚丽多彩、焕发生命的活力。让学生感受到课堂带来的轻松与畅快。记得大教育家夸美纽斯曾经说过：“教学就是把一切知识传给一切人的艺术。”一名教师要真正做到“传道有术、授业有方、解惑有法”，教学就会产生事半功倍的效果，让学生在轻松、愉快的氛围中掌握知识，从而尽可能提高课堂教学的质量。

6. 生物源自生活，动力源自兴趣

保定市望都县某中学　陈敏

【新手顶岗心路】

伟大的科学家爱因斯坦说过：“兴趣是最好的老师。”就是说如果一个人对某件事情产生了浓厚的兴趣，那么他就会主动去求知、去钻研、去实践，并且从中获得快乐。现在有些初中生总是将学习当作一种负担，认为它了无生趣，成绩也越来越差。再加上老师和父母的督促、批评，就产生了一种逆反心理，更不想好好学习，对学习越来越没有兴趣，久而久之变成了一种恶性循环。相反，如果学生们感兴趣，就会经常提出一些问题，经常会追问为什么，久而久之，学到的东西就会远远超过课本上的。所以说，作为一名老师，要善于发现并激发学生的兴趣，调动他们学习的积极性，让他们快乐的学到知识。

实习期间，我教的是初一生物，这学期学的是人体生理，和学生自身息息相关。所以我在教学的过程中就利用了这一点，多给他们列举生活中的例子，并引导他们用学到的内容解决生活中一些简单的问题，并交给他们一些保健的方法，提高他们对生物的兴趣。比如：在讲心脏这部分的内容时，我给他们拓展了一下如何预防高血压，以及心脏支架、搭桥手术的简单原理等。在讲呼吸系统的组成时，我给学生们讲了讲感冒症状产生的原因，以及在日常生活中，如何保护我们的呼吸系统。在讲肾脏的时候，我给他们拓展了人类患尿毒症的原因，血液透析治疗的原理，肾病的种类，以及人们如何预防等课外知识。同学们对这些都很感兴趣，不知不觉中就学到了很多知识。

此外，生物是一门实验学科，许多学生都对做实验很感兴趣。因此，在实验室条件允许的情况下，我结合教学内容，为每个班都加了一节实验课——观察小鱼尾鳍内血液的流动。因为兴趣的驱使，大家都做得很认真，也确实学到了很多知识。有时候学生自己亲自动手的一节实验课或许比老师在课堂上干巴巴的讲两节课效果要好得多。但是初中生物能做实验的不多，有时候实验室也没有这样的条件，不能满足学生的需求，如何弥补这种不足，还需要进一步研究。总之，激发学生的学习兴趣，唤起他们对学习的欲望与热情，是刻不容缓的事情。

【学长拨雾指路】

古今中外，凡是有成就的人物，不论是科学技术方面的，还是文学艺术方面的，他们都对所从事的工作具有浓厚的兴趣。当然，学生学习也不例外，如果不感兴趣，就成了学习的机器，使学习变得乏味。而当今，在中小学大部分课堂上，不少教师为了完成教学目标，而忽略了学生的学习兴趣。小陈老师在课堂教学中，能够针对不同的教学内容以及学生的学习情况采取不同的措施，以激发学生学习的兴趣，达到了一名教师最起码要达成的教学目的。

其实，不只是生物课堂需要激发学生的学习兴趣，各门学科都需要激发学生的学习兴趣，以提高教学效果。记得我在实习期间，担任初三的数学老师。由于是毕业班，在教学过程中主要以教师为中心，采用“填鸭式”的传统教学，注重于教师上好一堂课，学生学好知识。这样虽然完成了教学任务，却忽视了对学生数学兴趣的激发与培养，违背了数学课程标准的原则要求，特别是学生的观察能力和创新能力，没有得到应有的发展。为此，我再次认真学习新课程标准，回顾总结了自己的教学实践，参加了县里组织的新课程培训，深入钻研，吸取教训，总结经验，在新课程的教学实践中把培养学生兴趣贯穿于数学教学活动之中。后来，又向指导老师请教，多听其他老师的课，关于激发学生的学习兴趣，我总结出了以下几点，希望对其他实习生有所帮助。

(1) 关心爱护学生，培养良好的师生关系。师生关系的建立和发展，必须以师生相互认知和了解为基础，了解和认识学生，是教师施教的前提。已有的事实表明，对学生了如指掌，是教师施教成功、与学生和谐相处的基本条件之一。学生对教师的认识和了解，则往往是学生对教师施教信任程度的重要依据之一，也是影响学生学习积极性的重要因素之一。师生关系和谐，感情融洽，学生才会真正的从心里接纳你，兴趣盎然地进行学习。

(2) 让学生体验成功的乐趣。心理学研究表明，成功的体验可以使人增强信心、克服自卑感，淡化挫折、失败带来的心理压力。学习也是如此，缺乏学习动机和兴趣，学习上便很少取得成功。如果我们帮助他们取得一点成绩，并给以鼓励和支持，使他们转苦为乐，这就会使他们学习情况转变。对于基础较差的学生，在课堂上可以把一些简单的问题留给他们，让他们品尝到成功的喜悦，产生学习的积极性。其实，各种课外活动小组、兴趣小组在培养学习兴趣上常常起着不可估量的作用。

(3) 增强趣味性，培养学生的学习兴趣。托尔斯泰说过："成功的教学所需要的不是强制而是激发学生的兴趣。"传统的教学模式和方法比较呆板，黑板加粉笔，教师在上面讲，学生在下面听，学生的地位消极被动，教学氛围沉闷，久而久之，学生就会失去学习的兴趣。因此，教师在教学中应当让学生感到有趣和新奇，吸引学生的注意力。这就要求教师在教学过程中充分利用多媒体课件等来丰富课堂教学。此外，也可以以生动活泼的方法使学生了解该学科知识在实际生活中的意义，增强趣味性，引起学生们进一步探讨的认知需要。

其实，培养学生的学习兴趣还有很多方面，比如：教师的榜样作用，教师热爱学习是对学生的最大鼓励，学生在教师的影响下，往往会对学习产生浓厚的兴趣。教师要善于发现学生的优点、特长，以此激发学生的学习兴趣……总之，激发学生的学习兴趣，培养学生良好的学习情感态度，是提高学生学习成绩的重要因素。正如孔子所言："知之者不如好之者，好之者不如乐之者。"让学生在快乐的氛围中学到知识才是王道。

7. 化枯燥为有趣

石家庄市元氏县某中学 李丽娜

【新手顶岗心路】

我在实习期间一直担任一百多个学生的英语教学，我觉得自己压力还是很大的。刚到实习学校的时候，有老师告诉我学生的英语基础不是很好，要从基础抓起，不能操之过急。现在我已经教了他们一周的英语课了，我觉得学生在课堂上总是不能集中注意力，并且有些吵闹，谈论一些与课堂无关的话题。有时候我正在讲课，看到他们这个样子，自己会感觉束手无策。我觉得造成这种情况有多种原因。从学生方面来说，应该是学生自己学习的积极性不太高，没有意识到学习的重要性，自身没有投入到课堂氛围中去。从教师方面来说，我觉得是自己没有将内容设计得足够有趣，没能很好地激发学生的积极性。

我觉得以后要改进教学，趁着这周末的时间，决定采取一些措施来改变现状。首先，应该调动学生学习积极性。其次，要让学生学会运用学到的知识解决实际问题，做到既力行又学文。第五单元的课文备课阶段我觉得一定要有所创新。这单元讲述的是加拿大的风土人情，语法重点是同位语从句。我觉得在教学设计上，应该贴近学生的认知和心理特征，以激发学生的乐趣。寓教于乐，能让学生们集中注意力，积极参与课堂。同时，我在网上搜索了许多关于加拿大的有趣的知识，比如加拿大可爱的动物，奇异的植物以及特殊的风俗习惯。如果在授课时，提出这些话题时，学生一定会表现出浓厚的兴趣。只要他们有兴趣就会积极地举手回答问题。此外，我将课堂改成小组教学，我将学生们分成小组，每组有一个组长负责分配任务，然后小组成员共同讨论出结果。小组合作，用所学知识回答我提出的问题。我觉得这样既能让学生们投入到课堂中，又能培养每个学生的团队意识和合作精神。

通过改进，希望能调动学生的积极性，激发学生的学习热情。我希望我在教学上的改变也能给他们带来一些改变。加油！

【学长拨雾指路】

小李老师充分认识到学生们在课堂上不能集中注意力的重要原因是自己没有将课文内容设计得足够有趣，没能很好地激发学生的积极性。为了解决这一问题，他在课堂设计上贴近学生的知识实际、心理特征的环节，还在网上搜索了许多关于加拿大的有趣的知识等来改变现状，来使学生在获得快乐的同时也收获自信。更为难能可贵的是总结出了寓教于乐的教学思路和小组教学的形式来调动学生学习的积极性，增强对知识的理解与掌握。但应注意，学生学习兴趣的稳定性要靠长期的培养。当学生出现兴趣下降时，作为教师要不断地推陈出新，降低学生的学习倦怠现象。对于“有些课文内容本身就很枯燥”问题，对于改变课堂枯燥问题，我提出几条建议：

（1）教学语言要形象有趣，通俗易懂。首先，要用形象的化语言去解释抽象的概念。一般地说，对人的感官富有刺激性的语言，最能引起学生的兴趣。

其次，要精心锤炼描述性的语言，把学生带入美的意境。例如，数学教学偶尔出现几句诗情画意的语言，效果更是不同凡响。

（2）教学语言要幽默风趣，比喻恰当。首先，幽默可以激活课堂气氛。通过调节学生情绪，学生则可以心情舒畅地学习。

其次，幽默可以开启学生的智慧，提高思维的质量。课堂教学的幽默，应和深刻的见解、新鲜的知识结伴而行，教给学生理智，学生会产生会心的微笑，获得美感享受。

物理学中任何物理学家都是将理论和实践结合，例如，伽利略铁球实验，他从理论推理后又进行实验，推翻了伽利略的“力是维持物体运动的原因”。古人云：“不力行，但学文，长浮华，成何人；但力行，不学文，任己见，昧理真。”其体现了理论和实践的相结合的重要性，所以理论在书中学习，抑或从老师、学长那里取得经验，这都是理论，如果将理论灵活的运用到实践中，那样的课堂一定是生动、有趣的。

8. 我的课堂我做主

廊坊市大城县某中学　乔哲

【新手顶岗心路】

“我们教导儿童的主要技巧是把儿童应做的事也变成一种游戏。”我特别推崇英国政治家、思想家洛克这一观点。“玩耍”是每个儿童向往的，在玩中增长知识，锻炼身心，日益成为时代的主流。

作为实习生的我，在怀揣着这一宗旨的同时，带着老师的嘱托，带着我的奇思妙想，让我的课堂活跃起来，我的课堂我做主！

刚开始带初一三班的时候，也许是学生对我的教学方式不太习惯，主动回答问题的人不多。可是几节课下来，我渐渐地看到了希望。在我的激励和引导下，不仅男生能够积极回答问题，就连羞涩的女生也开始举手回答问题，我感到很是欣慰。

记得那一天，几个男生初次登台演小品，虽然他们的普通话讲得不是很标准，但是他们慵懒的话语，逗人的动作，淋漓尽致地刻画出了一个厌学者的形象，全班同学看了之后都捧腹大笑。娱乐之余，趁机给学生警醒，不做厌学的学生，并鼓励他们自主学习。

我的课堂上有演讲比赛，看那些孩子们全神贯注的记忆知识的认真劲儿；我的课堂上有画画比赛，看那些孩子们团结协作完成任务的兴奋劲儿；我的课堂上有设计名片的比赛，看那些孩子们奇思妙想，展现个性的向往劲儿……

我的课堂我做主，希望这些学生能在我的协助下学得扎实，过得快乐。

【学长拨雾指路】

顶岗实习是提升师范生各方面能力的黄金时期，通过半年的顶岗实习，我们的教学能力、组织协调能力、团队协作能力、社会适应能力、创新能力等各方面都会有相应的提高。顶岗实习接近尾声，小乔老师由最初的生涩，经过坚持不懈的努力，到最后的形形色色的课堂。这个转变是不容易做到的，不仅转变了自己的教学态度，也转变了学生的学习态度。这期间必定夹杂着很多苦与累，这份坚持不懈不服输的劲头，是我们每个实习生应该学习的，是每位教师应该去坚持做到的。

小乔老师提到“我的课堂我做主”，虽然很好，但是我想说的是，在秉承这个信念的同时，还需要注意以下几方面：

（1）树立“以学生发展为本的意识”。学生为本的思想已被大多数教师所接受，但在具体的教学中，学生主体作用的发挥往往不理想，主要原因在于我们习惯于让学生跟着自己的思维转，这样学生成了学习的机器，缺乏主观能力，没有自觉性和创造性，以至于被动接受知识。对于发挥学生的主体性，提高学生的素质的要求是很难适应的。因此在教学实践中，要树立起学生主体的思想，并落实到具体的教学过程中，尊重、相信学生，让学生积极参与课堂教学。

（2）在师生的交流中发挥学生的主体性，追求和谐课堂。在课堂教学中充分发挥学生的主体作用，离不开平等、和谐的课堂教学。因此，教师首先要转变角色，确定自己的教学身份。教师应该承担起组织者、引导着、参与者的责任，创造平等、和谐的师生关系，充分调动教与学的积极性。在形式多样的活动中，体现学生的主体作用。通过小组协作，激发学生的主体作用。“独学而无友，孤陋而寡闻”。课堂上要求学生学会学习、学会合作，且在课堂中要尽量为学生提供合作研究的机会，培养学生的团队精神和自主学习的能力。

（3）培养学生提取有效信息的能力，在自主学习中构建学生的主体地位。教育家陶行知说过：“先生的责任不在教而在教学生学，教的法子必须根据学的法子”。我们教师在讲课时，对学生的能力往往不够信任，总怕学生听不懂。在讲到某些重、难点时，由于对学生潜力估计不足，所以讲得多，而学生说得少，更不要说自学了。授人以鱼，不如授人以渔。教会学生学习的方法，才是让学生成为课堂主宰者的真正解决之道。

总之，教学实践告诉我们，以学生为主体是教学的基本出发点，是进行素质教育，提高教学质量的必要条件。只有充分调动“教”与“学”两方面的积极性，并着力构建学生的主体地位，才能真正使学生成为学习的主人。如果只是一味地坚持我的课堂我做主，而忽视了学生的主体地位，那么只会适得其反。只有真正做到以发展学生为本，这样才是名副其实的“我的课堂我做主”。教育家陶行知说过：“要解放孩子的头脑、双手、脚、空间、时间，使他们充分得到自由的生活，从自由的生活中得到真正的教育。”相信，在前人的指导下，在大家的相互帮助下，我们的课堂会越来越好，学生学得越来越带劲。

9. 自创“展示课”

邢台市某中学　李安

【新手顶岗心路】

新生入学已有一段时间，学校开始正常上课，我也面临着很大的挑战。在给学生讲课之前我也要学会所讲的知识和题目。高一年级一共 9 个班，都是实习老师任课，每天没课的时候，我们三个一起备课，讨论进度设置和课程安排。在这一周的时间里，我们一起出学案，备课，做题，并且讨论设计了新的授课形式，我们称为“展示课”，即让学生们走上讲台，轮流讲解课后习题。

正式上课之后，我感觉到做一名教师的不易。上课之前要准备好学案，备好课，做好充分的准备，要考虑学生的接受能力和认知水平，讲课过程中要为学生传授自己的所有知识。而这个过程会有很多心理变化，当我站在讲台上讲课的时候，会有一部分同学小声说话，扰乱课堂秩序，让我心里很不是滋味。这时我总会觉得自己满心的准备不被理解，自己的付出没有被重视。

今天我有六节课，三个班每个班两节课，第一节课讲解基础知识，第二节课讲解课后习题。晚上给学生留了习题课，让他们轮流到讲台上来讲题，有的同学讲地特别好，有的同学却不敢走上台，这个时候我就想到了自己刚上高中时候的情境，觉得可以理解学生，尽量从他们接受的角度来鼓励他们。学生在这样的展示中，既锻炼了自己的语言表达能力，也提升了学习积极性，巩固了知识的熟练程度，同时减轻了教师的工作负担，还真是一举多得。

成为老师后才发现，教师就是这样一个职业，当你严厉时，学生会反感，当你亲切时，学生会喜欢。但是当成绩出来时，学生们会更感谢曾经严厉的老师，给他们勇气的老师。

【学长拨雾指路】

我们的小李老师是一名非常尽职尽责的老师，当他面临教学任务的挑战时，并没有应付了事，而是立足学生需求，着眼学生发展，考虑学校实际，在教学实践中设计出来形式新颖，方法独特的“展示课”，解决了教学过程中遇到的困难。这种开拓、求索、钻研、创新的精神，值得每一位顶岗实习生学习。

该老师设计的“展示课”其实和高效课堂的“展示课”异曲同工。高效课堂有两个课型，预习课和展示课。学生在预习之后就是尽情地展示，通过学生的展示可以知道学生在自研环节自主学习的效果。同时在展示过程中也可以暴露出学生对知识点掌握的不足之处，对教师而言就可以有针对性的点拨，并指导帮助学生解决疑难问题。教师在课堂上应该用亲切的笑脸，真诚的微笑，和蔼的话语营造和谐、民主的气氛。使学生敢说、想说，知无可言，言无不尽，这样互动才是实实在在的展示，才能发挥展示课的作用。

现介绍以下几种已成熟的教学模式，供实习生们参考。

（1）小组合作教学。小组合作教学模式是在教师指导和学生参与下，通过运动的手段，利用适宜的条件，促进学生合作与竞争意识及能力双重发展的一种教学形式。教学环节有：自主学习、小组交流、小组展示、教师点拨、课堂总结。

（2）学案导学教学。所谓“学案导学”是指以学案为载体，以导学为方法，教师的指导为主导，学生的自主学习为主体，师生共同合作完成教学任务的一种教学模式。教学环节包含：教师提出要求（设计学案）、学生自学（完成学案）、讨论交流（讨论学案）、精讲释疑（讲解学案）、练习巩固。

（3）探究式教学。是指学生在学习概念和原理时，教师只是给他们一些事例和问题，让学生自己通过阅读、观察、实验、思考、讨论等途径去独立探究，自行发现并掌握相应的原理和结论的一种方法。教学环节包括：创设情境，激发自主探究欲望、开放课堂，发觉自主探究潜能、适时点拨，诱导探究方向、课堂合作探究，训练自主学习能力、课后留创新作业，激励学生自主学习。

教育界一直有这样一句话：“教学有法，教无定法，贵在得法”。在教学过程中确实有方法和模式可循，但是如果一味拘泥于现有的教学形式，就会使知识和学生需求脱节，难以保障学生的学习效率。因此顶岗实习生应向该教师学习，学会在学校原有的教学模式上，适当改进创新，找到更加适合自己，适合学生的的新型教学模式。

10. 课堂管理需得法

廊坊市大城县某中学　聂聪

【新手顶岗心路】

顶岗实习时，我所教的是初三年级的一个班，学生们精力旺盛，并且男生人数相对较多。虽然是初三年级，但是“升学”在很多学生头脑中根本就没有什么概念。上课时，有的学生会接老师话茬，有的学生窃窃私语，更有些学生直接趴在桌上睡觉。

对于这种现象我并没有表现得激动，也没有直接批评学生，而是找到其他老师学习经验，并结合实践与理论，摸索出了一套属于自己的方法。对于接话茬的学生，我一开始用眼神给予他们警告。如果学生还是不改正，我就会点名进行批评，并且警告。对于多次教育仍不知悔改的，我将他们叫到办公室进行教育。要使学生们从内心认识到课上接老师话茬是一种错误的行为。对于那些课上窃窃私语的学生，或是前后桌几个人说话的学生，我就找出上课说话的典型人物，让他起来回答问题，算是一种警告的方式。对于犯过错误的学生要让其保证以后不犯错误，要是再犯的话，要采取什么样的处理措施。当然从根本上解决问题的方法就是增加课堂的趣味性，让枯燥的知识跃动在黑板和课本上，把学生的注意力吸引过来了，他们也就不会捣乱了。

我采用的方式起到了一定作用，课堂纪律得到了明显改善。但是这些方法都是老师们经常用到的方法，对学生而言也比较陈旧，失去了“吸引力”。我想知道该如何设计一种新颖有效的方法，既能激发学生兴趣，维持好课堂纪律，还能体现学科特点。

【学长拨雾指路】

小聂老师在面对纪律较差的班级时，能够虚心学习，理论结合实际，找到了有效处理课堂问题的多种方法，实属不易。教育行业不同于其他职业，我们面对的是学生，讲道理根本没有意义，老师也不能一味地用惩罚的手段，这就需要老师想更多地办法，处理课堂上可能发生的事情。对于让课堂既可以有序不乱，又能够体现学科知识，我有几点建议：

首先，要恩威并济，奖罚分明。管理课堂纪律时，我们不能为了和谐的师生关系一味地纵容，也不能过于严厉打消了学生自主学习的积极性。而是应该建立明确的班级管理制度，让学生知道什么事情能干，什么事情不能干。要对犯错误的学生施以他们最不愿意接受的惩罚，例如，上台表演节目或者打扫老师办公室卫生等等。如果学生保持了良好的课堂纪律，可以给予适当奖励，例如，看电影等等，但是一定要把握好度。

其次，在处理上，还可以更加细致地因材施教。那些睡觉的学生应该用心教育，因为他们根本就没有一个认真学习的态度。而对于接话茬的同学，我认为可以细区分一下。能够接下茬的前提是必须听课了，只是在听课中的思维方向上需要约束。学生能够跟着课程走，就要多加引导，启发他向着你的方向思考，一次不对两次，慢慢他就能够从思考中获得乐趣。至于课堂纪律，我认为，只要是有关学习的，不必遵守举手回答问题的规矩，集思广益，在争论中也许更加有思考的动力。至于那些常常窃窃私语的学生，索性就给个分组讨论的机会，只要把话题规定好，甚至可以在小组中竞选发言人，那么，那些窃窃私语将会变成各抒己见。学生喜欢说话，我们不是“堵”

而是“疏”，将他们的思想引向课堂，这样，上课才不会走神。

“省力费距离，省距离费力。”对于剪刀来说，有的是前者，比如园丁修剪树木剪刀。也有的是后者，比如理发剪刀。教学也是如此，哪种教学方式比较好，那就需要教师的权衡，有的需要学生讨论，有的需要户外观察，有的需要学生动手操作，有的需要学生静下来细心听讲，这就看老师如何引导，对教学目标的把握。课堂上的一切纪律都是为了更好地服务学习，所以，如果有益于学习，就不必墨守成规。不管哪种形式，只要激发了热情，有益于学习就值得尝试。

第二篇　我的百味生活

人生本来就是五味陈杂的，由于顶岗实习支教的特殊性导致实习生活的各种不同的味道交织在一起，尝遍顶岗酸甜苦辣是每个顶岗人的必修课。当你遇到调皮捣蛋屡教不改的学生，新鲜感一次又一次地被挫折感冲刷而觉得酸时；当你起早贪黑地努力工作，默默地擦干汗水时，当你看到学生的成绩提高觉得甜时；当你为了准备一节出彩的公开课，必须耐住性子广泛的查询资料觉得苦时；当你作为一个新手，因为课堂上的一次失误而懊恼不已的时候觉得辣时，你便正在品尝着顶岗实习支教的百味生活。

1. 顶岗百味之酸甜苦

衡水市饶阳县某中学　张旭冉

【新手顶岗心路】

时光荏苒，实习生活就快要结束了，让我感受最深的是学校对我们的关爱和帮助。当学校安排我们去听课，给了我们学习的机会时，我们才发现自己存在的问题，在这个过程中我们也有针对性地调整了自己的教学方法。

与孩子们相处已经三个多月了，这三个多月里的酸甜苦辣都体验过了。感谢这些让我们充满乐趣的，充满活力的小精灵们，感谢他们在我的记忆里留下的专属回忆。

说起酸，这要倒回到刚刚接手这个班级的时候。刚刚来到这个班，就从指导老师那里了解到了班里学生的学习情况及家庭情况。通过了解得知，他们班里有几个学生是单亲家庭，跟着爷爷奶奶住。因为没有人指导学习，自控能力又差，学习成绩不怎么理想。还有几个男孩爱动，不爱学习，我都会对他们特别关注。还有一个小女孩学习很好，但是身体不是很好，总是因为身体原因接二连三地请假回家，成绩拉下来不少。了解了这些情况，我心里很不是滋味。小小年纪就不能有个完整的家庭和一个健康的身体，心里不由得酸楚，觉得这些孩子很需要关怀，因此下定决心，一定要尽自己的力量带好每一个孩子，让他们有充足的勇气和信心去迎接未来。

说起甜，心里就有一股暖流涌上心头。每次，我傍晚在操场值班的时候正好遇到孩子们刚吃过饭，我们都会遇见他们去小商店买东西。他们每次看到我都会很有礼貌地问："老师，您吃过了吗？"我笑着点点头，还有的孩子送给我他们买的食品，而我都委婉地拒绝了，但是心里还是很开心。现在天气越来越冷，晚上下了晚自习之后还需要值班，等孩子们都到了宿舍才能离开。寒冷的晚上，对于一个怕冷的人来说是很难熬的。我一个人站在那里，瑟瑟发抖，倍感凄凉。孩子们路过时都会向我问好，还有的学生把自己的暖水瓶送给我取暖，看到这一切，心里真的很温暖。这一切都说明他们是多么可爱的孩子。我想对他们说："谢谢你们，在最冷的夜晚送给我最温暖的关怀。"

当然和这些处于青春期的孩子们相处，也没有想象中那么容易。每个周五的午自习是我与他们相处的时间。某天中午，我走进教室，看到那几个爱闹的孩子在教室里罚站。他们一看到我来了，那些孩子更是异常兴奋。中午本来就是给学生休息的时间，他们几个却凑一起说话。我找了他们中的一个爱说话得出来，听写单词。结果那个学生都不会写，还很理直气壮地说不会。我说那你就在那里背吧，背过再回去。此时教室里已经乱了，我走进教室看见几个学生在一起说笑，其他学生都在休息，我气不打一处来。我批评他们，他们也毫不在乎，甚至满脸的不屑。最后我被迫说出狠话："你们以后怎么样都和我无关，你们这样做一点意义也没有，你们好自为之吧！"当时我很生气，后来他们见我真的生气了就向我道歉，后来，他们有了很大的改善。

这就是我的小精灵带给我的一切，有酸有甜也有苦。因此我的顶岗生活异常丰富，谢谢你们，孩子们。

【学长拨雾指路】

顶岗实习时，我们初登三尺讲台，满怀着教书育人的热情，渴望每一个学生都成人、成才。小张老师对学生极其负责任，认真关注每一位学生的家庭背景和身心情况，并且给予他们姐姐般的关怀，在让孩子们收获勇气和信心的同时，也感受到了学生回馈的温暖，这才是作为老师的真正快乐所在。更难能可贵的是，她在体会到教师行业的不易与艰苦时，仍然没有丧失对教育事业的热爱，而是把这种"苦"当作是教师生涯的一部分，是她的专属回忆，这种苦中作乐的精神值得我们每个顶岗实习生学习。

教师是一个特殊的职业，与其他行业所不同的是：它所制造的"产品"是一种"特殊的产品"——人。因此，教师行业与其他行业生产产品的过程也就大不相同了，教师在制造"人"这个产品时，除了要花费大量的时间和精力，还需要为自己的产品付出许多的感情。于是，教师在完成自己的工作过程中就多了一份喜怒哀乐，也品尝到了不同的苦辣酸甜。

水压是形成水流的原因，电压是形成电流的原因，而谁又是你一路坚持下去的动力？作为一位老师，让我们坚持走下去的动力或许就是学生的成长、成才，而其历程犹如咱们自身的发展一样不会一帆风顺，必然夹杂着酸甜苦辣咸，正是这些人间百味才孕育着我们多姿多彩的生活。

2.“万米接力”虽败犹荣

石家庄市某中学　杨艳红

【新手顶岗心路】

刚来到实习学校我就听说“万米接力”这个比赛项目，在秋季运动会的时候，当学生们在 5000 米赛跑的时候，当时我还在感慨，竟然会跑这么长。这时当地的老师们告诉我们，这算什么，还有一个“万米接力”的比赛。据说“万米接力”比赛是在元旦的时候，我很期待这场比赛。

我在 9 班当代理班主任，所以我和他们的关系比较亲近。为了迎接比赛，我帮着 9 班挑选参赛人选，安排参赛顺序。一个班一共选 25 个人，其中有 13 个男生，12 个女生，由这 25 个人完成接力比赛。

同样的，一起实习的李老师作为 7 班的代理班主任，比我更积极主动一些。她亲自挑选了 7 班的 25 员战将，还带着全班学生进行了一次测试。而我觉得学生彼此之间更了解，更知道谁跑得快。我虽然给了学生选择的机会和权利，但我没有亲自给他们指导和鼓励。终于在今天下午 9 班学生该上场的时候，我才逮到机会给他们加油鼓劲。

接力赛是分年级进行的，由高年级到低年级。高二比赛还没结束的时候，高一年级的学生就陆陆续续下来准备了。当我看到 9 班的学生们时，我趁机走到他们身边，跟他们说一定要超过 7 班，我感觉 9 班的学生一个比一个有气势，打败 7 班完全是小菜一碟。所以，我会心地笑了。

比赛的时候，我的任务是查纪律。我站在操场的一个拐角处，看参赛的学生有没有犯规。虽然没有和他们并肩站在一起，但是我为每一个参加赛跑的学生加油，我相信他们能听到我的呐喊，我们的心始终是在一起的。在比赛过程中，9 班和 7 班的水平真的是不相上下，他们在心底里暗自较着劲，我真的很感动。

最终，激烈的竞赛终于落下了帷幕。我们与 7 班只有一分之差，7 班获得了胜利，我们与奖状失之交臂。虽然有点小遗憾，但是大家都很快乐，因为我们参与了，努力了，这就足够了。

【学长拨雾指路】

顶岗支教中的实习班主任由于年龄与学生相近，第一次正式接触学生，往往能够很快地融入学生中去，和学生打成一片。小杨老师在学生万米接力赛运动员选拔上没有直接指定而是通过学生之间互相推荐的形式，这是一位新教师对学生的信任以及对班级学生干部的历练。相信小杨老师在今后的教师生涯中一定能够培养出许多优秀的学生。

这样的接力活动对于增强学生班级荣誉感有非常重要的作用，新手见习班主任可以从以下方面着手增强班级荣誉感：

（1）必须建立起强有力的班委会。一个优秀的班级，除了要有一名出色的班主任外，还必须有强有力的班委会。班干部作为联系班主任与学生的桥梁，他们工作能力的高低，工作方法的对错，在同学中的威信如何，往往能够决定一个班级的精神面貌与风气。

（2）要使班级有较强的凝聚力，班主任对学生要付出爱心。作为班主任应该关心班集体，爱护集体中的每一位成员。发自内心的爱他们，关心他们。使他们感觉到老师真心的爱护，体会到班集体的温暖。从而使班级成为团结向上、温馨和谐的有极强凝聚力的集体。

（3）通过各项活动培养集体荣誉感，增强班级凝聚力。集体活动是富于教育力和感染力的课堂，学生从中可以受到教育、得到启发，从而培养集体荣誉感，增强班级凝聚力。如艺术节各项活动，班级板报，各种竞赛活动等，都是班主任培养学生集体荣誉感的好机会。

（4）班主任高尚的人格魅力也是增强班级凝聚力的又一个重要方面。班主任不仅要“传道、授业、解惑”，还应该具有崇高的人格魅力。渊博的知识、深厚的艺术修养，言行一致的作风，都能使自己在学生中树立威信，使得学生能尊重你、支持你，主动地聚集在你的周围，“拧成一股绳、心往一处想、劲往一处使”。

正如马卡连柯所言：“每当我们给个人一种影响的时候，而这影响必定同时应当是给予集体的一种影响。”所谓教书育人，就是我们在教书的同时进行集体主义教育，培养学生的集体意识、合作意识及能力。团结就是力量，让学生意识到集体的重要性，对班级凝聚力的提升以及学生人格的塑造都有积极的影响。

3. 实习的快乐

石家庄市灵寿县某中学 李浩

【新手顶岗心路】

实习的每一天如同涓涓细流汇成了我们美丽的实习生活；实习的每一天如同细小的尘埃堆成了我们高大的实习生活；实习的每一天如同一粒粒黄沙铺成了金灿灿的实习生活。在实习的每一天中，我们苦乐交织；在实习的每一天中，我们齐肩并进；在实习的每一天中，我们展望未来。我们在充满挑战的实习生活中，享受着实习的困难，并不断把快乐扩大。

实习的快乐，是我们坚持的精神食粮，是我们不断改进与拼搏的动力，是我们享受困难的前提。那么，实习的快乐来自哪里呢?

实习的快乐来自我们的乐观精神。实习生活不管有多么的艰辛和苦恼，我们总能从中寻找到快乐的火种，并将其十倍百倍的放大，以充盈我们的实习生活。乐观的精神，是面对实习生活的一剂良方，是不断调整心态的一方法宝，是不断进取的指南针。因为乐观，所以实习生活中充满了欢声笑语；因为乐观，所以实习生活中充满了斗志；因为乐观，所以还能有一颗积极进取的心灵……因为乐观，所以实习生活很快乐。

实习的快乐来自我们的成功体验。如果在实习的过程中，我们一路挫败，从未有过成功的体验，我们有可能已经崩溃。幸好，我们至少还有过那么一两次的不失败。正因为实习中我们有过成功的体验，才充满了前进的动力。正因为有过成功的体验，才能有坚持的动机。正因为有过成功的体验，才感到快乐。我们的成功体验是实习生活快乐的源泉。

实习的快乐来自与学校老师的良好关系。来到实习学校，才觉得自己向社会迈进了一大步。我们谈论的话题除了学生，还涉及生活中的点点滴滴。比如，什么时候结婚啊，如何处理同事之间关系呀，等等。在实习学校中，最令人欣慰的是我们八年级很团结，尤其是我们办公室。每个人都是集体的一部分，我们每天互相学习，互相分享着自己的快乐与忧伤，讨论着哪个学生比较难管，哪个学生有进步了。一天的生活相处非常愉快，这给我们的实习生活不但减轻了压力，还调解了我们疲惫的身心。感谢有这么可爱的八年级部，有这么可爱的一群同事。良好的人际关系，是一瓶润滑剂，带给了我们欢声笑语。

实习的快乐来自学生的努力与进步。实习生活中，我们接触最多的就是有着各种性格、各种脾气秉性的学生。处理与学生之间的关系是我们最大的难题。因为我们年龄与学生之间相差不大，他们有些人根本不把我们当老师看。所以，我们除了要和他们建立起良好的关系，也要保持一定的距离，要时时刻刻告诉学生我们是老师，你是学生，说话要有分寸。目前，我们和学生的关系基本稳定，我们会继续努力。在与学生相处中，最令人开心的就是他们的成绩进步了或者这段时间他们认真学习了。

实习的快乐来源于以上种种，正是这些激励着我们不断奋斗与进取。实习的快乐，犹如一首欢快的歌曲，激荡着我们的心灵，使我们充满了战斗力，不断进取与提升。实习的快乐就像兴奋剂一样督促着我们不停地前行，我们仿佛已忘记了时间，只想目光再多停留一秒在学生身上。让我们踏着欢快的步伐，在实习的快乐中，不断前进！

【学长拨雾指路】

顶岗实习的生活丰富多彩，实习的道路上我们有欢歌、有苦涩、有笑声、有泪水。幸好，在小李老师的身边有相互扶持的队友、有关心他们生活的驻县教师和指导教师、有一群天真可爱的学生。所有的这一切，都是他一路无畏，高歌猛进的无尽动力。通过顶岗，我们有了登上讲台，正式以教师的身份面对学生的机会。有了几个不同专业的同学一起交流学习进步的宝贵经历。正如标题所言，实习是快乐的。

当实习生在实习时遇到烦恼与忧愁时，不妨看一下下面的小故事。曾有一位少年问一位智者："我怎样才能变成一个自己愉快也能带给别人快乐的人?"智者送少年四句话：把自己当成别人，把别人当成自己，把别人当成别人，把自己当成自己。少年依智者之言走过他的人生历程之后，也成了一位智者，他是一个愉快的人，也给每个见过他的人带来快乐。智者的四句箴言好比一帖快乐处方——把自己当成别人：受到挫折、屈辱时，把自己当成别人，便能置身事外，不快自然减轻；把别人当成自己：功成名就、取得成绩时，把自己当成别人，就不至于得意忘形，让胜利冲昏头脑；把别人当成自己：与人交往时，把别人当成自己遇事设身处地为别人着想，这事碰到自己头上，我会怎样想，该怎么办？对别人多点同情心，多给点帮助；把别人当成别人：做人不要自以为是，要学会尊重别人，任何时候都不应怠慢别人，不能强求别人怎样做，怎样做是别人的自由，你无权干涉；把自己当成自己：任何人都有自己的个性，你就是你自己，不是别人，但有时你又是别人。把自己当成自己时，就得承担起自己的责任；把自己当成别人时，就得站在别人的角度看自己，这样就不至于自我封闭，作茧自缚。

高尔基说："当劳动是种快乐时，生活是美的；当劳动是一种责任时，生活就是奴役。"顶岗实习也是如此，教书育人亦然。如果你真心热爱你的工作，真心热爱你的事业，那你的工作不单纯是一个谋生的手段，而是你的一项兴趣爱好。当你发自内心地喜欢你的工作的时候，你就会感到快乐，并愿意为之付出心血和努力。希望你从事的教育事业是你自己认为有价值、有意义的工作。

4. 实习的责任

邢台市威县某中学　李荣荣

【新手顶岗心路】

当顶岗实习支教真实地展现在大家面前时，我们必须带着更强的责任感来面对这一切。因为顶岗实习并不是我们一时冲动就能说清的事情，也不是我们一时激情雀跃就可以完成的事情。这是我们的工作，我们的学习任务，也是我们的责任。所以我认为教学并不单单是凭借教学者的激情就能做好的，只有当一个人清楚地明白自己的责任，并且带着激情不断的为之努力时，我们的课堂才能够变得越来越好，我们的生活也才会更有价值。

不是所有的青春都可以这么绚烂，不是所有的大学生活都可以这么的有意义，也不是所有的今天都会成为印刻在脑海中的昨天。因为过去的就是遥远的以前了，大学四年浑浑噩噩度过的大有人在，所以，请好好地珍惜自己现在的顶岗生活吧。

亲爱的自己，也许不是最优秀的那一个，但一定要成为最努力的那一个，也许，你不是最好的那一个，但一定要争取做最好的自己。也许，你不是最坚强的那一个，但是一定要做最勇敢的那一个。亲爱的自己，加油！

微笑着去唱生活的歌，不要埋怨生活给予了太多的磨难，不必拒绝生命中太多的挫折。大海如果失去了巨浪的翻滚就会失去雄姿；沙漠如果失去了风沙的狂舞，就会失去壮观；人生如果仅去求得两点一线的风帆，生命也就失去了意义。

生活是蜿蜒在山中的小径，坎坷不平，沟崖在侧。摔到了，要哭就哭吧，怕什么。不必装模作样的，这是直率，不是软弱，因为哭一场并不影响走向成功；不必故作矜持，这是直率，不是骄傲，因为笑一次并不影响赶路，反而能增添一份信心。

【学长拨雾指路】

小李老师的文采以及对实习生活的感悟令人叹服。拥有大学生和实习教师的双重身份的顶岗生，很多时候不能做到应对自如。能够意识到自己对学生、对实习单位的责任，意识到教学和学生工作不是凭一腔热血就可以做好的，这一点是非常难能可贵的。实习生活总是充满了各种小插曲，让我们平静的生活变得“一波三折”，能以乐观的态度、用积极的心态去面对实习路上的曲曲折折，这何尝不是一次成长？

责任是一个神圣的字眼。我听说过发生在美国洛杉矶一个真实的故事：一名劫犯在抢劫洛杉矶银行时被警察包围，无路可退。情急之下，劫犯顺手从人群中拉过一人当人质。他用枪顶着人质的头部，威胁警察不要走近，并且喝令人质要听从他的命令。

警察四面包围，但不敢上前，而劫犯挟持人质向外突围。突然，人质大声呻吟起来。劫犯喝令人质住口，但人质的呻吟声越来越大，最后竟然成了痛苦的呐喊。

劫犯慌乱之中才注意到人质原来是一个孕妇。她痛苦的声音和表情证明她在极度惊吓之下马上要生产。鲜血已经染红了孕妇的衣服，情况十分危急。

一边是漫长无期的牢狱之灾，一边是一条即将出生的生命。劫犯犹豫了，选择一个便意味着放弃另一个，而每一个选择都是无比艰难的。四周的人群，包括警察在内都注视着劫犯的一举一动，因为劫犯目前的选择是一场良心、道德与金钱、罪恶的较量。

终于，劫犯缓缓举起了枪——他将枪扔在了地上，随即举起了双手。警察一拥而上，围观者竟然响起了掌声。

孕妇已不能自持，众人要送她去医院。已戴上手铐的劫犯忽然说："请等一等，好吗？我是医生！"警察迟疑了一下，劫犯继续说："孕妇已无法坚持到医院，随时会有生命危险，请相信我！"警察终于打开了劫犯的手铐。

一声洪亮的啼哭声惊动了所有听到它的人。人们欢声高呼，相互拥抱。劫犯双手沾满鲜血——是一个崭新生命的鲜血，而不是罪恶的鲜血。他的脸上挂着职业的满足和微笑。人们向他致意，忘了他是一个劫犯。

当警察将手铐戴在他手上时，他说："谢谢你们让我尽了一个医生的职责。这个小生命是我从医以来第一个在我枪口下出生的婴儿，他的勇敢征服了我。我现在感觉自己不是劫犯，而是一个救死扶伤的医生。"

罪恶会被一个幼小的生命征服，不是因为他强大和伟大，而是仅仅在于他是一个需要生存权利的生命而已。生命的征服，就是如此简单。

这是一个绝对真实的故事，它发生在美国的洛杉矶。

"学高为师，德高为范。"这句话是对"师范"二字的完美诠释。以渊博的学识去教书，用崇高的品德去育人。不断地充实、完善自己，对自己负责，对学生负责，对家长负责，对社会、国家负责，用责任体会青春，用青春回报社会，投身于教育事业，奉献自己的青春和热血。此乃学生之幸，民族之幸，国家之幸。

5. 园丁的苦

邯郸市临漳某中学　周倩

【新手顶岗心路】

最近临漳县教育局向各个地方学校统一部署一项任务——进行校园绿化。在这一周，我所在的学校便开始了校园的绿化工作。针对这项任务，学校一改以往采取雇佣绿化工人的方式，而是发动全校教师共同参与。所以，我也很有幸当了一回真正的“园丁”。

步入夏季的轨道，天气自然很热，原本很兴奋、热情高涨的情绪，被太阳一晒瞬间就蒸发了。但是工作当前，安排的任务无法推辞时，只能硬着头皮干。先是教学楼前的花池，种植的是一种名叫“麦冬”的植物，这种植物我见过，只是不知道它原来是叫这个名字，我和我的班主任指导老师一起搭伙负责两个花池的种植任务。我的班主任指导老师已经有十几年的班主任工作经验，从别人的老师口中得知他是能够带领班级创造奇迹的班主任。虽然他很少去班里巡视，但是他所在的班级纪律和班风在整个年级里是最优秀的班级，可见他有着科学管理班级事务的一套方法。跟从这样的班主任指导老师，我一定好好学习，在教师班级事务管理这一门必修课上认真取经和研习。分工大致是这样的，我的指导老师负责挖坑和填埋，我负责递送植物，刚开始，我的指导老师以为我没干过类似这样的事，生怕我累着或者热着，我也趁这个机会，和他聊了聊我的家、我的童年、我的求学经历以及我现在的困惑。先说当他知道我在家种过庄稼时，便“毫不客气”起来，放开手让我各种帮忙，并对我的勤劳和聪慧大加赞赏。对于这一点我还是非常高兴的。当谈到我的梦想和我现在所担任的小班工作时，我的指导老师非常认真的肯定了我的梦想和现阶段所做的工作，他说我有工作热情并且有耐心，针对这一点，他希望我继续保持下去。还说不论我今后发现教师这份工作多么劳累和烦琐，请时刻铭记当初的雄心壮志，心底最深处的动力会帮我走过更多的难关。当然，他也提出了几点建议，比如，多给学生们自我管理的空间，作为教师很多事情不必亲力亲为，多给学生发挥才华和展示能力的机会。培养学生就像种植花草一样，教师给他们创造好成长的环境，剩下的人生靠他们自己去奋斗，来年才会是百花争艳。听了老师的话，让我受益匪浅，我会牢记并且付诸实践。

有一种花儿名叫“祖国的未来”，有一类园丁，他们又被叫作“教师”。

【学长拨雾指路】

“培养学生就像种植花草一样，教师给他们创造好成长的环境，剩下的人生靠他们自己去奋斗，来年才会是百花争艳。”小周老师遇到了一位德高望重的指导教师，我相信她一定学到了不少班级管理的方法。作为教师，在为学生的成长创造良好的环境的前提下，让学生靠自己的努力去奋斗、去成长，不再是单一的教书，更是从育人的角度出发，着眼于学生未来的发展。这不正是素质教育所要求的吗?

顶岗实习期间，我们都有过参加当地学校校园环境建设或校园文化建设的经历。和当地的教师一起动手美化校园，对我们而言都是美好的回忆。劳动中我们一方面锻炼了自我，展现了师大优秀学子积极阳光，热爱劳动的良好品质；另一方面，通过劳动加深与当地教师之间的沟通和了解，聆听他们的经验和教诲，也是十分难得的。

苏霍姆林斯基说：“劳动是有神奇力量的民间教育学，给我们开辟了教育智慧的新源泉。这种源泉是书本教育理论所不知道的。……通过劳动，人才具有用心灵去认识周围世界的能力。”由美化校园建设，联系到教育教学和班级管理方式方法的探讨，对小周老师来说，也是别开生面的一课。相信通过指导教师的帮助和自己的思考，将来一定是一位优秀的班主任!

6. 最闪亮的星

邢台市宁晋某中学　王宇

【新手顶岗心路】

当黑夜降临，夜空中就闪烁着耀眼的星。每个人在自己记忆的天空里，都亮着无数颗星星，每一颗星星都有属于自己的光芒，并努力闪耀着光芒。

今天是以“国学教育”为主题的演讲比赛决赛的日子，进入决赛的一共有十五名同学。我认为无论演讲的好坏，只要同学们都能够自信地站在台上，面对着全校师生讲出自己的心声，那么他就是成功的，就是舞台上最闪亮的星。

今天的演讲比赛对我的触动很大，每一位选手都让我震惊，每一位选手的演讲内容都让我触动内心。有一位同学讲的是自己的家乡，演讲时我觉得我可以感受到他那份从内心深处流露出的对自己家乡的热爱与赞美，我认为只有内心善良的人才会发现世界的美。内心善良的人无论黑夜多么黑暗，都会散发出无比耀眼的光。

还有一位同学讲的是他自己，他是一个比较内向，腼腆的男生，在演讲中他说道自己是在班主任劝导下才来参加演讲比赛的，他来参加比赛的目的并不是拿名次，而是超越自己，让自己更加自信。我认为他成功了，他的成功不是因为拿了优秀奖，而是因为他战胜了自己，战胜了自己的恐惧，战胜了内心深处的自卑。能够自信地站在全校师生面前去展示自己，把自己最真实的一面展示给大家。只要他战胜自己，做到自己心目中的自己，那他就是自己心目中的第一名，就是茫茫夜空中那颗最闪亮、最耀眼的星。

演讲比赛中还有一位同学说的是《坚定信念的脚步》，其中有一句话我记忆特别深刻“只要有信念，干裂的沙子也会变成清甜的泉水”。现在的我们作为一个独立的人，要成长就要有信仰，就要有坚定的信念，只有有信念、信仰的人才能成功，才能成为夜空中最闪亮、耀眼的星。

“要懂得感恩，只有懂得感恩，才能体会世界的美好，感恩父母，感恩老师”。是的，只有懂得感恩的人才会感觉到幸福，才会快乐，这是幼师十四班的一位同学在演讲中说到的。可是生活中又有多少人是懂得感恩的，我们要学会感恩，感恩父母，感恩老师，感恩帮助过我们的人，感恩生活中遇到的挫折，因为是挫折让我们成长。学会感恩，成为能够体会幸福的耀眼之星。

每个人都是一颗星星，都有属于自己的光芒，每个人做到自己心目中的自己，那么他就是舞台上最闪亮的星。

【学长拨雾指路】

生活中从来都不缺少美，而是缺少发现美的眼睛。总归会有那么一瞬让我们感动，每个学生的身上都有自己的闪光点，我相信未来的人民教师小王老师一定会是广大学生的伯乐。只有善于发现学生的优点，才能用心去经营自己的班级，引导自己的学生。我们都知道，夜晚璀璨的星空是美丽而且美好的，但愿每一位教育工作者都能呵护好这份美丽与美好。

通过举办演讲比赛，为全校同学提供一个锻炼自己、展现自己的平台，用演讲比赛的形式来增强大家的自信心和表达能力，既缓解学习压力，丰富课余生活，又为努力构建和谐的校园生活做了保障。同时通过举办这次活动，为对演讲有兴趣的同学提供一个互相交流学习的机会。与此同时，我们还可以利用演讲比赛开展科学知识普及、中学生思想政治教育、培养学生的综合素质和自信等，这也锻炼了教师的活动策划和组织能力。

陶行知先生认为：“要解放孩子的头脑、双手、脚、空间、时间，使他们充分得到自由的生活，从自由的生活中得到真正的教育。”真正的教育不是待在教室里照着课本进行传授，我们要给学生充分的、展示自我的空间。通过不同的形式，如：演讲比赛、辩论赛等，开展对中学生的各项教育活动。使学生德、智、体各方面都能得到良好的发展和提升。希望并相信小王老师能在今后的从教生涯中不断创新、改进自己的工作思路和方式，从而促进学生的全面发展。

7. 美好的感动

邯郸市肥乡县某中学　孟媛媛

【新手顶岗心路】

人生不论走到哪个阶段，都会收获美好的感动，顶岗实习中也不例外。感动，无处不在。

第一次上课的时候，记得1309班的一个小孩，他很捣乱，而且早自习的时候老是趴着睡觉。总之在我的眼里，就是个不折不扣的小混混。但是，每次批评他他也不反驳，就说知道了，下次会改，老师，我不睡了。也并没有顶撞过我。而且平时也都是他给我打水，给我搬凳子。第一次月考后他的成绩竟然是80分，不是个别歧视，我在潜意识里以为他是不是作弊得来的。然后我把他的卷子拿了过来，找了几个问题简单提问了一下，他都能答出来。他的前后桌都说："老师，他只有历史好。"看到他诚恳的小眼神，我承认他对历史的热爱感动我了。

还记得，1310班有个小孩，他被评上美德少年，所以我就把他简称为美德少年。他一向很懂事，很礼貌。上课回答问题也很积极主动。有一天晚上，晚自习下课了，我在办公室休息，他对我说："每次看您周末来那么早，而且平时都在办公室里备课到很晚，真的很认真，老师，您辛苦了！"天哪，当时他说了那句话之后，我的心里真的是一股暖流涌上来。有一种自己的努力被别人认可的无言的感动。

还有一次，一天晚自习的时候，我早早地进入了办公室，但好像是因为生理期的原因，自己虽然在办公室里坐着，但是脑袋发懵，根本不记得有晚自习这回事儿，然后主任过来叫我，其实当时前面还有一系列的事情，然后内心防线就终于开始坍塌。再加上我家里人打电话安慰我了，所以一系列的委屈再也忍不住了，开始止不住地哭泣，心里真的很不是个滋味。眼泪止不住地流下来，不受控制的那种。坐在班里看晚自习也不能好好看着，趴在桌子上自己开始流眼泪，其实也不全是委屈，大概长久以来一个压力的释放吧！就在快要哭出了声音的时候，我走出了教室，然后两个同学过来安慰我，其实就是一起说话聊天，然后逗我开心。他们讲了很多他们自己的事情，一个柔情，一个捣蛋。一唱一和把我郁闷的心情给赶走了，那个时候的我所要的正是这样的一份安慰和互相倾诉。他们帮我度过了那一份荫翳。

我想，我永远不会忘记他们的名字，不会忘记他们带给我的感动，他们分别是：闫韶乾、吕佳正、常佳琪和王一珂。

以后的日子里，说不定有更多的感动，但愿大家彼此安好。

【学长拨雾指路】

学生的心灵是单纯的，小孟老师在实习期间收获的感动，一定是她辛勤付出的结果。学生的眼睛是雪亮的，如果作为一名教师不能做到言传身教，以身作则，不能真心对待学生，怎么可能收到来自学生的关心与感动？可以想象：孟同学在顶岗实习期间一定是用心在教学生，用心去对待自己的学生，并且能够严格要求自己。

其实只要我们用心去对待学生，也会收获和小孟老师一样的感动。亲爱的实习生们，当有学生取得一点成绩的时候，你会不会在一旁默默地欣赏；当有学生遇到困难的时候，你会不会第一时间出现在学生们面前；你会不会通过自己的勤奋工作，丰富教学的新内容，使自己变得博学智慧；你会不会不断创新自己的教学方法，注重潜能开发，使学生更易于接受新知识？相信如果你们可以做到这些，收获的感动将是无价的。

巴特尔认为："教师的爱是滴滴甘露，即使枯萎的心灵也能苏醒；教师的爱是融融春风，即使冰冻了的感情也会消融。"或许是学生气馁时一句关心的话语，或许是生病时一个关切的眼神，也或许是你为学生加班加点的辛勤工作。所谓为人师表，是对"学高为师，德高为范"八个字的完美诠释。作为教育这块田野上的劳动者，倘若希望在金色的秋天收获果实，那么在寒意侵人的早春，你是不是该卷起裤腿，去不懈地拓荒、播种、耕耘，直到收获的那一天？

8. 我助学生竞演讲

沧州市吴桥某中学　张月

【新手顶岗心路】

今天是周五，我只有两节课也不是很紧张，上午上完课后，想起昨天晚自习时杨书记跟我们说今天中午的时候给演讲比赛的孩子们化化妆，所以我中午就打算不回宿舍了。

中午，吃过饭早早地来到美术教室，我们负责十四班参加演讲比赛的同学，看看他们的状态，想到我们平时没有用太多时间指导大家，真是汗颜啊！

等到美术教室开门以后，学生们也都等着化妆。我们几个对化妆不算很精通，由于条件有限，学生们的年龄不大，不适合那种很浓的妆，只要简简单单给她们扑个粉，画画眉毛涂一点唇彩，让他们更自信就可以了。我们班的这两个小姑娘都是天生丽质，皮肤本来就很好，长得也很漂亮，在微微润色之后简直是无可挑剔，所以我赶紧抓紧时间给她们拍了个照片，留个纪念，也当作以后回忆的一部分。

她们化好妆后便开始背稿，我回办公室休息了一会儿就下楼了，准备好眼镜和手机，调整好心情，带着学生们排好队。学生们都在冷风中瑟瑟发抖，还有的同学让我拍照。恰巧我正有这样的想法，于是给他们拍了几张照片。等了很长时间，终于让学生排队进食堂了，设备都准备就绪，人员也都到位了，演讲比赛紧接着就开始了。每个同学表现的都不错，初一能达到脱稿演讲的水平就已经不错了，而且有的同学水平真的很高，很有潜力。我们班的学生表现得也很不错，我很开心能看到她们展示才艺的一面。同时，今天令我刮目相看的是学生们的纪律，保持得如此之好。总之，今天又是收获的一天，我要把孩子们的照片洗出来，送给他们，也算是送给他们的小礼物，也留一份给自己，因为这是自己的第一批学生。

【学长拨雾指路】

我们的顶岗生活特别丰富多彩，它不仅仅包含备课、上课、听课等教学内容，更包含和孩子们一起娱乐，一起参加各种活动的快乐。从小张老师日志的字里行间，我能感受到她对于自己学生的浓浓爱意。当她得知中午要给参加演讲比赛的学生化妆时，毅然牺牲了自己的休息时间，毫无怨言地给每个参加比赛的小选手都化了妆，让学生们在舞台上光芒四射，自己却选择做背后的支持者。作为一名教师，我们所需要的正是这种“一切为了学生，为了学生一切”的奉献精神。

看到小张老师帮助学生们参加演讲比赛，也想起了我在顶岗实习时培训学生们参加演讲比赛的经历。因为我在大学时是学院的朗诵队队长，所以校长让我在比赛开始之前对参赛的选手们进行简单的训练，以提高比赛的水平。当时我特别高兴，自己的特长终于可以一展身手了。但是一见到选手们，我的欣喜便烟消云散了。因为选手们的水平参差不齐，个别选手演讲时不仅语言流利，声情并茂，甚至达到了脱稿的地步，而有些学生却连普通话都说不好。短暂的愁闷之后我马上制订了培训方案。针对不同水平的选手分别培养，让水平较高的选手两人结成小组，互相演讲给对方听，互相纠错，熟练稿子，争取能够脱稿，最后验收成果。水平相对较低的由我亲自训练，从基本的普通话、断句、朗读开始练习，逐步提高。到了演讲比赛的时候每个学生都有了不同程度的进步，看着他们在舞台上吸引着全校师生的目光，我觉得我的一切努力和付出都是值得的。比赛结束后，得了第一名的学生抱着奖状告诉我：“老师，我的第一名有你的一半。”听到这句话我的心里有说不出的温暖。

学生的校园生活本应多姿多彩，但是现在的考试制度使得大部分学校的学生被禁锢在书本上。作为大学生的我们可以思维活跃，见解独到，完全可以发挥自己的聪明才智，结合学生的实际情况，在经过学校的允许下开展一些有益于学生综合素质发展的课外活动。例如：演讲朗诵比赛、英语情景剧比赛，乒乓球或篮球等球类比赛、趣味运动会、课间操比赛、合唱比赛、跳绳大赛等等。但是组织活动时一定要谨记：以学生的安全为第一要务。

9. 驻县教师送温暖

保定市高碑店某中学　张媛媛

【新手顶岗心路】

实习生活的节奏在一步步的趋于稳定，我们有条不紊的忙于自己的事务，调节着一天的作息时间，日子平平淡淡，但每天都不缺乏在工作中收获乐趣的机会。今天同往常一样，该上课的上课，该看作业的看作业，而没课的人就在办公室备备课。一切都是那么自然，一切都是那么的有规律的运行着。手机铃声响起了，一次又一次，我没有听见。此刻的我正在帮指导老师给学生们布置作业，当拿起电话，一看有多个岗友打来电话，我不禁想到，是不是有什么重大事件呢？我回拨过去，才知道是从天而降的福分，因为带队老师陈老师要来看我们了，他要来了解一下我们的工作状况，关注一下生活困难的学生并且询问我们是否需要帮助。还记得顶岗之初，陈老师带着我们大包小包地把东西安置好，嘱咐完我们就又奔向下一个顶岗点。这一次又看见陈老师，心里觉得很亲切，特别激动，感觉好似亲人来送温暖。满脸笑容的陈老师真实地站在我们面前，一句句地问候，一次次地了解我们情况，我们每个人的心里都淌着暖流。

中午的时候，我们同陈老师一起去附近并不高档的饭店吃了一次比较简单的饭。看着饭桌上的盛宴，我们心中有一种久违的感动。我们边吃饭边谈心，边听着陈老师给我们进行指导、传授经验。我们一一的介绍着自己，评价着学校，诉说着苦恼与欢乐，师生之间的团聚，真是一种很神奇的感觉。陈老师就像一个远方的哥哥一样，此刻陪在我们的身边。

突然降临的盛宴是短暂的，但是美好的回忆却是永恒的。陈老师的到来，让我们都特别兴奋，因为我们在这个陌生的环境中已经这么久了，有一位我们热爱的老师来看我们，内心无比的激动，也是倍感温暖。陈老师给的我们不仅仅是温暖，还有真切的建议。很感谢陈老师的慰问，这足够让我们在顶岗的学校更加坚定的去实践，去奉献。我们一定会坚定信心，做好自己该做的事情，立足当下，多多的丰富自己。

【学长拨雾指路】

小张老师的实习生活十分规律，井井有条，每时每刻都有自己要做的事情，这种充实、惬意的生活状态是每位顶岗实习生都应该追求的，只有这样的状态才能让实习生在快乐中成长。在这种紧张充实的生活中往往有意想不到的温暖那就是“娘家人”来看我们了。对于顶岗实习生来说，实习学校就像是学生的婆家，而师大就是学生的娘家，娘家人来看望自己，带来的不仅是关心还有指导。实习生见到师大领导定是分外激动的，对我们来说也是福从天降，倍感惊喜，他们的到来也给我们吃了定心丸，让所有的实习生都感到师大的关爱和温暖。

看到小张老师的经历，我也回想起了自己在顶岗实习时巡回指导教师来看我们的经历。我实习的学校在镇上，条件比较简陋，暖气根本不热，饭菜也不可口，学生们更是经常给我们出难题，面对这样的条件我们实习小组逐渐产生消极度日的思想，但是，师大巡回指导教师的到来，扭转了我们的态度。看到我们这的条件很差就告诉我们：“其实学校的条件差不见得是坏事，因为在这样的条件下更能锻炼我们的吃苦耐劳精神和综合素养，而且你们如果能在这样的环境里干出成绩，相信在今后的人生道路上能适应其他任何环境，就像咱们李总理说的‘只有下的去，才能上的来’。”随后老师又对我们的教学和管理方面做出了指导，我们都收获很多，在后来的日子里我们逐渐克服了生活上和工作上的困难，为自己的顶岗生涯交了一份完美的答卷。

作为实习生，我们唯有加倍努力，好好教学，做好自己的本职工作，用认真和汗水来回报师大对我们的关爱，也唯有我们的努力和业绩才不负六个月的顶岗实习生活，加油！

10. 因为爱，所以爱

石家庄市某中学　贾起铭

【新手顶岗心路】

在初中阶段，生物课不是主科，很多同学并不会重视它。我感觉这种现象在很多地方的很多学校是非常普遍的。因此，我的课堂，在刚开始的时候也不太让人满意。

但是令我高兴的是，我的课堂在不知不觉中发生着变化。它变得不再那么杂乱无章，学生们不再像以前上课时那样叽叽喳喳。回想起刚开始的时候，我的课堂上总有一些学生不配合。他们有的走神，有的交头接耳，根本不认真听课。看到他们这样，我感觉可能我本身存在很多问题，因此我不断反思，积极改进。现在，大部分学生在上课时都能够认真听课，我想这应该是一个好的现象。这说明他们适应了我的讲课风格，同时他们也在慢慢地接受我这个还没有毕业的生物老师。我相信，他们的这种现象一定会由点动成线，线动成面地带动全班同学积极地听课。我相信只要我不放弃，他们一定会在我的带领下，慢慢地进入生物的殿堂，体会到生物的快乐。

我感觉我一定要牢牢地抓住生物的趣味性，在课堂上一定要多带领同学们走进自然。让学生们发现大自然中有很多有趣的现象，并且有很多神秘的现象等待着同学们去发现、去探究。兴趣是学习的前提，要时刻注意提高他们对生物的兴趣，并增强他们的好奇心。我相信他们能够更加自觉地学到更多知识。这样他们在我的生物课堂中既轻松又快乐的学到了自己想学的知识。

虽然有时候会感到很累，但是有这些孩子的陪伴，我从来没有抱怨过。既然我已经踏上了顶岗实习的道路，既然我已经选择了老师这份职业，我已经做好了担起这份责任的准备，再苦再累我也无怨无悔。我热爱老师这份职业，我感觉这不仅是我的工作，还是我的乐趣所在。它不仅丰富了我的知识，而且提高了我的能力，还给我增添了一份快乐。我喜欢这份快乐，这份简单的快乐。

选择了顶岗，我将无怨无悔地将自己的泪水和汗水洒在这片土地上。

【学长拨雾指路】

其实，在顶岗之前，很多师范生犹豫不决，拿不定主意：到底是参加顶岗实习呢？还是参加教育实习呢？可能部分学生有考研的想法，怕耽误时间而犹豫不决。还有部分学生是由于担心在顶岗实习中会遇到麻烦而犹豫不决。小贾老师能够如此无怨无悔地选择顶岗，是我们每个实习生的榜样。虽然在实习期间遇到了困难，但经过自己的努力与反思，还是收获了许多。其实，我们在做任何一件事的时候，不可能总是一帆风顺的，也只有那些绊脚石，才能助我们快速成长，积累经验。

教育过程是师生情感交流的过程，教育工作最大的特点就是以情感人。教育对象是有血有肉、有独立意识、有不同思想感情的活的主体。因此，爱的情感在教育教学活动中具有重要的作用。爱的情感主要有以下几方面：

（1）对教育事业的热爱。热爱教育事业，全心全意为人民服务，是教师投身教育事业的思想基础。只有热爱教育事业，教师才能调动自身的智力、情感和体力，以师爱、尊重、关心去扣开学生的心灵的大门，进入学生的内心世界，用智慧和热情去引导学生健康成长，以最大限度的心理能量投入到教育教学中去。这种崇高的职业情感是教师积极工作的内驱力，是优化教学环境，直接感染、激发学生积极向上的重要条件。

(2) 对学生的热爱。教师对学生的爱是教师情感生活的重要方面，教育的目的在于塑造人，培养人，热爱学生是教师有效开展教育活动的前提。正如苏联教育家苏霍姆林斯基所说："教师对学生的真正的爱，是一种强烈的不可抑制的愿望，这是一种要把你认为是自己身上最好的东西献给学生的愿望，是努力使学生从思想上、政治上也达到和我们同一水平上的愿望。"教师对学生的爱已不是他在走上教育工作岗位时所怀的那种感情。这是一种孜孜不倦的、艰苦而有趣的创造性的工作。

(3) 对所教学科的热爱。教师对自己所教学科的热爱，是提高教学质量的重要条件。教师只有对某门学科有深切的爱，才能焕发出深入钻研教材的浓厚兴趣和传授知识的丰富情感，从而激发学生的相应体验，使学生更好地感受和理解教材。教学实践表明，当教师满腔热情、情绪高涨地教学时，学生往往情绪饱满、饶有兴趣地接受教师讲授的知识，并会逐渐地更加热爱这门学科。相反，如果教师对自己所教授的学科漫不经心，毫无热情，使得学生上课时昏昏欲睡，没有任何积极性，导致学生没有兴趣学习这门功课，甚至有的学生会因此而产生对教师的抵触情绪，不愿意学习这个老师所教的学科，最终导致学生成绩下降。

总之，教师对教育事业的热爱与对学生、所教学科的热爱是一致的。教师的爱并不是出自于个人的狭隘感情，而是建立在教师对教育工作的责任心、事业心上面。爱教育事业的教师必然爱学生，因为爱学生才能搞好教育事业，而教师爱学生是对学生进行教育的感情基础，也是取得良好教育效果的前提。因为"没有爱，就没有教育"——苏霍姆林斯基所说。

顶岗实习只是我们教师职业生涯一个小小的开始，但却让我们受益匪浅，不要再犹豫，不要再彷徨，去做一名不怕苦、不怕累的教师，去做一名受学生爱戴的教师。

11. 不舍顶岗岁月

邯郸市魏县某中学　栗雪娇

【新手顶岗心路】

美好的时光总是过得很快，一眨眼就到了离别的时刻了。五个月前，我们怀着兴奋和激动的心情来到顶岗实习的学校。很幸运的是，我被分到了魏县第四中学，这成了我职业生涯的一部分。顶岗将我们的身份从一个大学生变成了一个顶岗实习的知识的传授者。一个学期已经接近尾声，也意味着我们人生的第一个施展所学的舞台落幕，离开我的那群可爱的学生，真心有些不舍。

这半年来，我们经历了实习的酸甜苦辣，我们每一个人都收获了颇多。我们收获的不仅仅是教学经验，更多是对为人师表的那份无法抗拒的责任。

五个月前，我们因顶岗而结缘，从不同的院区、不同的专业来到一起，为着一个共同的目标，来到了实习学校。虽然我们几个性格各异，但是我们互相包容，互相帮助，互相扶持。一起学习，共同进步，一起生活，共同成长。我们共同走过了这半年的美好时光，真是让人难以忘怀。实习结束后，我们回到了自己的学院继续学习。我们不会再有一起谈论学生的机会，或许我们不能够一起吃饭，一起聊天，但是我们不会因此而忘记了彼此，虽然相聚的机会不是很多，但是我会时刻记住这份友谊。这种感觉就像是在战场上一起战斗过的一样，刻骨铭心。

面临离别，最不舍的当然是自己教过的那帮可爱的学生们。初登讲台的我，还带有一份青涩，经验尚浅。但是我很感谢那些学生们对我的宽容和支持。我讲的课并不是很精彩，但是我都是在用自己最大的努力为他们授课。谢谢你们，我亲爱的学生，感谢你们一路的陪伴与支持，帮助我完成一个个小小的愿望。离开前，我看到孩子们恋恋不舍的眼光，心里万般难受。但是这一学期来，我也看到了他们每个人的成长与进步，所以心里也是很欣慰的。

这五个月的时光带给我的快乐是我人生中最美的财富，虽然短暂，如昙花一现，但是也为我的生命增添了色彩。

【学长拨雾指路】

对我们所有的实习生而言，通过顶岗实习我们收获了许多。我们在这里遇到了我们从教生涯的第一批学生，结识了来自不同专业的朋友，实现了由学生向教师的华丽转变。更重要的是，我们收获了成长，懂得了责任与包容。这些成果与小栗老师自己的努力是分不开的。顶岗实习的日子艰苦而又美好，平日里队友的互相帮助、离别时学生的依依不舍，是对小栗老师的最大肯定。

初登讲台，我们对学生和教学工作有较为强烈的新鲜感，有着极高的热情和激情，对学生工作比较能够全身心地投入。但是毕竟一个学期的教学实习是短暂的，实习单位鉴于我们大学生的身份在某些方面并未提出应有的要求，我们顶岗实习生应该在今后的教学生涯中保持这种工作热情，继续严格地要求自己、不断提升自己，为早日成为一名优秀的人民教师而不断努力奋斗。

“路漫漫其修远兮，吾将上下而求索。”教学之路无穷尽，教学之法亦然。时代是不断地发展和改变的，需要教师不断地革新工作思路、创新工作方法，以不断适应新的时空境遇。教师的成长之路是漫长的，教师这项事业需要几十年如一日地重复和坚守，需要我们不断地探求和摸索。教育事业是伟大而神圣的，需要我们不断提高自己的基本素养和从教能力，不断培养出一批批高素质的优秀人才。

第三篇　我与孩子们

随着半年的感情积淀，在你的内心或许已经把自己的学生当作了“孩子”，而孩子们也早已把你当成了他们的“大哥哥、大姐姐”。虽然我们与学生们差不了几岁，但是一句亲切的“孩子们”还是体现出了你对他们无私的爱。你与孩子们一起度过了最纯真、最美好的半年，你们课上一起学习知识，课下一起做活动，他们曾因为调皮惹你生气，也曾在你生病时给你送去温暖。这种最单纯的顶岗师生情值得我们用一生去回味。

1. 爱拉近我们的距离

石家庄市藁城某中学　杨琪

【新手顶岗心路】

顶岗实习的日子真快啊！经过了这么长时间的相处，我和孩子们的感情似乎已经达到了亲密无间的地步。还记得，第一次去他们班，第一次面对那么多张陌生的面孔，好多学生们往后看我，一直嘟囔着：看，新老师，新老师！我当时就有一种说不出的感觉。嘿嘿！我要和这些孩子们共同度过半年的美好时光，我要与他们好好相处，把知识传授给他们，让他们都能考上自己理想的学校！

来这里的第二个星期，我便给一个老师代课。带两个班的化学，我第一次讲课难免有点不自在，上讲台的头天晚上我几乎一夜没睡，思考明天怎么管理课堂，怎么把第一节课讲好。当我满怀信心走向初二六班时，当学生们齐声喊：“老师好”的时候，我悬着的心一下子就放下来了，以最淡定从容的心态讲完了我人生的第一节课。下课后，回自己的办公室和同事们分享了一下心得，我的愿望实现了，我终于站在了三尺讲台。一周后，他们原来的老师回来了，我也不用代课了。可是孩子们依然央求着：

“老师，您给我们上吧，我们喜欢您给我们上课，不喜欢我们原来的老师。”我耐心地对孩子们讲：“听话，孩子们，我只是帮你们老师代几节课，我还有我的工作。你们要听话，谁教你们都一样，你们的任务都是好好学习，没事，这半年我常在这里，有问题随时来找我就行。”而后孩子们便不再缠着我了，我让他们接受现实，以后才能适应环境，适应社会。

后来，学校给我安排课程，让我带初二七八班，指导老师是马老师。得知这个消息后，我就常跟随马老师，去听她讲课，去熟悉七八班孩子们的学习状况，了解他们的个性特点，这样方便我与孩子们交流、沟通。事实证明，沟通，让我与孩子们的关系更加亲密，让我的课堂充满爱。

这些日子，我几乎每天晚上都去班里看会儿自习，给学生们辅导作业。看自习辅导学生们的时候，我觉得我是最幸福的，我爱他们。有一个学生让我印象十分深刻，每当我去他们班的时候，这个小姑娘就一直问我问题。问题其实很简单，不过我要讲好几遍她才能明白，我也很有耐心，所以她也很喜欢我。她不太会运用知识，我告诉她要换位思考，多动动脑子，天长日久就会掌握一套好的学习方法了。她每次做作业都非常认真，我也挺喜欢她的，我会用真心去赞美她。我会选择恰当的表达方式，用我恳切的目光，诚恳的态度真心地去面对每一个学生。但是我也会讲究分寸，适度对待每一个人。其实每个孩子都有他们自己独特的个性特点，就看你是不是会把握教育时机。

总之，我早已爱上这里，爱上这些孩子。每个孩子都有一颗纯洁而美好的心灵，我认为，我应该时常的赞美他们，赞美不仅是一种技巧，更是仁德修养的外在表现。只有喜欢学生的老师，才会对学生发出由衷的赞美，才能给学生带来春天般的温暖，才能真正地接近学生，读懂每个学生的心。我相信，这样的老师才是好老师，这样的老师才是会赢得学生们的尊敬。

【学长拨雾指路】

小杨老师对工作和生活充满热情，对学生充满爱心。因为热情和爱心，所以会因为孩子们简单的一句“看！新老师!”而充满期待，有了“我要与他们好好相处，把知识传授给他们，让他们都能考上自己理想的学校!”的坚定信念；因为热情和爱心，所以会“上讲台的头天晚上几乎一夜没睡”，即使不再教孩子们，依然愿意耐心解答问题；因为热情和爱心，所以会正式上课前就积极了解孩子们，对每一个孩子都充满耐心，愿意赞美！这样的小杨老师值得学生的尊重和喜欢，值得拥有一个美好的顶岗实习回忆！

顶岗实习让我们第一次拥有了真正意义上的学生，我们要在一起相处半年，怎样处理与学生的关系是我们要学习的。那么，怎样在关爱的基础上处理好与学生的关系呢？

（1）不要把学生当成“假想敌”。当我们把学生当成假想敌的时候，我们潜意识里会有防卫行为，妨碍了我们与学生之间正常的交流。永远要相信，学生的品质远比成人纯洁，在见到学生的时候，一定要有笑容。无论是处理班务还是上课，都要充分地信任学生。

（2）不要迁就学生。必须告诉学生自己的原则。避免在学生面前充当好好先生，个性鲜明的老师更容易赢得他们的尊重。当他们应该受到惩罚的时候千万不要手软，包括考试作弊、逃避劳动、随意旷课等等。当他们犯错时一定要进行适当的惩罚，让他们懂得为自己的行为负责。

（3）平等对待学生。老师难免会偏爱某些学生。但无论如何，要学会把感情与理智分开，千万不要过分地偏向某一位或者某一部分学生。做老师的技巧就在于，让更多的学生感受到老师关注的目光。

（4）不要体罚学生。学生需要惩罚，但要以合理的方式。学生犯错误是正常的，纠正错误，需要技巧、耐心和爱心，但首先必须控制在原则内。不要为了自己的面子去强制学生接受，无益于事件的解决。

我国著名的教育家林砺儒在《林砺儒教育文选》中说过，“你要热爱儿童，才能了解儿童。你了解他们越透彻，你便会更热爱他们。因而热爱和了解是互为因果，互为发展的。”热爱让我们和学生更加亲近。

2. 孩子，请你听我说

——写给那些懵懂的少年

秦皇岛市卢龙县某中学　彭红磊

【新手顶岗心路】

孩子，请你听我说。

孩子，当冬去春来，年华已逝，你们是否会对那些已经悄然溜走的日子而懊悔、沮丧呢？当成绩单一次又一次无情地落在课桌之上，你们，又是否会为昨天浪费掉的时间而表示惋惜呢？当父母为你准备好热腾腾的牛奶和香喷喷的饭菜时，年少的你们又能否会对自己在学校令父母、老师失望的种种表现而自责呢？我想你们现在还没有人会认认真真地去想这个问题，你们幼稚地把浪费时间、考试不及格、父母对我们的好当作理所当然。但我想，终会有一天，你们会为了之前没有好好珍惜学习的机会而彻彻底底后悔，彻彻底底醒悟，因为，那个时候才会真正明白“书到用时方恨少”，然后，就会不知所因的难过、空悲切、白了少年头……

孩子，听我说，我也曾经像你们这样，幼稚、童真的一路走来。但是，突然有一天我后悔了，因为我发现凭我当前所拥有的知识、能力，根本就不能适应现代社会的快节奏生活。我发现我好像和别人之间有很大的距离，这种距离，不是单纯的生活中你走在路的前面，我跟在你的后面，更多的是心理上的自卑和自愧不如。所以，从那一刻起，我就决定努力，好好历练自己，争取在最短的时间内超越别人，走在生活的最前端，看到前方路的全程风景。我为我的梦想追逐着、奋斗着……所以，亲爱的孩子们，老师想对你们说，不要等发现自己不足的时候再去弥补，那样会损失很多，事倍功半。你们要趁着年轻，趁着生活还没有给你们考验，一定要趁早用学习和能力铸造你们的未来，一定要走在他人的前方，欣赏前面的整个天空，而不是他人的背影。孩子，你懂吗？

孩子，请听我说，不要以“不会”当作不写作业的借口，更不要把责任推给他人。记着，现实生活很残酷，生活不会因为你一个人而停止向前，当你用“不会”来推脱责任时，你可曾想会有多少自强奋斗的人超你而上。待到那一刻，等待自己的只有被时代的洪流给打磨的没有棱角和个性。你想，连自己的个性都被磨灭了，你还会有什么出众之处呢？不要总是说“不会”，尤其是在你应该履行的职责面前。如果，你被困难或是懒惰所吓倒，说“不会”，那意味着你选择放弃。相应的，生活也会选择放弃你。当你有一天真正离开校门，走出家门，那么生活中大大小小的事情可真的要自己去独当一面了。假如你依旧退缩不前，推卸责任，那可就真的枉来世上走一遭。不管结果怎样，一定要有独自欣赏的勇气，无论身后是否会袭来凉风冷雨，我们不都要为了梦想而风雨兼程吗？

孩子，相信自己你能行！孩子，还要学会珍惜时间，真真正正地为以后的日子打好地基！孩子，还要明确你身上的责任，树立强烈的责任感，让自己成为父母、老师的骄傲，祖国明天的栋梁之材！奋斗吧、努力吧、加油吧！此时不搏何时搏！今天天上的太阳正好，路上的天气正晴，梦，启程吧！

这是我真正地以一名初中语文教师的身份走进课堂近三周的感悟，看到孩子们幼稚得在浪费时间而不知道自主学习，实在让人心酸。虽然谈不上、或许他们还不懂得什么是挥霍青春，但在我看来这些懵懂的少年是在向以后的生活借债。所以，作为一名刚刚走出校园单纯生活的学生，实在感悟颇多，特此给我的学生们一个真诚的忠告，写给我的孩子们，写给全天下的孩子们，珍惜时间，好好学习！

【学长拨雾指路】

“孩子，听我说”，当小彭老师说出这句话的时候，我就感受到了小彭老师从心底里对学生的殷切期待，希望用自己的成长经历，用自己对生活的感悟来感染学生，改变学生，激励学生。我想，这样的小彭老师一定能用自己的真诚和亲切打动学生，为学生的未来画上美好的一笔！

我们的小彭老师对学生说，希望引发学生的共鸣，慢慢改变学生，那我们应该怎样更好地利用自身的经历，引发学生的共鸣呢?

（1）明确行为诱因。通过与学生的沟通，与任课教师的沟通，了解学生的心理特点，在明确学生行为诱因的基础上，联系自身经历，与学生沟通交流，才能“对症下药”，产生更好的效果。

（2）沟通态度平等。作为新教师，我们与学生的年龄差距较小，在与学生沟通时更有优势，学生更容易把我们当作朋友。因此，在与学生沟通时，要利用这一优势，不要以长者的身份来“教训”学生，而是平等与学生沟通，这样更容易走进学生心理，使学生产生共鸣，做出改变。

（3）保证真诚耐心。卢梭说过：“做老师的只要有一次向学生撒谎撒漏了底，就可能使他的全部教育成果从此毁灭。”因此，真诚是很重要的。讲述共同经历，引发共鸣的前提是要保证自己经历事件的真实性，不要蓄意捏造，这样才能真正赢得学生的尊重。与学生的沟通是一件需要长时间进行的事情，因此需要我们用极大的耐心来等待学生转变。

俄国教育家乌申斯基：“教师个人的范例，对于青年人的心灵，是任何东西都不可能代替的最有用的阳光。”共同经历是我们的财富，情感沟通是我们的方式，真诚耐心是我们的前提，让我们与学生一起，共同建造美好！

3．今天的你，昨天的我

保定市某中学　耿晓敏

【新手顶岗心路】

孩子你可知道，今天的你，是昨天的我。望着你们蹦蹦跳跳的身影，我总会淡淡地微笑。昨天的我和你们一样，仰着稚嫩的面孔，在这充满童真的时代中欢笑，蹦跳。我看到时间河流中渐渐远去的我，隐在角落中默然微笑。我知道，她看到了自己。

孩子你可知道，今天的你，是昨天的我。面对课堂上淘气捣乱的你们，我摆出严肃生气的面孔，高声批评你们。可是，当下课铃响起我走出教室的时候，却总会独自微笑。我看到曾经的我坐在教室中被老师批得昏天黑地，似乎又体会到曾经的不安和忐忑。可是现在的我知道，讲台上一脸严肃的老师只不过是希望今天的你可以成为明天更加优秀的人。因为今天的你，是昨天的我。

孩子你可知道，今天的你，是昨天的我。当你们自习课上抱怨作业多的时候，我踱到教室的后面，望着你们的背影微笑。我看到曾经坐在教室中叫苦连天眉头紧锁的我，可是孩子们，明天的你会体会到那作业中包含的希望，它们，是美好未来的铺路砖啊！

孩子你可知道，今天的你，是昨天的我。多少次看着你们踏着放学的铃声雀跃着奔出校园，结伴回家的时候，我的心微微着疼痛。曾经的我，和你们一样吧！盼着最后一声铃声的响起，念着家中等待我的可口饭菜，还有那好看的动画片。以为这样的日子会永远持续，供我挥霍。可是，时间一个漫不经心的跳跃，一瞬间就带走了我曾经的生活，一去不复返。孩子，你知道吗？今天的你度过的每一个平淡的日子，是明天的你永远怀念，却无法再次得到的生活……

孩子你可知道，今天的你，是昨天的我。每一个坐在讲台上看你们上晚自习的夜晚，我的心都是那么的宁静。深夜中明亮的灯光下，奋笔疾书的我，讨论问题的我，一个个画面在我的脑中浮现。孩子，明天的你会知道，这是在为了未来而拼搏啊！今天的劳累，是明天的你记忆中最美好的享受。

孩子，你知道吗？你知道今天的你就是昨天的我吗？每每看着你们，我看到的都是曾经的自己啊！珍惜现在的一切吧，因为明天，你会知道，今天的生活，是上苍给你的，最好的礼物！

【学长拨雾指路】

“今天的你，是昨天的我”，多么贴切地表达！我们从青春时期刚刚走出，可能和孩子们经历过相同的事情，做过一样的梦。今天的你是昨天的我，这体现了小耿老师能与学生换位思考，能更好地理解学生。因为理解，所以亲切。

在学生工作中，换位思考是一种很好的途径，针对这一方式，陕西师大的孙鹏勇老师提出以下几方面：

（1）以对象特点为基准。换位思考在于设身处地的思考，想对象之所想，急对象之所急。因此要考虑对象的个性，明白“萝卜青菜各有所爱”，多角度看问题，明白“横看成岭侧成峰，远近高低各不同。”以对象为基准，因人而异。

（2）以遇事运用为前提。并不是所有的事件都必须换位思考，在处理学生问题时，遇到一些比较棘手的事件或误会时，对事件的处理和结果产生分歧时，可以恰当地运用换位思考的方法。

（3）以事实制度为依据。“没有制度，不成方圆”，教师的换位思考是要考虑处理对象的需要，但是这种需要是要符合事物的发展规律和各方面的政策，无原则的偏袒势必会不利于事情的处理。

“己所不欲，勿施于人。”换位思考是我们走近学生，亲近学生的一种有效方式，也体现了教师的理解、宽容和关爱，符合一定原则的换位思考更会我们的管理工作锦上添花！

4. 让我们爱上知识

邢台市宁晋县某中学　兴连喆

【新手顶岗心路】

孩子们：

你们好！虽然我比你们大不了多少，但相对于学生这个词，我更愿意叫你们孩子，因为在我的眼中你们不仅是学生，更是孩子！相比于一个老师，我更愿意做你们的大姐姐。

说实话，上课时你们给我的感觉并不好，课堂上不是乱糟糟，就是死气沉沉。使我每次上课时心情都不是很好，教学任务总感觉不能完成，教学效果也不十分理想。想到考试，我感到比你们的压力还大。想到你们需要掌握的那么多东西都还不会，我都恨不得替你们学习，替你们考试。至于你们的作业，有一些同学很认真，让我很感动，但也有的同学完全是为了老师写作业，有的竟然一次作业都不写，这种学习态度实在不可取。

你们需要对学习的有激情和兴趣。我并不想逼你们学习，学习本应是快乐的，如果从中得不到一点快乐，又看不到任何希望，那为什么还要学习呢？可是该怎么让你们知道，知识真的是可以改变命运的。

初中时的我，对学习也没有太大的兴趣，也没有什么出人头地或者其他学习能够带来的好处来给我动力。但我不叛逆，我一直是一个乖学生，听话，脑子又不是十分不开窍，所以这才使我顺利甚至是辉煌地进入了高中。在高中，我的注意力开始由学习分散到其他地方，觉得学习有些吃力了，不过自制力还算可以，勉强地进入了大学的校门。我高考的成绩并不理想，能有上大学的机会，完全要感谢我的父母。是他们，在家庭并不富裕的情况下，坚持负担高额的学费把我送入大学，而这个机会对我的意义太重大了！说这些也并不是希望你们也完全循规蹈矩，只是想让你们明白，学习真的很重要！

上了大学就像是给我打开了一扇大门，让我踏入了一个完全崭新的天地。一个个成功人士或优秀教授的讲座，图书馆里的宝贵资源更是在其他地方难以得到的财富，周围的同学、老师也让我学到好多好多。我的思想经历了一次又一次的冲击，我的觉悟渐渐地提高，我的认识发生的翻天覆地的变化。我开始发现自己，认识自己，发现人生的意义。我这才知道人生原来还有这么广阔的天地！

同学们，知识也许并不是唯一一个可以使你衣食无忧出人头地的道路，却一定是最快捷、坎坷最少的一条路；也许它也并不是唯一一个可以使你的思想认识发生质的飞跃的载体，却一定是你最容易获得的一个载体！学习并不枯燥，只要你用心去发现，学习也并不困难，只要你现在跟着老师一步一个脚印地走，相信你一定能学好。

还记得有一次上课时给大家讲的“丑小鸭”的故事吗？这个故事让我很有感触。以前的我就是那只丑小鸭，而现在我虽然还没有变成白天鹅，但也不再是那个丑陋、自卑的丑小鸭了。这一切的改变全因为知识。

所以，请大家不要放弃自己，给自己一个机会，给学习一分努力，给父母一点安慰，给老师一份欣慰。

【学长拨雾指路】

小兴老师的这封信言辞恳切，循循善诱，每一句话都是对孩子的谆谆教导和殷切期待。小兴老师希望用自己的经历和态度变化过程来激励孩子们，让孩子们懂得知识的重要性，懂得努力的重要性。这样的小兴老师让人感动，这样的教育让人感动，相信孩子们一定会体会到小兴老师的良苦用心。

“师者，传道授业解惑也。”我想，所谓的传道授业解惑并不仅仅是传授知识，而是让学生明白知识的重要性，让学生主动探索知识，追求知识。我国著名教育家陶行知先生说过，“好的先生不是教书，不是教学生，乃是教学生学。”

怎样让学生学会学习呢？我们可以从以下几个方面努力：

（1）爱的教育。教师的职业一直被认为是“教书育人”，而情感渗透教学正是“育人”的重要方法之一。对于学生，我们作为教师应以我们的人格魅力和学识涵养起到引领和榜样的作用。只有如此才能使处在花季雨季的孩子得到光明的指引，在遭受挫折和失败的时候得到及时的抚慰、支持、关爱和鼓励，从而使他们认清方向，确定人生目标，具有战胜挫折和失败，走出困境的勇气和信心，而这正是人生中最重要的优良品质。

（2）平等教学。这是教学中最为重要的一点，师生和谐相处的基础是地位的平等。

一个高高在上固守师者威严的人，可能会让学生怕，会让学生对你退避三舍，但这未必是尊重。当教师以朋友的身份关爱每一位学生时，学生们才会真正走进这一堂课，真正爱上这堂课。

（3）寓教于乐。呆板、枯燥的教学无疑是最糟的，它不仅使学无长进，教亦无长进，是教、学两误的。要想真正达到对寓教于乐思想的深层理解，并使之在实践中发挥更大的作用，我们要将“好知者”转变成“乐知者”，将“趣味教学”转变成“兴趣教学”，让学生由被动学习变为主动学习，从而达到让学生爱上学习的目的。

让学生爱上学习，方法多种多样，只要我们坚持爱心，勇于探索，一定能让孩子们在学习的路上更加轻松努力！

5. 学生送我小红花

保定市高碑店某中学　张媛媛

【新手顶岗心路】

在我们的记忆深处，总会有一些人、一些事触动着我们的内心，它们如同花朵般盛开着，美丽着，温暖着我们的心灵。普希金曾经说过：“一切都是瞬息，一切都将会过去，而那过去了的，就会成为亲切的怀恋。”在与初一的学生相处的日子里，教给他们知识的同时，我自己也收获了很多美好的回忆。

初一四班是老师们公认的纪律最差的一个班，每天上课时，几乎所有的老师都带着笑容上课，然后怒气冲冲地走出课堂。对于刚上几节课的我们来说，想顺顺利利地讲完一节课可真的是极大的挑战。果然，课上的他们十分活跃，而对于我的提问则是沉默不语，上课根本不在状态，实在是混乱极了。好几次我都被他们气地停下来。面对这种情况，我只有大声地提醒他们保持安静，可是他们依然小声嘀咕，完全无视我所说的，我感觉好无奈。

后来，经过我的细心观察后发现，其中有一个小男孩特别爱说话，总是扰得我无法安宁。于是我就更加注意他，慢慢我发现他其实对历史特别感兴趣，头脑也很灵活，只是平时上课的时候无法约束自己。之后，在课堂上，我就适当地叫他起来回答一些简单的问题，涉及历史的知识时，我就会刻意地让他讲给大家听。几次下来，我发现他变得安静了，上课的时候也会认真听讲了。一旦有他知道的问题，他就会举手来回答。还记得，给他们上最后一节课的时候，我发现他在上课时叠小红花，当时我开玩笑说：“打算送花给谁呢？上课的时候把这个事情先放下，下课再弄。”后来，我经过班门口的时候，他叫住了我，把这个小红花送给了我，我看到这一幕，眼眶湿润了。

也许这个小红花我会丢失，但是，这个学生带给我的感动却会一直深藏在我的心里。孩子们都是善良纯洁的天使，他们需要被好好地教育指引。我们作为老师，更应该为他们领好路。真的很感谢那个同学，他给我的实习带来了美好，那朵小红花会在我的记忆中历久弥新，永不凋谢。

【学长拨雾指路】

顶岗实习的道路不是一帆风顺的。当我们遇上课堂秩序不好的班级，或者故意跟你做对的学生时应该怎么办呢？对他们大发雷霆吗？对这些学生不管不顾而任其发展吗？显然，这都不是最好的做法。面对这样的情况我们不妨学习小张老师的做法，不要气馁，也不要生气，而是细心观察，从班级的个别“重点”学生入手，发现该学生的长处与缺点，施以关照，慢慢转化，逐渐提升上课积极性。小张老师的做法不失为处理这类问题的妙招。

顶岗实习生要想有效的管理课堂秩序应以教师的基本素质为前提，这应该包括：思想品质，业务水平，教学能力，教学技巧，真诚的爱心，积极的态度，公平公正的处事方法，严禁严肃的作风，等等。只有拥有了这些基本的素质，才能去谈如何管理课堂，才有可能让学生喜欢上自己，喜欢上自己所教的科目。

苏联教育家苏霍姆林斯基曾说过：“没有爱就没有教育”。那么，对于初为人师的实习生来说，最重要的就是拥有爱心，而且这颗爱心应该无私地奉献给每一位学生。其实，那些成绩暂时落后的孩子更需要我们的关心、关注。因为他们常年生活在教室的边角，无望老师们的雨露恩惠，只能通过“捣乱”、“说话”等极端行为来表明自己的存在，以祈求大家的重视。倘若我们能用智慧的双眼洞察他们的心理，发现他们的闪光点，并给予阳光哺育，那么这些看似“不可救药”的学生的成长、进步乃至发展或许超出想象、难以估量！这更是教育者的无上荣光、极致成就！

6. 融化“坚冰”需要爱

廊坊市文安县某中学　甄昊

【新手顶岗心路】

顶岗实习有一段日子了，也和学生们逐渐熟悉了，而学生们的缺点也渐渐暴露出来了。我教三个班，一班是半途之中所接的班级，比较活跃。第一天上课的时候，我讲的是海陆分布。在课堂进行到三分之一的时候，我突然发现最后一排有一个男生低着头不听课，而其他同学都在认真听讲。这个时候我很生气，走到他身边，发现他腿上放着一本小说和一部手机。

原来他正在低头看小说、聊QQ！这时我本来想狠狠地批评他一顿，然后将小说和手机都没收，但是我并没有这么做。首先，我拿起了小说和手机，放在了他的书包里，然后问他："你叫什么名字啊?""郭佳伟""你不喜欢听我的课么?""没有""不对，如果我讲得很好，不可能不吸引你来听课，是老师我的原因。"我又问他："你以前的成绩怎么样?""不怎么好。""有多不好?"……原来他的成绩在年级里是倒数的。我又说："你跟我来。"我把他带到讲台上，当着他们的校长、年级主任、班主任以及听课老师和全体同学的面宣布："郭佳伟同学以后就是我们班新的地理课代表。"

下课以后，我与他交谈了一下课代表的职责与工作。最后，他问了我一句："老师，你为什么要选我当地理课代表？我学习很差，课堂上表现得也不好，你还是换个人吧。"而我只说了一句："让你当课代表是对你上课看小说、玩手机的惩罚。"接着，就让他出去了。

在这件事的处理上，我注意到了孩子在心理、年龄上的特点。首先，初二的学生自尊心很强，绝对不能当着众人的面严厉批评他们。其次，对于学习成绩差的学生，我们作为老师，不可以从内心里歧视他们，不能因为他们的成绩差就否定了他们的做事能力。反之，如果你对他表现出了你的关怀与赞赏，他就会有一个质的飞跃。在现代中学课堂上，不应该只有知识的灌输，更应该注重道德素质的教育。

【学长拨雾指路】

我们的小甄老师可以说是拿着放大镜找后进生的优点，用爱的阳光融化学生心中的坚冰，用信任的魅力转变了一个孩子。每一个孩子都期待被关注，小甄老师的做法真正改变了一个孩子。我们相信，这个学生一定能感受到被关爱，一定不会辜负小甄老师。

对于这些后进生，我们不仅要用关爱温暖学生，也要讲究方法，主要可以从以下几方面帮助学生：

(1) 爱心感化，关心倍增。作为一个教师必须主动接触他们，亲近他们，了解他们的内心世界，知道他们目前的家庭情况和个人的想法，做他们的朋友，主动帮他们排忧解难，将心比心。只有这样才能使他们扬长避短，看到光明和希望，才能刻苦努力学习。也只有这样，才能因材施教。

(2) 正确引导，抓住闪光点。每个人都有好的一面，即使是后进生他们也有好的一面，比如：劳动积极，上体育课时篮球打得很棒，我们就可以抓住他们这点去发挥他们的长处，在班会课上表扬他们，对他们说："其实你们很聪明，只是没有发现自己的长处。虽然你们学习差，纪律松懈，但是，只要你们努力，相信你们一定可以赶上成绩好的同学。"每个教师都要善于去寻找后进生的"闪光点"，使它成为指引后进生前进的一盏明灯，指引他们看见自己的长处，增强对自己的信心。

（3）加强管理，确定目标。"没有规矩，不成方圆"，一个学校、一个班级它都要有不同的制度约束学生的行为。我们在管理学生方面，也采取了许多办法，例如：学习《中、小学生行为规范》、制定一些班风班纪，举办"手拉手""一帮一"活动。在开学初进行家访，每个周末的班会课上作总结。总之，从日常生活和学习上关心他们，把他们引导上正确的人生道路中来。

（4）尊重学生，不歧视、不体罚。在教育教学过程中，有许多老师片面追求教学质量。也是由于当前只以教学质量评价一个教师的教学水平的现象，造成对许多学生的不良影响，特别是后进生。一旦他们在课堂上违反纪律，老师就骂或罚站、罚打扫卫生或讽刺学生。这无形中增加了他们对老师的憎恨，也对老师所教学科更加厌烦。因此，我们老师在教育教学中应用"爱"去感化学生，鼓励学生，不要挖苦学生。根据不同的对象，不同的事情，适当采取不同的方法。相信在努力付出之后，后进生的工作一定会迎刃而解。

总之，教师要抓住契机，还要持之以恒地关注学生。后进生也同普通孩子一样，渴望阳光的沐浴，渴望激情的渗透，渴望激励与关注。那么就请我们的老师不要在抱怨中制造抱怨，在训斥中造就冷漠，给每一个孩子施以阳光，把真正的关爱洒进每一个孩子干涸的心田，让每一个孩子满怀憧憬、充满希望地生活，让他们能有信心去坚守做人的尊严。

7. 做一位倾听者

五公镇某中学　宗秀娟

【新手顶岗心路】

放假之前，我给高二文班的学生布置了一项作业：写自我介绍，包括自己的兴趣爱好、格言理想，以及对班级的意见或建议等。我让他们畅所欲言，把自己想说的话说出来，不要顾虑是拿给老师看。我告诉他们："我会以朋友的身份去读你们的每一句话，而不仅仅是老师。"

直到今天，有些同学仍然没有交上来，即使是我亲自去班里收。也许他们是忘记了写，也许他们是真的不愿意吐露自己的心声。不想写的我绝对不会强迫，因为我想和他们轻松愉快的相处。我所希望的是他们自愿把我当作老师以外的另一个角色——朋友，从而心甘情愿地向我吐露自己的心声。交上来的每一份，我都认真地看了，而且不止一遍。

翻阅着手中一份又一份的“自我介绍”，我说不出心里是什么滋味，就像打翻了五味瓶一样。有一个女同学这样写道：“我叫×××，是班里一名普通的学生，我学习不好，比较内向，所以我的成绩不好，在班里不起眼，老师也看不到我。”看到她写的这些话，我的心不禁有几分疼痛，我首先想到的就是谢谢她对我的信任。她可以把自己的“自卑心理”毫不掩饰地告诉我，我真的很感动。我想，也许她真的是个优秀的孩子，只是由于她的性格等方面的原因让她有点不自信。她说老师看不到她，我一定要用实际行动告诉她：不是的！老师很看好你，你要相信老师，更要相信自己。还有一个同学，让我印象深刻。她说她一直想成为大家关注的焦点，但这个焦点不是在学习上，而是她想违反校规校纪，她想尝试那是什么滋味…看到她写的这些话时，我顿时震惊了。我不知道自己看到的是不是真的，难道是我读错了吗？我再一次一个字一个字地看了一遍，没有读错，纸上确实是这么写的。我整理了自己的思绪，仔细思索了一番，终于有了答案：也许这就是正值青春期的“叛逆心理”吧！我告诉自己：一定要尽自己最大的努力，用“爱心”、“激励”和“唤醒”去改变她这种想法，帮助她在学习和成长的道路上树立起正确、积极的态度。

每个同学都有自己的心声和“小秘密”，他们把心声分享给了我，让我有幸做他们忠实的倾听者。这在无形中成了我的使命和职责，我应该而且必须承担起这份职责，并且要用心去对待这份“差事”。看着手中一份份的“自我介绍”，听着一个个的“心声”，我感觉自己手中捧得是整个心灵世界！

【学长拨雾指路】

做一位倾听者，真正走进学生，才能与学生建立良好的师生关系，我们的小宗老师正是意识到这一点，“自我介绍”正是教师与学生沟通的好方式之一。相信小宗老师一定会与学生亲切愉快的相处的。

怎样更好的倾听学生想法呢？首先，要有真诚的态度。教师应本着洗耳恭听的态度，积极热情、耐心真诚地倾听。用鼓励的期待的眼神、微笑的专注的神情，让学生大胆、大方地表达，自由、平等地言说。切不可表现出对“权威”被怀疑、原定的教学计划被破坏的恼怒；或是对学生不成熟的甚至浅薄的见解的不屑轻视；或是对学生不甚流畅的表述的急躁不耐烦。“作为一个真正的倾听者，必定是这样的：他怀着深深的谦虚和忍耐，以一颗充满柔情的爱心，张开他的耳朵，满怀信心和期待地迎接那些稚嫩的生命之音。”其次，要适时的交流。“教育的过程是教育者与受教育者相互倾听与应答的过程。”教师倾听学生不仅仅是一个单向接收的过程，还应该是一个双向交流互动的过程。这就要求教师在倾听的过程中适时地插入自己的看法，和学生进行话语交流。

瑞典人文主义教育家裴斯泰洛齐说：“教师第一件要做的事，就是要赢得孩子们的信任和热情。我相信，假如我做到了这一点，一切其余的问题也会随着解决了。”我们的小宗老师用倾听者的身份赢得了学生的尊重，这样的关系一定会让学生与教师愉快相处！

8.“小冤家”，你们还记得吗

承德市兴隆县某中学　李晓莹

【新手顶岗心路】

亲爱的“小冤家们”，你们好：

转眼间，我们相识有三个多月的时间了，从陌生到熟悉，从你们不敢抬头看我到谈笑自如。这段时间我们有太多的故事，太多的记忆，是你们给了我五彩缤纷的生活。

回顾我们在一起的日子，我们有过欢笑，有过惆怅，也有过误解。但是任何的滋味我们都一起承受，一起度过。

你们还记得吗，我第一次进班，那时你们正相互说笑，我一踏进班门口你们顿时安静了下来，用你们那一双双可爱的小眼睛在我身上放射了好多的好奇光束。在那些光束里我读出了：你从哪来啊？你叫什么啊？你为什么这么年轻啊？诸如此类的你们对于我的东西。果不其然，下课你们就围着我问：老师，您家是哪的啊？您多大了？您结婚没有？这些五花八门的问题。我只是笑而不语，因为我知道时间可以让我们互相了解。那一次我们的人生轨迹碰到了一起，从此便注定了我们的缘分。

你们还记得吗，我给你们上课，你们在下面很兴奋，不注意听讲在下面说小话，可是你们从来都没有注意站在讲台上的我嗓子已经发不出音来了，最后是你们把我气哭在讲台上。那是我第一次觉得我不应该对你们那么好，那也是我作为老师的一大败笔。但是你们最终把我逗笑了，我一进班你们就全体起立说：李总，对不起，我们知错了。那个时候我才意识到原来我是遇到了一帮可恨又可爱的“小冤家”。

你们还记得吗，我们为了迎接七年级太极拳比赛每天辛苦练习，大家共同努力，却没有拿到我们理想中的名次。比赛结束后，你们气愤，你们懊恼，你们说不公，有的同学还落了泪。那个时候我想告诉你们：你们在我心里一直是最棒的，你们的努力已经说明了一切，你们在我心中无人替代。

你们还记得吗，在课堂上我们曾经有过欢声笑语，我们一起学习新的知识。有的时候我会被你们五花八门的问题“挂”在黑板上。那个时候我们一起讨论，我与你们一起质疑、评价、补充，我们共同进步。

你们还记得吗，歌咏比赛上，我坐在评委席上生怕你们出错，你们在上面比赛，我在下面比你们还要着急。最后，尽管成绩不尽如人意，但是我想告诉你们：结果不重要，重要的是我们努力的过程，你们始终都是最强大的。

你们还记得吗，正式的老师回来以后，我连与你们告别的时间都没有，我去听你们的课，你们一个个可怜巴巴的都回过头来看我，我一直不敢抬头与你们对视，因为我怕自己流眼泪，可是依旧有那么几个小女生哭的鼻子都红了。好长一段时间你们都是见到我就问：“老师，您怎么不教我们了呢?”我骗你们说：“谁叫你们不听话老气呢?”你们的回答让我泪如雨下，你们说：“老师，我们再也不气您了，我们以后听您的话，您回来吧，我们想您了!”那个时候，我明白你们从此让我无法割舍。原来我的“小冤家”们也有这么听话的时候啊！只是可惜对我来说有点晚了，不过你们的成长是令我最开心的事。

我记得，在我正为未来的教师生活充满迷茫的时候，有位男生给了我鼓励，我收到了作为教师以来的第一个礼物——一个棒棒糖。我记得，搬宿舍的时候你们为了争着给我搬东西差点打起来。我记得，你们那一个个小身子骨扛起我的行李包的时候就只能看见行李包在缓慢移动的样子。我记得，你们跟我调皮说我臭美时咧着小嘴时的样子。我记得，我去你们宿舍你们抱着我哭，说想我的样子。我记得，我们住板房时，你们为我打水，一边打还一边说我眼镜度数高了不管用了，你们争着给我把水拎到宿舍，就为了看一眼我们宿舍的样子。其实，你们的小鬼心眼我都知道，就是没忍心揭穿你们！我还记得，你们被我训斥后低头懊恼的样子。你们所有的所有，一切的一切我都记得，因为你们是我的学生，我可爱又可恨的“小冤家”!

你们也许不知道，你们上课拿到的可以轻松学习的导学案是老师们苦心琢磨出来的，我们精挑细选，层层对比分析到底哪个更适合你们，哪个更可以提高你们兴趣。孩子们，你们一定要珍惜老师为你们做的一点一滴啊！你们的健康成长离不开老师的辛勤培育!

你们也许不知道，我每天忙到晚上才洗脸，每天连上厕所都必须跑着去。忙前忙后一趟趟地跑去文印室为的是什么？就是为了你们能够及时地用到导学案，为的是你们能够及时地做上日测题。我每天得负责给你们打题、印题、判卷子。每次考试结束后，你们很轻松，但是老师还要在周末加班给你们判卷子，输分，分析你们的成绩。

当看到你们成绩不好时，老师的内心在受煎熬。所以，你们一定要努力学习，以最优异的成绩来回报老师。

你们也许不知道，没有事的时候我会想我离开那天会是什么样子，你们会不会为我的离开而哭泣，会不会想我，在以后的日子里会不会记得曾经有一位年轻的老师与你们共度的时光。想着想着，我的心里就会泛起酸来，甚至有时眼泪会不自禁的堆积在眼眶。

我希望你们，在我不在的时候也努力学习，不断地完善自己。不要在上课的时候走神，不要在课下的时候偷懒，上课要注意听讲，努力抓住老师讲的每一个知识点。要及时搞卫生，不要再等着老师督促。我希望你们以后都可以金榜题名，成为一名优秀的高中生。要时刻记住：你们是最棒的，你们是独一无二的。

【学长拨雾指路】

"小冤家"，这是一个多么亲切又充满宠爱的称呼，小李老师的每一句话都是满怀感情，满怀不舍，我们能感觉到小李老师洋溢在字里行间的感情，小李老师描述的每一个场景仿佛就呈现在我们眼前，仿佛我们就是时间的参与者，是那个参加歌咏比赛的同学，是那个因为不舍而哭鼻子的小姑娘，是那个着急搬行李的小男孩儿，是那个……看到最后，我们跟着小李老师一样，对这群可爱的"小冤家"充满不舍。一段描述之所以生动，惹人共鸣，是因为真的投入感情，谢谢小李老师带给我们这样一段满怀感情的描述，也谢谢她带给学生一份真正的爱。

读着小李老师的描述，我想起了我的顶岗实习，想起最后一节课与我最爱的孩子们告别。本来心里已经想好了告别词，可当真的面对我的亲爱的学生们时，却不知道说什么，语无伦次，强制着哽咽……亲爱的孩子们，曾记得第一节课，是你们用微笑和掌声把我送上讲台；曾记得，上课时是你们用专注的眼神和偶尔的笑声让我更加认真有勇气；曾记得是你们用高举的手和流利的语言一次一次让我自豪；曾记得我假装生气时你们调皮的表情和撒娇的语气让我温暖开心……谢谢，我最爱的学生们！谢谢你们给我的美好的回忆，谢谢你们，让我们曾经在一起！

因为缘分，我们和孩子们相聚在一起，因为爱，我们和孩子们建立了深厚的感情，相信我们的未来会因为这一段经历而变得更加精彩！

第四篇　我的离别

时间在静静地流淌，半年的顶岗实习也随着时光的流逝而接近尾声，你们马上就要离开倾注了半年精力和心血的实习学校。顶岗实习只有短短半年时间却教会了你们很多东西，它提升了你们的教学技能，磨炼了你们适应艰苦生活的意志品质，让你们学会了与人交往，收获了纯真的顶岗真情。离别之际，你们应该满怀感恩之心，感谢顶岗实习学校，感谢同行岗友，感谢指导教师，感谢自己的学生，是他们帮你们编织了顶岗实习梦。

1. 离别之际

沧州市黄骅某中学　张丽娟

【新手顶岗心路】

时间飞逝，四个月的顶岗实习生活已接近尾声。离别之际，和孩子们在一起的日子也指日可待，内心有很多不舍，但是人生没有不散的宴席。实习结束，再回到学校又是另一番风景。想起在实习学校的点点滴滴，有失望，有痛苦，但更多的还是感动。在这里，我学会了很多，如何更好地将理论与实践联系在一起，如何与同事和谐相处……我成长很多，顶岗实习使我受益匪浅，我有很多话要写，但不知从何说起，便在键盘上用力敲下自己的所感所想。

在学校里学到的知识都是理论。刚来这之前，指导老师也和我们说了一些不是很让人满意的情况，但是，我既然选择了顶岗，就会坚持下去。我想充实自己，锻炼自己，丰富我的人生，我想在顶岗实习中创造一幅只属于我的亮丽风景。我想说，虽然条件有些艰苦，但是我不后悔自己的选择。

不管现实怎样变化，只要我们抓住了核心就可以以不变应万变。经过这次实践，虽然时间很短，可我学到的是我在学校一年都难以理解的。比如如何与同事们相处，如何与学生们相处，这些人际关系的处理是现今不少大学生刚踏进社会遇到的一个大难题。但是，来到实习学校后，这已不是难题，这里就是一个小社会。在这里，我可以先锻炼自己，把自己真正当作一名正式老师，和这里的老师和谐相处，因为只有这样，才能有良好的人际关系，工作起来得心应手。与同事相处一定要礼貌、谦虚、宽容、相互关心、相互帮忙、相互体谅。同时也要真心实意地照顾学生，我也体会到了老师和学生之间的那种真情，我是他们的老师，他们是我的孩子，我只有先把孩子照顾好，才能再照顾自己，突然觉得自己很伟大。

还记得初来这里时，我们的做饭经验不是很丰富，总是出笑话，鸡蛋被打烂过，米饭没有蒸熟过，那可谓是按下葫芦浮起瓢。经过一段时间的洗礼，我们都变成了厨娘，每人都能做出自己的专属特色菜，可谓“色”“香”“味”俱全。在这里，我们烙过馅饼，吃过饺子，因为是自己做饭，想吃什么就做什么，生活还是比较不错的，我们给自己起了一个外号——厨房里的七公主。

在这离别之际，我想对实习学校和这里的所有老师道一声“谢谢”！我又有了一位好“老师”，教会我如何与同事相处、怎样严肃认真地工作等等。这几个月的岁月将会成为我最美好的回忆，我会将它珍藏在我内心深处。离开之后，我就要去追寻自己的梦想，孩子们也要开始新的人生。我只希望孩子们永远记住，我们始终心在一起，我们有着一样的梦，在不久的将来，我们都会有成功的一天。

【学长拨雾指路】

回顾顶岗实习生活的点点滴滴，小张老师收获了很多，也成长了很多。顶岗实习将理论与实践成功地联系在了一起。在这个过程中，小张老师充实了自己，锻炼了自己，丰富了自己的人生，虽是艰苦，但终将无悔。

实践之前，我们学到的多是理论知识，参加顶岗实习意味着我们要将理论运用于实践。这个过程中，二者可能会有冲突，有矛盾，但是我们先不要急于否定理论或者实践。首先，要对教师和学生重新认识。教师要完成从一个从教者向帮学者的角色转变。要相信每个学生都能学好，因为每个学生从心底里都想要做个好孩子。要从内心深处爱学生，要在情感上学会欣赏学生，要耐心“等待”学生。学习是主动的过程，不要剥夺学生学习的权利，把学习的权利还给学生，课堂教学依靠的是学生的学，而不是教师的教。教是帮助学，为学生提供条件和时空。在课堂上，教师应当是一个设计者，针对学生的个体差异，给他们发展的空间和自由，推动学生个体学习和交流，以激发学生进一步思考。其次，勇于实践提高课堂教学质量。注重培养学生勇于探索，认真实践，大胆创新的精神，鼓励学生的求异思维。在课堂教学中，充分体现师生互动、生生互动的学习方式。将新的理念引入课堂，改变课堂面貌，使孩子们会学、乐学、爱学，就一定能提高我们的教学质量。最后，要提高自身教师素养。要向课本学习，向专家学习，多读教育教学方面的书籍。向有经验的教师学习，多参加听课、评课活动，多与同事进行交流，加强教师间的合作，或者利用网络与更多的同行进行交流与学习。

离别不意味着遗忘，而是我们寻找更美好的未来的开始。

2. 再回首

邢台市宁晋县某中学　路博宇

【新手顶岗心路】

半年的顶岗实习随着时光的流逝而接近尾声。犹记得 9 月 2 日我们冒着小雨在宿舍门口焦急而紧张地等待着前往宁晋的车，犹记得朋友送我们走时眼里流露出不舍的目光，也还记得到达目的地时的欢愉。

很快便到达了目的地，在举行完简单的欢迎仪式后，我们又把大包小包转移到前往宁晋实习学校的公交车上。17 个人的行李挤满了车，我们几个人摩肩接踵地站在车上，伴随着车的摇摆来到了实习学校。这是一个原生态的农村学校，除了教学楼是楼房之外，办公室、教师的宿舍都是当年宁晋师范学校留下的小瓦房，多年的失修已造成偏塌、漏雨等多种隐患，心里不自觉得有一丝担忧。之后，我们到了学校为我们准备的宿舍，一间废弃的大教室，里面已经准备好了 20 张床铺，上下铺，我们 17 位顶岗实习生就在此居住。我仔细看了看，床铺是新购置的，虽然布满尘土但也够结实。窗帘也是新换的百叶窗，图案是蔚蓝天空下的碧绿森林，倒也显得清新。屋里没有暖气，但是教导主任说不久后我们就会乔迁到新楼。

这 20 张床铺虽然多出了 3 张，但是我们的行李还是不够放置，横横斜斜的摆了满屋子，由于我们很多人都带着笔记本电脑、相机等贵重物品，只好向学校领导申请一个带锁的柜子，以安置那些物品。这个学校是按时供热水的，早 8 点和晚 8 点才有热水，放完为止，而学生也在这个时间去“抢水”。学校为此给我们宿舍配了一个电热壶，虽 17 人公用有些紧张，但终究还是缓解了我们没有热水的局面。对于饭菜，这里不让自己做饭，我们只能跟着吃食堂。

安置好东西又等了好些天，我们终于被校长叫到了办公室。要分配指导老师了！这让我们这些“无聊”的实习生无比激动。但是刚开始的一个月里是不允许我们上课的，只能听课，之后也不能独立上课，想上课必须有指导老师在。这又让我心里起了个疙瘩。

我的指导老师是一位有着十年从教经验的青年教师。她于今年春天到河北师大参加培训并完成任务，又是我们语文组的教研组长，年轻有为，充满活力。我知道今后我要认真向她学习，向她请教。

其实，刚开始，我的顶岗之路并不顺利，因为我除了正常的上课之外还被分到了教务处工作。教务处是人杂事多的地方，凡是与教学、教师有关的事情都要经过教务处，所以我在教务处忙得不可开交。而这使我的指导老师不满意，由此产生了一些误会，不过很快这些小误会都烟消云散。在我第三天听指导老师的课时，王老师因事请假，而我在当天早上才接到通知。就这样我临危受命，登上了我的三尺讲台，可以说我是所有实习生中最早上课的一个。本来以为我会非常的紧张，毕竟是第一次上课而且没有认真的备课。可是当我迈进教室听到学生齐声喊："老师好"的时候，心里却是如往常一样的平静，我知道我赢了，我已经从一个学生转变为一个老师了。上了约一个星期的课，河北师大的老师就来到我们学校听我们讲课，我受到了好评。这是我顶岗之后，第一次那么高兴。

之后的日子又恢复了往日的平静，我依然在教务处、办公室、教室之间徘徊。而那一次特殊的事情把我与王老师的距离拉近了。

那是阳光明媚的一天，王老师安排我讲练习册，课进行到一半的时候，一个同学把我叫出去让我跟随校长去另一个村庄搬实验器材。"学生怎么办?"这个问题我不假思索脱口而出。带着种种疑惑我走出教室可心里终究觉得不妥，我去问我的指导老师。她果然是个负责的老师，"天大的事都要在课下，怎么能把学生放下不管?"王老师带着我重新走入教室，完成了课程的讲授。之后，我才去帮忙搬运器材。这件事情之后，我把办公地点转移到了初一办公室，跟我的指导老师挤在一个办公桌上，虽然挤了一些，但是我俩乐在其中。之后的三个月多月我俩日日在一起，她尽量安排我上课，并且在每节课后她都对我的课进行评价，这让我进步飞快。我们的心事也不相瞒，办公室的老师笑称我俩是姐儿俩。10 月 22 日，河北师大林岩林老师（王老师国培时的班主任也是我的教法兼顶岗培训老师）让她去参加"国培"语文学科的学员论坛，我帮她做了课件，取得了较好的评价。在林老师的提点下，我跟随王老师去石家庄四十三中、十七中听全国名师余映潮老师的示范课和题为"什么课是好课"的报告会。之后还去十八中听人大附中西山学校特级教师王君老师的课，接触了大量前所未有的新鲜事物，回来后我们相互切磋，共同进步。11 月初，王老师还成功加入了"余映潮工作室"，成了余映潮老师的门徒，我们还开玩笑，王老师是名师的徒弟，那我不就是名师的徒孙了吗？每每想到这里，自己都会忍不住发笑。这些经历，这些快乐都是我一生难以忘怀的。

我的指导老师王老师除了给予我教学方面的指导外，在生活上对我的照顾也是无微不至的。我们是在学校食堂吃饭的，食堂的饭菜究竟怎么样大家可想而知。每当她在学校有晚自习时，就叫我到她的宿舍去吃饭，金黄的小米粥，热腾腾的馒头，粉嫩的鸡蛋，还有肉烧茄子，素炒胡萝卜，菠菜炒鸡蛋，凉拌黄瓜丝，小油菜烧菜椒，真是让我垂涎三尺。记得有一次，她做了一种新鲜的食物，神秘兮兮的叫我去她的宿舍。看到那种食物，我也是摸不着头脑。只知道是很好吃，圆圆的像汤圆一样，吃上去有些甜味，还以为放了糖，之后才知道原来那不是白面做的皮儿，而是把红薯蒸熟后碾成面做的皮儿！纯天然，纯手工！我心头阵阵温暖，不知从何说起。

办公室的马老师也就是我们四班的班主任，她还叫我去她家包饺子，嫩绿的韭菜，粉红的肉，雪白的面粉组成了一个个薄皮大馅儿的“小精灵”。再蘸上山西老陈醋，吃上几粒腊八蒜，真是人间美味啊！

现在，我们仍然住在那个大教室里，不过多了两个电暖气。虽然还是很冷，冷的会冻脚；吃的还是食堂里的简单饭菜，淡的无味。但是我却没有刚来时的抱怨，因为这四个多月已经将我改变，回过头去，我看到的不是艰苦而是快乐、幸福、成长。

【学长拨雾指路】

小路老师对这次实习的回顾，勾起了我对顶岗生活的回味。虽然说是五味杂陈，但是甜美的幸福还是放在了第一位，烦恼的苦在回味中被抛掷到九霄云外了。实习生活不仅是教学，还有我们生活的边边角角，我们可以说是实习让我们走上了独立的道路，从懵懂走向了成熟。路老师没有提到教学技能的变化，但是我相信，在大学学到的理论，经过实习的实践，你一定经过了化茧成蝶的蜕变，成为一名新教师中的“小专家”。

只会实践只能称为教书匠，只有理论只能称为教书人，只有理论和实践都具备的教师才能成为教书专家，你只是迈出了教师行业的第一步，后面的路还很长，是否能够更优秀，那就看你能否有做老师的恒心和耐心。教师，“教”放在第一位，我们首先要把教学能力提高，成为一个会教书的人，然后再考虑如何和学生处理好师生关系，这样，我们才能达到“知己知彼，百战不殆”和“教学相长”的水平。最后，我们应该成为专家，钻研中高考，把握命题方向，多出题，自己反复做，找出问题，不断升华，出题才是对自己专业能力提高的好方法。多听有经验教师的课，多和他们交流心得，学习他们的“绝活”，这样才能让自己成为一名优秀的教师，优秀的“专家”。

“学如逆水行舟，不进则退”，教师的成长也遵循这个规律，我们应该每天都提升自己，就像我们上大学后，大一去做今年的高考题，可能发现我们做的不是很顺利。

当我们达到“卖油翁”的水平之时，就是成为专家之日，养成习惯，熟能生巧。实习虽然结束了，但是我希望你能够在以后的教师生涯中一帆风顺。

3. 幻想离别

邯郸市武安某中学　李俊如

【新手顶岗心路】

今天天气很晴朗，心情也很好，满怀信心地走进教室里面，迎面而来是一缕缕阳光，心情甚好。孩子们配合得也是很好的。这一节课下来没费多大劲，不用一直吓唬他们，不用一直扯着嗓子让他们安静，这是一堂令我满意的课。课上提问时，他们也都能答上来，捣蛋的学生也学会做笔记了，感觉今天跟打了一场胜仗似的，下课之后还沉浸在那堂课中。

课堂上前30分钟讲授新课，后10分钟让他们把“课时练”上的自习题做一下，巩固一下课上讲的内容。转了一圈，个个都在埋头做题，我便在教室后面的一个空座位上坐了下来，思绪不禁飘到了两个月后的今天。不知道我走后，他们会不会想我，我走的时候能不能有机会跟他们告别，我该怎么跟他们说，他们会不会想我。相处了这么久，一下子没有他们在身边，我会不会适应，想着想着我的眼睛就湿润了，脑子里浮现了他们每个人的可爱的脸庞，一说起离别还真是有点舍不得。说实话，相处了两个月，虽然他们有的时候还是会惹我生气，但是大部分时候还是很听话的，可以说，我跟他们已经有了感情。一种难以解释的情怀。

天下没有不散的宴席，送君千里，终有一别。我要活在当下，在这仅有的岁月里，多积累点知识，多给他们传授点知识，多给他们讲一下做人的道理，能帮他们多少帮助他们多少，好好珍惜这剩下的日子。不再跟他们发脾气，要好好地对待他们，用真情感化他们，希望他们可以明白我的用心。加油，10班的孩子们，加油！我们一起努力，一起奋斗，一起走好属于我们的初一上学期。

【学长拨雾指路】

希望不管是否分别，都要用平常心对待学生，不能发脾气，发脾气不但伤身，还可能伤心。学生还没有走出校园，现在的孩子大部分都是独生子女，自我约束能力比较差，就需要老师用心去感化学生，给他们父母般的关爱，让他们在爱的海洋中快乐学习，茁壮成长，这也是我们老师的责任。

实习临近结束，也要站好最后一班岗，不让自己松懈，不让学生掉队，这是责任。站好最后一班岗，是对自己的负责。我当时实习的时候学生成绩很乐观，这些成绩的背后有我们倾尽全力的付出，有我们对学生不厌其烦的教诲。所以最后时刻了，我们怎能懈怠？我们需要依旧以饱满的热情完成各项顶岗任务。

站好最后一班岗，是对学校的负责。既然来到了实习学校，我们就要以学校一分子的身份要求自己。因为学校的信任，你们有机会独立上课带班。半年来，你们与学校老师结下了深厚感情，与班级学生更是相亲相爱。马上就要离开，我们怎能飘飘然然的负了这份恩情？爱因斯坦说过：“一个人的价值，应该看他贡献什么，而不应当看他取得什么。”对学校负责，体现着你们作为实习教师的修养与大气。

站好最后一班岗，是对下一期顶岗实习生的负责。初来实习学校时，校方一定对多年来师大实习生的夸赞激励着新实习生向前辈看齐，以自己的实际行动践行着河北师大大学生的良好素质，以踏实的工作态度与优秀的教学水平为顶岗实习赢得了好口碑。实习即将结束，我们怎能前功尽弃？

“坚持就是胜利”，坚持到最后的人一定是成功者，你们的努力实习学校都会看在眼里，你们的坚持对自己的能力提高有很大帮助。开头是好的，有了好的虎头也要有好的虎尾，努力吧，当你若干年后回忆起这次实习，这一定是你人生路上一抹亮丽的风景。

4. 别亦难

石家庄市赵县某中学　高丝波

【新手顶岗心路】

实习的最后一周来临了，班里的课也基本都结束了，有一种如释重负的感觉，但是也有一些沉重，沉重的由来莫过于我们即将离开。回顾这几个月的实习生活，感慨颇多。在这五个月的实习生活中我收获很多，虽然会有一些不愉快的小插曲，但是到现在，回头想一下，真不清楚当初脾气为什么会暴躁。

刚来到这里，我首先接触了初一七班，这段时间不得不说我们相处得很愉快。学校通知我们按照当地学校放假时间协商离校事宜，但时间又有提前。我没有刻意和学生提起我即将离开他们，在课上讲题时，我会时不时地提到以后他们应该如何复习，这时就会有学生插嘴：“老师，你们什么时候走？”我最后只能微微一笑，回归课堂。对于离别的话题不能说太多，离别永远是伤感的，所以，我对此总是逃避的。但是逃避并不能解决问题，该要面对的总要面对。

天下永远没有不散的宴席，今天下午校领导找我们谈了一下，对我们这一批的实习生评价很高，我们几个心里很欣慰。觉得这半年的付出是值得的。最关键的是，学生们能够获得知识。我担任的是历史教学任务，历史的影响大到一个国家，小到一个个体，过去的，我们更不该忘记。正如顶岗实习的半年，是我们六个人，每个人心中不可磨灭的回忆。

学生们的心思是比较细腻的，在这个即将离别的时候，他们很敏感，有很多学生对我们的离开不愿意接受，但是他们没有办法逆转，他们就通过美术课上的折纸来寄托感情，好多顶岗实习生都收到了很多百合花、青蛙、蝴蝶等等。他们用幼稚的字体在上边留下真挚的祝福，看到他们的作品，我们的心里一阵温暖。

要走了，有很多不能割舍的东西，在五班临下课时说了几句离别的话，我感觉眼眶湿润了。现在再多的语言也不能表达我内心复杂的感受，最后只能归结为一句简单的祝福，希望你们越来越好！

【学长拨雾指路】

小高老师所言极是，学生的心思其实是比较细腻的，他们总会善于察言观色，知道你的喜怒哀乐。你们也是很有心的，你们在临走之际，与学生道别，来感恩学生的用心的送别，心里的暖流化作了眼中暖流，湿了衣衫，湿了岁月，湿了师生情，更湿了这份依依不舍的心。但愿你们有缘还能在以后的人生轨道上，还能上对方的车。到时候再回首这份感情，有甜，有苦，有喜，亦有悲。

是啊！天下没有不散的宴席，我们离开生活半年的实习学校，心理难免有些不舍和伤感，在这里，我们第一次走上讲台，我们学到了很多教学经验，我们应该感谢它。虽然我们离开了实习学校，在以后的工作中也如此，学生一批一批的更换，但是不换的应该是我们对教师职业的热爱与执着，而热爱不是纸上谈兵。我希望咱们都能在以后的职业中不断努力，多与有经验的教师交流、学习，咱们一定能够成为优秀的教师。

“力是改变物体运动状态的原因”，如果想加速前进，那么就需要有力做贡献。力的矢量性是正的，将促进你前进，负的将阻碍你前进，所以要多听课，多学习，找到正确的方向，找到合适的方法，一定能够在“力”的作用下，获得最大的加速度。

5. 离别信

——最纯真的顶岗师生情

石家庄市某中学 杨艳红

【新手顶岗心路】

亲爱的9班小鲜肉们：

当你们读到这封信的时候，你们的小杨老师或许已经回到师大了。相信我，我真的舍不得离开你们。但是纵使心中有千万个不舍，我也要走了。有些话，我不敢当着你们的面说，怕自己泣不成声，所以只能写这封信给你们。

在我接到通知说要到实验中学实习的时候，我内心说不出是什么滋味。你们要知道，在学校天天上课的我只看过别人讲课，根本没上过讲台。所以，突然让我来教读高中的你们，我怎么会不害怕？在这个陌生的地方，我一个人都不认识，就连在一起实习的人也是出发前才见了一面。所以从家到学校的那天，我竟然吓哭了（嘿嘿，别笑）。但是，我遇到了你们，一群可爱的孩子，我觉得一切都是值得的。还记得刚开始实习的时候，学校要把我们调走，我好难受，我舍不得你们。虽然那时候我们还不是很熟，但是你们总是能给我温暖。

还记得十月一放假回去，你们加我的QQ号和我聊天，我真的很开心。依然记得第一个加我的人是董子衡，还有和吴星烨第一次聊天时他说了很多英文；依然记得老师傻傻的分不清李迈和魏晓菲两个人；依然记得第一次谈话的人是何子毅和陈凯健；依然记得拍醒后排睡觉的“范泽元”。不，准确地说应该是王柳阳，一直被我弄错的两个人。依然记得殷晓洋，5000米跑下来没事没事的。运动会上我装了很多糖给你们，却很害羞，多次伸出手又把手缩了回来。电视中的长腿欧巴出现了，智博宇，你的腿怎么可以那么长，可是腿长的你却不擅长跑步。还记得你的同桌路静涛为了得到一块糖主动上来擦黑板。我也记得擅长打嗝的黑班长和学习超好的豆班长。话说，豆班长，你的英语成绩提高也有我的一份努力吧。小兰兰，再长长个吧，史禹涛该减减肥了，范家萱忘不了你对我的表白，我也很爱你啊。少恒，牙不疼了吧？于环，摄影技术不错哦。孟浩，还记得你给我的棒棒糖，对不起，到最后也没把你的英语成绩提上来。新宇、白朔，还记得我们在车上玩得多开心啊。Helen，祝贺你成功步入英语的殿堂。家畅，思谨，谢谢你们给我介绍对象。剩下的亲们，对不起，我真的想把你们一一列出来，但是时间有限。你们放心，纵使我的记性再不好，我也会记得你们每一个人，每一张笑脸。真的很舍不得离开你们！

【学长拨雾指路】

不舍是在所难免的，自己的孩子已经有了感情，生硬的拆开，怎么可能没有一丝的酸楚，你虽然没有都感谢一番，但是你能记住曾经的点点滴滴已经很让我感动，美好的时光总是很短暂，如昙花一现，所以我们应该珍惜当下，让我们好好的爱戴身边的人，成为一个有爱心，懂感恩的人。

支教的5个月，很快便过去了。在这里，我们收获最大的是成长，我们逐渐由一名师范生蜕变成为一名人民教师。教学的收获，使我更坦然地给学生传授知识。班主任工作的收获，使我们更加了解学生，学会了如何处理师生之间的关系。

如果说，当初只是对顶岗支教生活的憧憬、假设。那么这5个月的顶岗支教过程中，我们真真切切地感受到了平淡，一种至美的境界！我相信你会把它永远铭记于心，体会其中的滋味。回味这5个月，顶岗支教的生活就像一杯清茶，没有华丽的色泽和醇香的味道，而淡淡的清香，却让人回味无穷。人生几何，岁月匆匆！如果让我说支教的感受，我会说“简单并快乐着，平淡并享受着，付出并收获着!”

拉科顿和法拉第都做了电磁感应的实验，但是拉科顿却没有发现电磁感应现象。付出不一定有回报，但不付出一定没有回报，法拉第只是把拉科顿使用的电流计放到了面前，他就发现了电磁感应现象。创新和付出是一个成功人士的密匙，我们老师不但要多学习有经验教师的教学技能，还要学会创新。这样，在我们桃李满天下的时候，就是我们收获的时候。

6. 千言万语，汇成感谢

沙河市某中学　乔慧峰

【新手顶岗心路】

五个月来，我心里有太多的感谢。首先，我要感谢沙河人民，在这个陌生的城市，我经常会变得晕头转向的，而他们总是很热心的为我指点方向。其次，我要感谢实习学校，我能感觉到老师对我们细心的指导，学校对我们无微不至的照顾。我还记得指导老师对我在教学和生活方面的种种叮咛，真的带给我一种家人般的感觉，总是让我冰冷的心变得特别温暖。另外，我要感谢学生，磨砺了我的脾气。我知道自己的脾气并不是很好，但是在与他们相处的这半年里，我明显地感到自己变得温和了很多，我的忍耐力也有所提高。除此之外，我觉得这次顶岗实习，让我获得了一种成就感，真的感谢从你们口中叫出的那一声“老师”，从那一刻起，我就明确了自己的责任与使命。于是，每一天，我都仿佛在打仗，并且是和自己的内心较量，与自己的懒惰，与自己的幼稚作战。我知道，有的时候，很多事情我做得不好，心里会觉得很对不起你们，但是你们总是一次次给我宽容，还鼓励我，我真的是十分感动。我和你们的年龄差距并不是很大，所以我感觉跟你们很有共同语言，但是我却从不敢太走进你们的世界，因为我怕我的感情陷得太深，到了离别的时候就会越痛。

接下来，我要感谢我的岗友们，这半年我吃了太多的饼，当然也体会到了从未有过的感觉，我们一起欢笑，一起痛苦。我真的把你们当成我的兄弟姐妹，与你们的相遇也是生命中一抹亮丽的色彩。是缘分让我们相遇在此，愿今后，我们还能同舟共济，风雨同行。

我还要感谢学校，为我们提供了这么好的机会，让我们奋斗在一线，撑起了教育的半边天，锻炼了我们的意志。

感谢命运，让我来到沙河二中，如果不是这次机会，可能今生我也不知道在远方还有一批这么可爱的学生，感谢命运把我送到这里。

【学长拨雾指路】

一卷书来，四年萍散，人间事本匆匆。当时并辔，桃李媚春风，几许少年俦侣，同游日酒与情浓。而今看，斜阳归路，芳陌又飞红。激情燃烧的顶岗实习的日子里，我们风雨同舟，甘苦与共。这一路走来，鲜花与掌声同在，失望与泪水共存。有成功的喜极而泣，也有失败的黯然神伤，有把酒言欢、放舟江湖、笑傲风月的洒脱，也有马失前蹄、折戟沉沙、铩羽而归的失落。顶岗实习的生活酸甜苦辣，五味杂陈。实习即将结束，乔老师收获更多的是对老师、学生、岗友、学校的感激，对命运的感恩。

顶岗的过程对乔老师来说是一次经历，更是一次成长，顶岗的过程中，乔老师体会到了老师们无微不至的照顾和细心的关爱，让实习老师在这个陌生的城市体会到了家的温暖。在与学生的相处过程中，他们时而调皮，时而乖巧，他们的善变也磨砺了乔老师的脾气，让他转变为温润如玉的好老师。虽然害怕离别的不舍，乔老师一直未敢与学生走得太近，但是天下没有不散的宴席，相处的过程中我们还是要珍惜在一起的时光，不能害怕失去就拒绝拥有。一行几人，虽是一所学校却因顶岗聚到一起，一起欢笑一起痛苦，顶岗半年的乔老师与实习伙伴共欢笑同成长，同舟共济，风雨同行，时间不会磨灭美好的记忆，恰恰是这难忘的回忆让大家永留心间。

魂断梦牵的岁月，留在记忆里永不褪色，多少甜蜜和苦涩，变成多少悲欢离合。青春似火，岁月如歌。无论我们有多少眷恋，有多少不舍，都唤不回逝去的时光。但我们无须失落，无须感伤，心是成长的力量，年轻是飞翔的天堂，我们依然可以一路高歌，策马奔腾，让这半年的成长见证我们的无悔青春！

7. 顶岗无悔

邢台市沙河某中学　杨雅静

【新手顶岗心路】

自从选择师范院校的那一刻起，顶岗的志愿便已开始在我的内心深处扎根生长。经过了十几年的漫漫求索，遇到了那些可以启迪我思想的优秀教师，接触到了能够洗礼我心灵的伟大学者。这些，更加坚定了我最初的梦想——从师执教。

在这些优秀人士的身上，我汲取到了教学精髓并灌溉于心灵。终于，存在于心底的那颗稚嫩的幼苗茁壮成长，开出了绚丽芬芳的花朵，并结出了丰硕的果实。

在大学期间，我有幸参加了顶岗实习活动，并亲身体验了支教生活带给我的真挚快乐和无限感动。这里的点点滴滴，将是我人生中最宝贵的财富，同时也是最值得我回忆的美好时光。

记忆中的那个坚强而勇敢的小女生，脑海中的那份顽强和执着的信念，都给我留下了深刻的印象。当一份沉甸甸的家庭重担落到年仅十三四岁女孩的肩上时，她最初想到了放弃，想到了逃避，想要离开她并不想要离开的校园。然而，存在于她心中求学的欲望并没有泯灭。经过老师、校长的协调，她特殊的贫困的家庭问题得到了解决。此时，她是快乐的，是发自内心地感到高兴。因为她又可以回到校园，继续圆自己的大学梦了。她，因执着而美丽，因美丽而执着。

依然记得那个调皮而又不失可爱的小男生，那个课上专门与实习老师唱反调的"骨干生"，那个意识到错误后主动写保证书的男孩子。在他们的心里，似乎有着一种桀骜不驯的反叛意识，认为只有这样做才能彰显出自己的个性和独立精神。然而，在我们的眼中，那些只能算是一种幼稚的表现，幼稚的不羁，幼稚的可爱。每个学生的思维都按其独特的方式发展，每个孩子都有各自不同的聪明才智，任何一个正常的孩子都有其天分和才能。让有才能和天赋的学生在其擅长的领域内发出耀眼的光芒，这是我们老师值得骄傲的地方，更是我们老师的职责所在。

在收获的金秋，我们来到了实习学校——沙河泰华中学。从此我们的支教生活便扬帆起航了。慢慢地，我们蜕去了初来乍到的青涩；慢慢地，我们能够在课堂上游刃有余地授课；慢慢地，我们已经变得成熟起来。

一分耕耘，一分收获。在实习工作中，我们仔细备课、认真上课，对待工作一丝不苟。当然我们一行人也都享受着做饭带给我们的乐趣。看着刚刚买来的原材料，经过我们的精心加工后，它们都变成了一道道香甜可口的饭菜。我们体验着这里的生活，享受着这里的生活，我想，我们已经习惯了这里的生活。

在支教实习的生活中，除了教学经验之外，我们各自都学到了很多很多东西。工作毕竟与学习不一样。在这里我们学会了如何与学生家长沟通，懂得了如何与同事相处，更加明白了社会中的一些人际交往的道理。

收获金秋，感怀顶岗。从顶岗实习的活动中，我锻炼了自己，得到升华。同时也为今后的工作打下坚实的基础。顶岗之路不一定走得很顺利，但既然选择了实习，便只有风雨兼程！同时我又非常有信心，因为在我们 09 级支教学生的背后有很多很多支持和关心我们的领导和老师们，他们一路关注着我们的一举一动，随时给予我们指导和帮助，让我们感到了无比温暖变得更加自信。

顶岗无悔，无悔顶岗！

【学长拨雾指路】

小李老师真的是在用心地实习，在这里，他结识了坚强勇敢的小姑娘，结识了叛逆聪明的小男孩儿，结识了可爱温暖的岗友。在这里，他学会了备课，上课，提升了教学技能。在这里，他学会了与家长沟通，与同事相处……这样的顶岗实习才美好且值得回忆，祝福我们的小李老师越来越好！

“顶岗无悔！”这是我们每一个经历过顶岗实习的师大学子想说的话，小李老师是这些从课堂走向实践，从讲台下走向讲台上，从学生走向教师的学子的代表。怎样利用好顶岗实习的机会，让我们的顶岗实习真正无悔呢？

（1）学习教学技能。首先要学习备课，分析教材，分析学生对知识的前概念、易错点、难理解之处等，在此基础上设计课堂实施过程，包括课堂活动设计、问题设计、练习设计等，设计过程中要考虑学生可能出现的问题或者反应，做出预判。其次是学会上课，包括课堂导入，学生活动的实施，教学语言的使用，学生课堂管理等，使得一堂课系统而连贯是对一名新教师的要求。最后，学会布置作业，作业要有针对性，不求多，但求精，以达到对课堂教学进行巩固和延伸的目的。

（2）学习课堂管理。课堂教学是教师和学生间“相互作用”，学生与学生“相互作用”，学生与教学资源“相互作用”的过程，因此，课堂教学并不单单是教师的活动，学生的活动更为显著。教师不仅要讲好课，在讲课过程中也要多观察学生表现，管理课堂秩序，使得课堂教学顺利且愉快地进行下去。

（3）学习相处之道。真正走上实习岗位后会发现，教师面对着很多的面孔，包括学生、同事、家长等，与不同的群体有不同的相处方式，因此，我们要在实践中学习相处之道。愉快的相处会使得我们的实习更加多姿多彩。

我相信，只要我们用心实习，努力提高，我们一定会高声说：“顶岗无悔!”

8. 最后一节课

石家庄市某中学　杨艳红

【新手顶岗心路】

眨眼，五个月的时间匆匆而过。顶岗第一天的情景还历历在目，现在却到了说分手的时候。不愿离去，不愿分别，怕再也不会见面。

明天就要走了，今天却还有最后一节课。不知道怎么面对，只想好好珍惜这最后的时间。

第1节课是10班的课，还没上课他们就把我拉到教室。我的大脑还是一片空白，不知道这是要做什么。进教室的一刻，全班都在高兴地叫，让我看他们送我的礼物。那么大两只熊，好感动。

他们都用最大的声音向我问好。我对他们说，今天是最后一节课，希望大家好好的，谁也不要哭。真不愧是10班，每次上课，他们都是最high的一个班，这次也配合得相当好。可是中途讲课文的时候，我忍不住哭了，一边哭一边讲，学生也跟着哭起来。还好学生比较识大体，故作轻松地逗我笑。剩下20分钟，学生给我唱了一首歌，虽然感伤，但是学生很用心。下课的时候学生缠着不让我走，无奈9班还有课，我就这样离开10班。

9班的学生没有10班幽默，但是他们更重义气。而且我和9班学生相处的时间最长，所以当我哭的时候，大家都哭了。后来我给他们讲了个笑话缓解气氛，大家都为我唱歌，同样的感动。

下课铃是离别的我最不想听到的声音，可是该来的始终会来。马上要回到我平凡的世界中去了，真的很不舍。学生们簇拥着我走出教室，走回办公室，9班的学生围着我，10班的学生也过来抢我，那种被学生簇拥包围的感觉好温暖。他们要和我拥抱告别，但被我拒绝了。可是孩子到底是孩子，被拒绝就来硬的，真的是又好笑又感动。

好不容易把学生赶回教室上课，等我再次回到办公室的时候，办公桌已经被学生送的礼物淹没了。学生走后，我静下心来仔细回味着这五个月的事情，满满的都是感动。我不知道还会不会再和这些学生见面，我不敢想，更不敢忘，真的不敢忘，更舍不得忘，舍不得忘记属于我们的精彩。

【学长拨雾指路】

聚，也不是开始；散，也不是结束。时光荏苒，岁月如梭，面对即将结束的顶岗实习支教生活，杨老师的不舍与同学的挽留让我感动。顶岗实习支教生活即将结束，但支教中的画面依然历历在目。顶岗是大学四年最生动的一课，它教会了我们成长和感动。顶岗的生活虽苦亦甜，虽累亦美。离别之际，之前还总是大度地说天下没有不散的筵席，现如今，面对离别，却怎么也潇洒不起来。感情是在一点一滴中积累沉淀下来的，9 班和 10 班的学生对老师的挽留让杨老师深切的体会了师生情。

想起我们顶岗实习支教的日子，离别的时候更是别有惆怅，学生们赠送的各种离别卡、亲手制作的工艺品、美术课的手工品……琳琅满目的礼物让我们顶岗实习支教老师湿了眼眶，他们的不舍为离别涂上浓重的色彩。相遇本就是一种缘分，相聚的时间我们轻易挥洒，不言离别，眼看着分开的日子越来越近，心里不但没有了洒脱，而且多了愁绪。本以为可以释然，然而，真的去面对的时候，心里却无比伤感与不舍!

离别，能使浅薄的感情削弱，却使深挚的感情更加深厚，正如风能吹灭烛光，却会把大火扇得更旺。相信小杨老师与这些学生的情谊不会被离别淡化。相反，这次离别会教会大家什么是珍惜，相信你们的情谊会铭记于心。